中国社会科学院老学者文库
ZHONGGUO SHEHUI KEXUEYUAN LAOXUEZHE WENKU

周作人论

袁良骏 著

ZHOUZUOREN LUN

中国社会科学出版社

图书在版编目（CIP）数据

周作人论／袁良骏著 . —北京：中国社会科学出版社，2013.6
（中国社会科学院老学者文库）
ISBN 978 - 7 - 5161 - 2809 - 1

Ⅰ. ①周…　Ⅱ. ①袁…　Ⅲ. ①周作人（1885~1967）—人物研究
Ⅳ. ①K825.6

中国版本图书馆 CIP 数据核字（2013）第 126015 号

出　版　人	赵剑英
责任编辑	张　林
责任校对	侯　玲
责任印制	戴　宽

出　　版	中国社会科学出版社
社　　址	北京鼓楼西大街甲 158 号（邮编100720）
网　　址	http://www.csspw.cn
	中文域名:中国社科网　　010 - 64070619
发 行 部	010 - 84083685
门 市 部	010 - 84029450
经　　销	新华书店及其他书店

印　　刷	北京君升印刷有限公司
装　　订	廊坊市广阳区广增装订厂
版　　次	2013 年 6 月第 1 版
印　　次	2013 年 6 月第 1 次印刷

开　　本	710 × 1000　1/16
印　　张	21.5
插　　页	2
字　　数	342 千字
定　　价	66.00 元

目　录

下卷 文豪硕儒周作人

前言：历史的尊重与灵魂的拷问

　　20 世纪末，海外曾刮起一股为汪精卫伪南京政府评功摆好的阴风。一些人说：南京汪政府是重庆蒋政府的补充，它代表了广大沦陷区人民（而不是日本侵略者！）的利益。广大沦陷区（占中国整个领土的1/3）是"历史的灰色地带"，它与"大后方"乃是相互依存的关系，不能用简单的"忠奸之辨"来给汪精卫扣上"汉奸"的罪名。中日战争的"暧昧性使忠贞与背叛难以适当界定"，汪政权"不可能仅仅是日本的傀儡"。"不只汪政权，其他的通敌者往往也不能以简单的'汉奸'视之。"有人甚至说，汪政权不是什么"为虎作伥，卖国求荣"，而是"对中国社会产生了保护作用……对日本人产生了牵制作用"。以前国、共两党给汪政权扣的汉奸帽子必须摘掉，而给予重新评价。

　　这些奇谈怪论远离了中日战争的历史，既不敢正视日本侵略者对中国人民的血腥屠杀和残酷掠夺，也不敢正视汪伪政权与日本侵略者签署卖国密约、出卖中国主权、甘当日寇走狗的丑恶行径。他们仅靠自己臆造的一个"灰色地带"说事儿，把沦陷区人民和汉奸伪政权混为一谈。这股阴风也刮出了汉奸周作人，说什么他的卖国投敌不过是"周作人作为一个独立自主个体所具有的选择自由"①。

　　当汉奸成了个人的"选择自由"，不容干涉，这不能不说是赤裸裸的"汉奸有理论"！而这个"汉奸有理论"的背后，正是赤裸裸的"侵

---

① 香港《明报月刊》1995 年第 5 期。

略有理论"。这种貌似新鲜的错误理论，重复的正是当年日本法西斯的侵略谰调，是十分露骨地为当年日本法西斯的野蛮侵华战争、"大东亚战争"翻案的。

历史不容歪曲！近现代史学界已经迎头痛击了这股歪风。近现代文学界也不遑多让，以周作人为代表的汉奸文学越来越遭到了广大文学爱好者和文学研究者的唾弃。这本《周作人论》，正是一本见贤思齐之作。它既广泛吸收了改革开放以来周作人研究的丰硕成果，也针对上述"汉奸有理论"、"侵略有理论"提出了自己的一孔之见，它将努力扮演一个承前启后的角色。

周作人，在中国现代文学史上曾经是一个闪闪发光的名字。"二周兄弟"（鲁迅、周作人）是"五四"文坛双星，鲁迅的小说、杂文、散文诗，周作人的诗歌、散文、文艺理论与批评都具有开创意义。没有他们，简直就没有"五四"文学史。

周作人尤擅翻译和批评。二周兄弟的《域外小说集》虽系文言译作，但几乎可以说是中国严格意义上的翻译小说的第一部，其选材与译笔都开了一代新风。周作人的《人的文学》、《平民文学》等论文，更是"五四"文学的理论纲领，至今仍为人们所称道。

"五四"之后直至20年代末，虽然经历了"二周失和"，但在创办《语丝》、抨击军阀、进行不懈的社会批评和文明批评等方面，兄弟二人仍然是并肩战斗，战绩辉煌。特别在支持进步学生运动、抗议段祺瑞反动政府血腥屠杀无辜学生的"三·一八"惨案中，兄弟二人密切配合，无私无畏，让人敬佩。

30年代之后，周作人走上了闭门读书、不问世事的"隐士"道路，与鲁迅分道扬镳，对鲁迅为代表的"左翼文学"不以为然，不断攻击。但现在看来，他的许多"攻击"正中"左翼"文学要害，并不可一笔抹杀。而他对妇女问题与儿童问题的关注，更开了风气之先，产生了广泛的社会影响。此外，他对希腊文学的翻译，他的大量的风格独具的散文创作，也都是中国现代文学史上的瑰宝。

直至1938年2月9日参加侵华日军召集的"更生中国文化建设座谈会"之前，周作人都是中国现代文学史上的一个响当当的，备受尊敬的名字。然而，这也正是日本侵略者迫切需要的一个名字。什么

"中日亲善"、什么"大东亚共荣圈",都需要中国人特别是中国文化名人的呼应。而"德高望重"的"五四"文化先驱者之一的周作人,正是日本法西斯看中的最好不过的人选。周作人参加"更生中国文化建设座谈会"之后,中国抗日救国文化界与日本侵略者展开了一场相当激烈的"周作人争夺战",在5月14日武汉出版的《抗战文艺》(三日刊)第四期上,发表了茅盾、郁达夫、老舍等18位作家《致周作人的一封公开信》,信云:

> 作人先生:
>
> 　　去秋平津沦陷,文人相继南来,得知先生留在故都。我们每听到暴敌摧残文化,仇害读书青年,便虑及先生的安全,更有些朋友,函电探问,接先生复书,知道决心在平死守,我们了解先生未能出走的困难,并希望先生做个文坛的苏武,境逆而节贞。可是,由最近敌国报章所载,惊悉先生竟参加敌寇在平召集的"更生中国文化建设座谈会":照片分明,言论俱在,当非虚构,先生此举,实系背叛民族,屈膝事敌之恨事,凡我文艺界同人无一不为先生惜,亦无一不以此为耻,先生在中国文艺界曾有相当的建树,身为国立大学教授,复备受国家社会之优遇尊崇,而甘冒此天下之大不韪,贻文化界以叛国媚敌之羞,我们虽欲格外爱护,其为大义之所在,终不能因爱护而即昧却天良。
>
> 　　我们觉得先生此种行动或非出于偶然,先生年来对中华民族的轻视与悲观,实为弃此就彼,认敌为友的基本原因。埋首图书,与世隔绝之人,每易患此精神异状之病,先生或且自喜态度之超然,深得无动于心之妙谛,但对素来爱读先生文学之青年,遗害正不知将至若何之程度。假如先生肯略察事实,就知道十个月来我民族的英勇抗战,已表现了可杀不可辱的民族精神;同时,敌军到处奸杀抢劫,已表现出岛国文明是怎样的肤浅脆弱;文明野蛮之际于此判然,先生素日之所喜所恶,殊欠明允。民族生死关头,个人荣辱分际,有不可不详察熟思,为先生告者。
>
> 　　我们最后一次忠告先生,希望幡然悔悟,急速离平,间道南来,参加抗敌建国工作,则国人因先生在文艺上过去之功绩,及今后之

奋发自赎，不难重予以爱护。否则惟有一致声讨，公认先生为民族
之大罪人，文艺界之叛逆者。一念之差，忠邪千载，幸明辨之！

茅 盾　　冯乃超　　胡秋原　　舒 群
郑伯奇　　锡 金　　郁达夫　　王平陵
张天翼　　奚 如　　邵冠华　　以 群
老 舍　　胡 风　　丁 玲　　夏 衍
孔萝荪　　适 夷等启[①]

这封公开信情真意切，大义凛然，极力要将周作人拉回抗战阵营
中来。

早在上述公开信约一年之前，为了参加抗战由日本潜回上海的著名
诗人、创造社元老郭沫若（鼎堂）先生发表了《国难声中怀知堂》[②]
一文，同样向周作人伸出了热情之手。文章写道："我自回国以来所时
时怀念着的，却是北平苦雨斋中的我们的知堂。……我们如损失了一个
知堂，那损失是不可计量的。'如可赎兮，人百其身'，知堂如真的可
以飞到南边来，比如就像我这样的人，为了掉换他，就死上几千百个都
是不算一回事的。……假使得到他飞回到南边来，我想再用不着他发表
什么言论，那行为对于横暴的日本军部，对于失掉人性的自由而举国为
军备狂奔的日本人，怕已就是无上的镇静剂吧。"

为抗战而远在英国的胡适之先生也由伦敦给周作人发来了敦请他赶
快离平南下的白话诗：

藏晖先生昨夜作一个梦，
梦见苦雨斋中吃茶的老僧，
忽然放下茶钟出门去，
飘然一杖天南行。
天南万里岂不大辛苦？
只为智者识得重与轻。

---

① 武汉《抗战文艺》三日刊第一卷第四号，1938 年 5 月 14 日。
② 上海《逸经·宇宙风·西风非常时期联合旬刊》第 1 期，1937 年 8 月 30 日。

梦醒我自推衣开窗坐,

谁知我此时一点相思情。①

可以说,文艺界的老朋友们对周作人仁至义尽,他们极力要把周作人从罪恶的降日卖国的泥潭中拉上岸来。即使青年诗人艾青和何其芳等愤怒谴责的诗文②,也都充满了劝诫与热望。

与此同时,日本侵略者则加紧了让周作人进一步下水的威逼利诱的手段。下面是一个不包括幕后策划的公开的日程表(1937年七七事变至1939年底):

7月7日(卢沟桥事变日) 下午日本改造社社长山本实彦在北京饭店宴请周作人,山崎、村上二人陪席。(日本改造社此时已成为日本法西斯的舆论工具。)

8月30日 日本东亚文化协议会设晚宴。周未赴。

12月21日 中午赴《实报》社长管翼贤宴,同席有日、德记者多人,时管已降日。

1939年元旦 周作人遭天津爱国学生卢品飞③等行刺后,傍晚,日本宪兵队招周作人谈话约两小时。

1月2日 三名侦缉队警察进驻周宅八道湾十一号进行"保护",周每次外出亦有一人跟随"保护"。

1月12日 伪北京大学任命周为北京大学图书馆馆长,周就任。

3月28日 伪北京大学委任周作人为北京大学文学院筹备员,旋就任院长。

4月7日 日本观光局武运部伊藤来访,邀周访日。

---

① 据《知堂回想录》第499—500页,香港三育图书文具公司1974年版。

② 艾青诗题为《忏悔吧,周作人》,何其芳文题为《记周作人事件》。分别收入艾、何文集,不具引。

③ 刺客是谁,众说纷纭,此据自认刺客之一的卢品飞说,详见其《黑暗的地下》一书(美国普特南公司1970年版)。黄乔生节译有关章节收入《回望周作人·国难声中》,河南大学出版社2004年版。

4 月 28 日　赴伪北京大学宴请日本宪兵队官员宴。

5 月 8 日　赴大汉奸、伪华北教育督办汤尔和晚宴。

5 月 15 日　下午，日人竹内、池上来访。

5 月 26 日　赴伪北京大学招待日本教育文化官员午宴。

6 月 12 日　日人笹野来访。

6 月 17 日　上午日人坪田、小山、小川、秋泽来访。

8 月 1 日、2 日　先后接待伪北大校长钱稻孙、伪北大文学院总务长罗子余，商定北大文学院人事安排。

9 月 3 日　赴东亚文化协议会文学分部会。

9 月 6 日　日人原田、大坚来访。

10 月 12 日　日人竹内、池上来访。

10 月 18 日、19 日　参加伪东亚文化协议会会议。

12 月 16 日　参加伪教育部会议。①

显而易见，抗日爱国文化界的"拉周南下抗日"力度甚微，根本无法与日方强大的"诱降攻势"相抗衡，周作人终于在"走向深渊"②的道路上越陷越深，于 1940 年 12 月 19 日代替病逝的汤尔和当上了伪"华北政务委员会教育总署督办"，成了一位名副其实的大汉奸。

对于大汉奸汪精卫的卖国投敌，早就有"曲线救国论"为之辩护。对于周作人的卖国投敌，也出现了"曲线救国论"的仿造品，这就是"文化救国论"，③ 这可以说是目前为止周作人研究领域一种最具吸引力和杀伤力、足以摘掉或部分摘掉周作人汉奸帽子的新鲜理论。相形之下，什么"周作人降日乃中共北平地下党所派遣"④，降日后的周作人

---

① 以上参照张菊香主编《周作人年谱》，南开大学出版社 1985 年版。20 世纪 80 年代出版修订本，未借到。

② 此语见钱理群《周作人传》，北京十月文艺出版社 1990 年版。

③ 代表文章为陈思和《关于周作人的传记》（载《中国现代文学研究丛刊》1991 年第 3 期），董炳月《周作人的附逆与文化观》（载香港中文大学《二十一世纪》1992 年 10 月号）等。

④ 此说纯属空穴来风，被认为首创此说的许宝騄先生的文章《周作人出任华北教育督办的经过》（载《团结报》1986 年 11 月 29 日）只是介绍了一些人士（其中有共产党人）对周氏出任与否的议论，"派遣"云云纯属某些人的肆意炒作。

仍不失为一位伟大的人道主义者①，之类的美化和辩护，便显得十分迂曲而无力了。

"文化救国论"抛出之后，青年学者解志熙先生曾写有《文化批评的历史性原则——从近期的周作人研究谈起》②一文，进行了尖锐的批评和剖析。"文化救国论"者也进行了反批评③。然而，鉴于"文化救国论"涉及的方面较多，也具有较强的理论深度，批评和反驳尚有待进一步展开。笔者是"文化救国论"的坚决反对者，拙著《周作人论》将根据周作人的大量言行，细致分析、考辨其投敌卖国的必然性，对其投敌卖国的复杂心态进行灵魂拷问，而不在什么政治、国家、民族，文化等概念上兜圈子。

在《关于周作人》④一文中，黄裳先生曾这样写道：

> 周作人的落水投敌是不可辩驳的事实，在他自己说来也正是一种必然的归宿，这个案是翻不了的。至于在这中间他的思想活动、心理状态的变化，则是另一个研究课题，意义恐怕比研究周作人本身来得更为重要。作为一个典型人物，周作人一生所走过的道路，从光荣而没落而沉沦，在考察中国知识分子的历史性格时，自有其特殊的参照意义。

说得实在太好了！仅仅停留在事物的表面（即黄裳先生所说的"周作人本身"），是无法找出周作人没落沉沦的复杂原因的。必须钻到周作人的五脏六腑中去，解开他层层闭锁、巧妙伪装的心结。一旦如此，被人们有意无意误解、歪曲甚至捏造出来的一些似是而非的观点或说法，也就不攻自破了。

由周作人的卖国投敌，人们很自然地联想到中国历史上的苏武、李陵、冯道、赵孟頫、吴三桂、洪承畴、钱谦益等多个历史人物。笔者不

---

① 见笔者《周作人余谈》所引，收入《独行斋独语》，中国国际广播出版社1998年版。
② 《中州学刊》1996年第4期，收入孙郁、黄乔生主编《回望周作人·是非之间》。
③ 见董炳月《周作人的"国家"与"文化"》一文，《中国现代文学研究丛刊》2000年第3期。
④ 《读书》1989年第9期，收入《回望周作人·是非之间》。

是历史学家，无法对复杂的历史风云详细描述。只能根据历代史家提供的大量素材以及有关论著，撮精钩要，与周作人进行画龙点睛的历史比较，从而有助于突出周作人卖国投敌的个人特点，由于笔者不通日文，只能参阅已经译成中文的部分日本学者的有关论著，而对那些未能译成中文的有关论著，只能望洋兴叹了。

周作人不仅是现代散文大家，也应该说是现代学问大家，或者说是一大"杂家"。周作人自称"我的杂学"①，实在是夫子自道。限于学力和篇幅，《周作人论》不可能面面俱到。除"灵魂的拷问"外，它主要涉及的是周作人的新文学发展观，周作人散文评价以及周作人的"言志"与"载道"等。写作中深深得益于张菊香《周作人年谱》、钱理群《周作人传》、止庵校订的《周作人自编文集》②、钟叔河编订的《周作人散文全集》③，以及孙郁、黄乔生主编的《回望周作人》丛书等，谨在此一并致谢！

---

① 见《我的杂学》等文，1944年7月5日作，收入《苦口甘口》。
② 河北教育出版社 2002 年版。
③ 广西师范大学出版社 2008 年版。

上　卷

民族罪人周作人

第一章

周作人附逆考辨

自 1931 年"九一八"事变日军侵占沈阳开始，至 1945 年 8 月 15 日日本天皇宣布无条件投降，在长达 14 年的抗日战争中，壮烈牺牲和无辜被杀害的中华儿女多达数千万人，他们表现出了中华民族高尚的气节，他们的鲜血染红了祖国大地，丹心一片照汗青，他们为子孙后代千古传扬，永留青史。然而，也有一批贪生怕死的软骨头，他们经不住侵略者的威迫利诱，卖国投敌，为虎作伥，甘当日寇帮凶，成为遗臭万年的民族败类和沾满同胞鲜血的民族罪人。以汪精卫为首的伪南京国民政府正是日寇御用的一个汉奸政府，汪精卫就是头号大汉奸。

在文化界，头号大汉奸竟然不是别人，而是"五四"文化革命的先驱之一，著名的文艺批评家、散文家、翻译家和北京大学著名教授周作人，亦即"五四"文坛双星——"二周兄弟"中的乃弟！他的家兄鲁迅则被誉为"空前的民族英雄"（毛泽东语）。"二周兄弟"为何有如此的反差？周作人何以走上民族罪人的道路？这几乎是中国人人人关心的大题目。数十年来，人们也一直试图对这一大题目作出科学的回答。

但是，由于历史的复杂性和认识的多样性，至今，多种多样的回答并未达到让人满意的程度，不同的甚至截然相反的意见还是在在多有，有待进一步深入考辨。

第一节　周作人对日态度的巨变

有人说周作人投身饲虎，有人说周作人为虎作伥，有人说周作人"文化救国"。无论怎么说，都跑不脱周作人和日本侵略者的关系，都离不开周作人对日态度的巨变。

周作人青年时代曾在日本留学六年（1906—1911 年），又娶了日本妻子羽太信子，他对日本的感情深厚，印象良好，视为"第二故乡"。返国之时，他曾写道：

> 居东京六年，今夏返越，虽归故土，弥益寂寥；追念昔游，时有怅触。宗邦为疏，而异地为亲，岂人情乎？①

并附诗一首："远游不思归，久客恋异乡，寂寂三田道，衰柳徒苍黄。旧梦不可道，但令心暗伤。"以后，在他的一系列文章中，也一再抒发对日本，对日本文化，对日本人情美的"追念"之情。

然而，愈演愈烈的日本帝国主义对中国的疯狂侵略，却让周作人对日本的美好感情遭到了沉重打击，在这种疯狂侵略，野蛮叫嚣，造谣生事，颠倒黑白的面前，周作人愤怒了。1925 年初，他发表了《介绍日本人的怪论》一文②，打响了揭露日本侵华行动的第一枪。此后，三四年间③，他连续发表了四五十篇文章，痛斥日本帝国主义的侵略理论和野蛮行径，形成了反抗日本侵略，捍卫民族主权的时代最强音。综观周氏的这些文章，其锐利锋芒主要表现在这样一些方面：

1. 揭露日本侵略者明目张胆地干涉中国内政，攻击中国结束帝制（赶废帝溥仪迁出皇宫）。辛亥革命推翻了清政府，成立了中华民国。

---

① 《知堂回想录》第 92 节《辛亥革命（一）——王金发》，香港三育图书文具公司1974 年版。

② 《京报副刊》1925 年 1 月 6 日，收入钟叔河编《周作人散文全集》第四卷，广西师范大学出版社 2008 年版。

③ 末篇为《山东之破坏孔孟庙》，《语丝》第 33 期，1928 年 8 月 13 日，收入《永日集》，上海北新书局 1929 年版。

然而清废帝宣统（溥仪）却一直在北京皇宫未曾搬出。1924年爱国将领冯玉祥奉中国政府命令，指挥国民革命军将溥仪迁出了皇宫，另行安置。这纯粹是中国的内政，和日本一点关系也没有。然而，日本侵略者上海发行的日文杂志上，竟大放厥词，对中国政府和冯玉祥将军大肆攻击。他们说：

> 新政府敢行废号迁宫，是即指示民国末路愈甚之现象也……乃是对中外之大信丧失之左卷也……民心未改，犹有思清之情……对于清所赐与汉民族之恩义……对于整理历代所无之文学，扩张历代所无之领土，尊重历代所无之民意，最施恩惠之清朝……决无应当退位之罪也。果也，奸雄袁（世凯）与革命党苟合而成之民国……吾辈之复辟，天下之公义也……

周作人强忍愤怒，"特用和文汉读说"将这种"怪论"译出，让中国同胞看看日本某些人物如何肆无忌惮地干涉中国内政，公然鼓吹复辟清朝。那些最露骨的怪论（如上所引），周作人都特意加了着重点，又在关键处加了小注，如"什么昏话！""何等狂妄昏谬！"等。意犹未尽，周氏又专门写了《日本人的怪论书后》①一文，进行正面驳斥。他说："即使是外国人，也不应该来公然主张复辟，公然宣言'废号迁宫'是民国灭亡的预兆……日本人要自省，这样的侮辱他人结果就是自侮。"周文还指出："溥仪近来正潜伏在日本公使馆内，听说还带领一班遗臣有什么南书房等等的组织，虽然我们不敢妄断他们在那警卫界内干什么事，总觉得这于我们的民国不会有什么好处。可惜这与日本又有关系……"

2. 对屡屡制造事端为日本侵略军开道的"日本浪人"及所谓"中国通"的愤怒斥责。周氏一再指出：

> 日本人来到中国的多是浪人与支那通，他们全不了解中国，只皮相的观察一点旧社会的情形，学会吟诗步韵，打恭作揖，叉麻雀

---

① 《京报副刊》1925年1月13日，收入《周作人散文全集》第四卷。

打茶围等技艺，便以为完全知道中国了，其实他不过传染了些中国恶习，平空添了个坏中国人罢了。别一种人把中国看作日本的领土，他是到殖民地来做主人翁，来对土人发挥祖传的武士道的，于是把在本国社会里不能施展的野性尽量发露，在北京的日本商民中尽多这样乱暴的人物，别处可想而知。①

周氏还指出：这些浪人之所以敢于在中国"横行霸道"，因为他们背后有日本政府的支持。

3. 对《顺天时报》等日办在华汉文报纸的无情揭露。

周作人最讨厌的是日本人在中国办的汉文报纸，特别是《顺天时报》。他说：

> 关于《顺天时报》，我总还是这样写，它是根本应该取消的东西，倘若日本对于中国有万分之一的好意。……《顺天时报》之流都是日本军阀政府之机关，它无一不用了帝国的眼光，故意地来教化我们……②

他认为《顺天时报》之流"尤显出帝国主义的本色……他们赞成中国复辟，读经尊孔，内乱，分裂，他们对于中国的态度是幸灾乐祸。这些特点在《顺天时报》很是明显，凡我们觉得于中国略有好处的事件，他们一定大加嘲骂诽笑"，又"处处利用中国旧思想，勾结恶势力"，这是"文化侵略中最阴险的一种方法"。

基于对《顺天时报》等日本在华媒体的愤恨，周作人一连写了《日本与中国》、《日本浪人与〈顺天时报〉》、《在中国的日本汉文报》、《日本人的好意》、《明星的闭嘴》、《关于读〈顺天时报〉》、《再是〈顺天时报〉》等十余篇文章③，痛快淋漓，笔酣墨饱。这些文章一再强调的是：

---

① 《日本与中国》，《京报副刊》1925 年 10 月 10 日，收入《谈虎集》，上海北新书局1928 年版。

② 《日本浪人与〈顺天时报〉》，收入《谈虎集》。

③ 皆收入《周作人散文全集》第四、五卷。

《顺天时报》是日本对于中国的文化侵略的最恶劣手段之一，压根儿不能任其存的。他不但替其本国说话，还要将他的帝国的大道理来训导我们，看每天的社说就可知道；此外还收用复辟思想的中国人，叫他们随时随地利用新闻来颠倒是非，鼓吹于外人及军阀有利的旧礼教，嘲骂各种的新运动……近来日本号召对支亲善。……做得像煞有介事地很起劲，但是这都没有什么用：如我个人便绝对地不相信，绝对地不会改过排日的态度，如仍是天天领受《顺天时报》的高教！我从前曾说过，假如日本真是对于中国有万分之一的好意，他便应自动地把《顺天时报》这些恶劣的汉文报首先取消。但是这岂不是与虎谋皮么？①

在《日本人的好意》等文中，周作人义正词严地为李大钊烈士辩诬，谴责了《顺天时报》对李大钊烈士的胡言乱语。

4. 对"日支亲善"，"共存共荣"等侵略理论的愤怒谴责。

日本法西斯一边疯狂侵华，一边却大唱"日支亲善"、"共存共荣"，建立"大东亚共荣圈"等骗人高调。对此，周作人也一再进行了愤怒谴责，他说：

有些日本的浪人和支那通在那里高唱什么日支共存共荣，都是完全欺人之谈。老虎把人吃了，使人的血肉化成老虎的血肉，在它的身内存在，这就是共存共荣。若是当做两个政治体并存着，我相信中日亲善是决不可能的，倘若彼此不改昔日的态度。日本对于中国的态度是的的确确的"幸灾乐祸"四个大字，于中国有利的事以至言论思想，他们竭力地破坏，妨碍，而竭力赞助，拥护有害于中国的人和东西。日本所最希望的事是中国复辟，读经，内乱，马贼……②

① 《关于读〈顺天时报〉》，《语丝》第122期，1927年3月12日，收入《周作人散文全集》第五卷。

② 《〈神户通信〉附记》，《语丝》第59期，1925年12月28日，收入《周作人散文全集》第四卷。

他还指出："日本人以前盛唱'中日亲善'，结果是日置益的二十一条；近来又发明了一个新名词，叫做'中日共存共荣'……强者要假装说吃你为的是亲善，为的是共存共荣，那就阴险卑劣之至，比直截了当的扑过来，说我饿了要吃你尤其可怕了。我们要知道，日本人（欧美人自然也是一样），对我们说要来共存共荣，那就是说我要吃你，千万要留心。日本除了极少数的文学家、美术家、思想家以外，大抵都是皇国主义者，他们或者是本国的忠良，但决不是中国的好友……"①

鉴于日本侵略者拼命鼓吹"日支亲善"、"共存共荣"，周作人故意反其道而行之，高喊"排日"、"排日"、"排日"。他说：

> 我们与日本的人民没有恶感，对于日本的文化有相当的尊重，但这个现在军阀资本家手内的日本，因为于中华民国的生长有大危险，不能不出于抵抗之一途，所以排日一事可以说是中华国民的一种义务。
>
> 中日共存的理论是对的，不过他的前提是先要中国有排日的决心与毅力，没有这个的共存就是合并。中国与日本万万不能亲善，在现今一强一弱的时候。要讲亲善，须等中国有了自觉，能够自强了，我不想奈何你，你也奈何不得我……日本现在的亲善是由日军舰带领奉军入大沽口，叫张作霖进京来组织政府。不想做朝鲜第二的人千万留意，赶紧去作排日的运动。②

周作人特意向中国的知识界发出呼吁："中国知识界应该竭力养成国民对于日本的不信任，使大家知道日本的有产阶级、军人、实业家、政治家、新闻家以及有些教育家，在中国的浪人支那通更不必说，都是帝国主义者，以侵略中国为职志的……我们要明白，日本是中国最危险的敌人……不要信任他，要努力随时设法破坏他们的工作。这是中国知识阶级，特别是关于日本有多少了解的人，在现今中国所应做的工事，

_____

① 《在中国的日本汉文报》，《世界日报》1926 年 1 月 1 日，收入《周作人散文全集》第四卷。

② 《排日》，《京报副刊》1926 年 3 月 16 日，收入《周作人散文全集》第四卷。

应尽的责任……"当然，周作人也清醒指出，"学问艺术的研究是应该超越政治的"，所以中国的知识阶级一边"努力鼓吹排日"，一边也要"仍致力于日本文化之探讨，实行真正的中日共荣"①。

5. 对日本国内"文字狱"、"思想狱"等残酷统治的揭露。

利用通晓日文的方便条件，周作人不仅愤怒揭露日本帝国主义的对华侵略，也同样揭露了日本政府在国内实行的法西斯统治以及对本国进步人士的摧残。他专门写了《文明国的文字狱》②一文，披露了这样一些事实：

第一件，一个以江连为首的海贼团伙夺取了一只海船大辉丸，屠杀了船上的中、朝、俄等国的乘客二十余人，手段极其残忍（一律要用刀劈死）。有些喽啰胆怯不敢下手，江连等狠批其颊，做出"示范"后，仍要他劈。这样一桩残忍已极的无法无天的大屠杀事件，却被一些日本法西斯分子誉为"发扬国威，振兴武士道精神"。号称"文明"的日本政府对江连等暴徒也加意保护，首犯江连仅判有期徒刑十二年。宣判时，一些"听者"竟然"欢声雷动"，高呼"名裁判"、"名裁判"。③

第二件，宪兵大尉甘粕于东京大地震时，将反对法西斯统治的进步人士大杉荣夫妇骗至宪兵司令部，"手自绞杀"。为了灭口，特将大杉六岁的外甥桔宗一，一并绞死，且"移尸剥衣，以湮灭证据"。同样是残无人道的法西斯刽子手甘粕，竟被某些人誉之为"国士"仅判十一年有期徒刑，而且很快保释出狱了。

第三件，与以上两件形成了鲜明对照，日本帝国大学七十岁的老教授井上哲次郎博士，在他的一篇论文《我国体及国民道德》中，说及日本号称"国宝"的"三种神器"，"其一已经烧失，留存的只是模造品"。不曾想老先生却犯了弥天大罪，被斥之为"摇动国民之信念"，某些教授竟往访内阁总理大臣，要求对井上"严办"，至少要他"辞职以谢天下"。以此为契机，日本政府"解散多所大学的研究社会科学团体，设置'学生监'，以防'思想恶化'，由内阁召集和尚道士会议，

① 《排日平议》，《语丝》第 139 期，收入《谈虎集》。
② 《世界日报副刊》1926 年 11 月 19 日，收入《谈虎集》。
③ 今译"裁决"、"判决"。

以谋‘思想善导’……"实际上是禁锢思想，以加强对人民的法西斯统治。

两相对照，周作人为中国人民揭示了日本国内法西斯化的过程。而这一过程，随着日本侵华战争的加剧而大大加速了。

6. 鞭挞朝鲜降日卖国贼李完用，赞美朝鲜民族英雄朴烈。

对于日本武力侵占朝鲜，周作人也充满了义愤，他专门写了《李完用与朴烈》① 一文。李完用何许人也？他乃是朝鲜李氏王朝的一个降日卖国贼，他把朝鲜这份厚礼送给了日本侵略者，而日本封他为侯爵，临死日本天皇还派专使给他送去了葡萄美酒一打。李完用就是这样的一位高级奴才。而朴烈呢？与他截然相反，是一位拒不投降，坚决抗击日本侵略的朝鲜民族英雄。东京大地震后，由于叛徒出卖，他被日本警方逮捕，拒不投降，视死如归，他将以"大逆"罪处以极刑。面对李完用与朴烈迥然不同的道路，周作人爱憎分明地鞭挞了李完用，而高度赞美朴烈，认为他是壮烈牺牲的"烈士"，是"朝鲜的忠良"，他的英勇就义表明朝鲜民族只是一时被武力侵占，朝鲜人民反抗侵略、争取独立解放的"血性与勇气"并未被消灭。

周作人对"亡国的朝鲜"深表"敬意"。他说："朝鲜的民族，请你领受我微弱的个人的敬意。"对于日本的侵占朝鲜，周作人"感到一种悲愤"，他希望有朝一日朝鲜能够摆脱日本统治而"独立"。特别可贵的是周作人把朝鲜之亡与满洲的命运联系了起来，认为"满洲情形正与合并前的朝鲜相似"。一旦出现了危机，"中国可以有好些李完用……但我怀疑能否出一两个朴烈夫妇"。这些见地应该说都相当难能可贵。

还有一段对日本"忘恩负义"的谴责，虽然有点"迂"，但也很表达了中国人的共识。他说：

> 朝鲜的文化虽然多半是中国的，却也别有意义，他是中日文化的联络，他是中国文化的继承者，也是日本文化的启发者。在日本直接与中国交际之前，朝鲜是日本的唯一的导师，举凡文字，宗

---

① 《京报副刊》1926 年 1 月 26 日，收入《谈虎集》。

教，工业，文物各方面无不给与极大助力，就是近代德川朝的陶瓷工艺也还是由于朝鲜工人的创始。我真不解以侠义自熹的日本国民对于他们文化的恩人朝鲜却这样的待遇，虽说这是强食弱肉的世界。日本对于不是李完用一流的朝鲜人给他加上一个极不愉快的名号，叫作"不逞鲜人"，——这就是那"不逞鲜人"的名称，养成日本人的恐怖与怨毒，以致在地震时残杀了那许多朝鲜人。我们看了朝鲜的往事，不能不为中国寒心。

7. 对日本侵略者其他丑闻的讽刺与嘲弄。在日本侵华过程中，可谓谬论不断，丑闻不断。周作人不仅严词驳斥那些让中国人气愤的谬论，也不客气地讽刺与嘲弄了他们不断制造的丑闻。

比如，《顺天时报》曾经造谣，说武汉女子"裸体游行"。这谣言破产后，又造一新谣言，说"武汉女子洗澡叫（男）伙计擦背"，借以维护礼教，宣扬德化。然而，日本人忘了，正是他们国家盛行男伙计给女浴客擦背，此之谓"三助"（Sanske）。周作人质问道：

> 我要请教日本人，在贵国澡堂里是不是普通悉以男人为女子擦背，在贵国是不是有"三助（Sanske）"这个名称？不必征引外骨氏的记录，大家知道三助是专门替人家擦背的，听"番台"的拍子木为号，一声则往男汤，两声则往女汤去侍候主顾……因为擦背与贞操似乎没有多大关系，这种风俗在日本倒还是一种好的方面的事情，至少在我这个人是觉得如此。但现在却不得不请教该日本人等，到底擦背与贞操有若何重大关系，究竟贵国的三助制有没有完全禁止，在公等来敝国维持礼教之前，倘若不知道本国有擦背之事而来指摘别人，是为昏聩；倘若知道而故意装痴，肆口骂人，是为卑劣；公等二者必居一于是矣。[①]

事情很小，但却反映了一些日本浪人和造谣诬蔑中国人成性的某些

---

① 《擦背与贞操》，《语丝》第 133 期，1927 年 5 月 28 日，收入《周作人散文全集》第五卷。

日人报刊的卑劣。周作人的质问因为有日本人的风俗作根据，所以是义正词严的。

再比如，有些日本浪人把从中国学得的相面、占卜之类的迷信，拿到中国来显摆，被周作人戏称为"逆输入"。[①]他说：

> 日本的确自有他的特殊的文化，我决不吝惜公平的赞许，但是有些日本文化里的谬丑的东西，特别是根本于中国的，我们难免感到一种厌恶，尤其是在他要逆输入到中国来的时候。最近有日本相法大家川西什么龙子大吹大擂地来到北京，敬谒多要人，恭相诸贵面，这就是一例。……日本承受了中国古代文化，把坏影响也就一齐接收了去，医卜星相同样地发达，原来是无足怪的，现在发达到中国来了，多谢日本人报恩的厚意。我要告诉日本人一声，这种把戏中国多得很……不劳你们费心远迢迢地派遣前来：为保全贵国文化的名誉起见，这一类的逆输入千万请留意停止，拜托拜托。

综观上述周作人对日本侵华行径的揭露和日本国民劣根性的鞭挞，他当时实在不愧为抗日急先锋。无论是认识的深刻还是揭露的尖锐，他都不愧为爱国知识分子的杰出代表。按照正常的思想发展逻辑，他不可能成为"中国的李完用"，而只能成为"中国的朴烈"。然而，历史充满了吊诡，也充满了讽刺。热烈赞美朴烈的周作人，十年之后，竟蹈了李完用的覆辙，成了中国式的李完用一流的人物，附逆当了汉奸。周作人开了历史的大玩笑！周作人的激烈反日，只反到 1928 年，是年 8 月底，发表《山东之破坏孔孟庙》便成了他激烈反日的绝响。

值得注意的，1928 年周氏发表《孔孟庙》文之后，日本的对华侵略不是收敛了，而是更加明目张胆了。1929 年秋，出兵济南；1930 年往东北沈阳、大连等地调兵遣将；1931 年悍然发动"九·一八"事变，并迅速占领东北三省；同时将溥仪劫持往东北，密谋策划伪"满州国"；1932 年 1 月上海发动"一·二八"事变，日军进攻中国驻军；伪

---

① 《逆输入》，《语丝》第 132 期，1927 年 5 月 21 日，收入《周作人散文全集》第五卷。

"满洲国"遂即宣告成立；1933 年日军进占山海关及冀东各县，威迫平津；1935 年，日蒋勾结成立"冀察政务委员会，""一二·九"爱国学生运动发生；1936 年日本外相广田宏毅发表"对华三原则"，发出了全面灭亡中国的宣言；1937 年七七卢沟桥事变发生，北京旋即被日军占领。

国难当头，民不聊生，人心惶惶。日本法西斯的铁蹄已经蹂躏了东北全部和华北大部。日本侵华、亡华已经不仅是舆论叫嚣，而成为严酷现实了。按照逻辑，周作人应该更激烈、更愤怒。事实却绝非如此。《孔孟庙》之后，整个 1929 年，片纸皆无，直至 1931 年底在《关于征兵》① 的讲演中，他才这样提到了"九·一八"事变："日本强占辽东"、"错在日本"、"暴行的责任在日本"。能说这不是谴责日本吗？当然不能。但值得注意的是当年那股强烈的义愤没有了，"强占辽东"这是什么概念？这难道不是灭亡中国的前奏吗？然而在周作人口中和笔下，似乎还没有《顺天时报》的那些谬论严重，不值得周作人再义愤填膺了。

原来，周作人的劲儿用到中国政府方面去了。他说："中国方面的责任问题……中国的失地又是哪一位的责任呢？"诚然，周作人的责问也是完全正确的。如果不是蒋介石"不抵抗"，"先安内而后攘外"，张学良为首的东北数十万大军何以一弹不发，撤回关内？这也正是中国共产党和全国人民主张团结御侮，一致团结抗日的原因。但是，"逼蒋抗日"的着重点在"抗日"，全国人民同仇敌忾的也在"抗日"。丢开日本或轻描淡写地谈日本人的"占领辽东"，这不仅达不到"逼蒋抗日"的目的，也只能在客观上助长日本侵略者的嚣张气焰，周作人这篇讲演的问题也正在这里。——对丧权辱国的政府的愤恨超过了对穷凶极恶的日本侵略者的愤恨！这正是周作人灵魂深处的一大隐患！

1934 年 7 月，在日本战鼓咚咚，气焰嚣张的一片亡华声中，周作人偕妻子羽太信子回东京探亲了。这当然是周作人的私事、家事，任何人无权干涉。然而，人们不能不纳闷：为什么选择这样一个时机？这对已经患了"抗日疲软症"的周作人，会否更注射一针"麻醉剂"、"催眠剂"呢？

---

① 1931 年 10 月 27 日北大讲演稿，收入《看云集》，上海开明书店 1932 年版。

周作人返国后谈到日本的第一篇正式文章应是《闲话日本文学》①，这也正是周作人的一篇定调文章。该文原为周作人访日时对《改造》社记者的谈话，该杂志是年九月号，题为《周作人先生旅舍之一夕谈话》，其内容是介绍近年来中国学界翻译、研究日本文学的情况的。既然仅是谈对日本文学的翻译与研究，当然不用涉及日本侵华和中国的抗日。此文之后，周作人的"日本研究店"相当兴旺，接连发出的谈日本话、日本书、日本人、日本的风土人情、日本的衣食住、日本的历史、日本的神话以及周作人对日本的怀念等数十篇文章。其中，最重要的是《日本管窥》（一——四）、《谈日本文化书》（之一、之二）和《怀东京》等。②

关于《日本管窥》，周作人晚年这样说：

> 日本管窥是我所写关于日本的比较正式的论文，分作四次发表于当时由王芸生主编的《国闻周报》上头……我写这几篇《管窥》，乃是想平心静气的来想它一回，比较冷静的加以批评的……总是想竭力避免感情用事的就是了。③

这里有几个关键词：一是"平心静气"；二是"比较冷静"；三是"竭力避免感情用事"。三个关键词表达的其实是一个意思，就是心平

---

① 《国闻周报》第十一卷第 38 期，1934 年 9 月 24 日，收入《周作人散文全集》第六卷。

② 《日本管窥》（之一），《国闻周报》第十二卷第 18 期，1935 年 5 月 13 日，收入《苦茶随笔》，上海北新书局 1935 年版。

《日本管窥》（之二），《国闻周报》第十二卷第 24 期，1935 年 6 月 24 日。又署《日本的衣食住》，收入《苦竹杂记》，上海良友图书印刷公司 1936 年版。

《日本管窥》（之三），《国闻周报》第十三卷第 1 期，1936 年 1 月 1 日，收入《风雨谈》，上海北新书局 1936 年版。

《日本管窥》（之四）当时未发表。

《谈日本文化书》，《自由评论》第 32 期（梁实秋主编），收入《瓜豆集》，上海宇宙风社1937 年版。

《谈日本文化书》（其二），《宇宙风》第 26 期，1936 年 10 月 1 日，收入《瓜豆集》。

《怀东京》，《宇宙风》第 24 期，收入《瓜豆集》。

③ 《知堂回想录》第 174 节《日本管窥》。

气和地谈日本。为什么强调心平气和？因为有人太不心平气和。正如周氏紧接着所说："在今日而谈日本的生活，不撒有'国难'的香料，不知有何人要看否，我亦自己怀疑。"所谓"'国难'的香料"，不是别的，正是对日本帝国主义疯狂侵华、亡华的愤怒谴责。曾几何时，在周作人笔下，这种愤怒谴责已经变成了"'国难'的香料"，也就是文章的"笑料"！在《管窥》写作当时，周作人即嘲笑这些"国难的香料"；时隔几十年后，周作人仍然念念不忘嘲弄中国人民这种可贵的抗日感情。那么，如何看待他本人当年写的那些愤怒谴责日本侵略者的文章呢？是否也是撒上了"'国难'的香料"呢？然也！不过比"撒满香料"更要严重不知多少倍罢了。他说：

> 日本的支那通与报刊的御用新闻记者的议论有时候有点看不下去，以致引起笔战，如《谈虎集》上的那些对于顺天时报的言论，自己看了也要奇怪，竟是恶口骂詈了。①

原来，"心平气和"的周作人早把愤怒抗日的周作人否定得干干净净了！对日本侵略者的愤怒谴责竟然变成了低劣下流的"恶口骂詈"，根本要不得了。

既然把"恶口骂詈"的"日本店"付之一炬，新的，心平气和的"日本店"当然要面貌迥异了。《管窥》也好，《谈日本文化》也好，《怀东京》也好，它们共同突出的是这样几方面的内容：首先，日本很美，不仅山川美好，人情更美好，太值得赞美、怀念了。特别《怀东京》一文，就是一篇顶礼膜拜的日本的颂歌。《管窥》之二又称《日本的衣食住》，这是全面赞美日本的衣食住行。你歌颂也好，赞美也罢，当成"第二故乡"也好，当成"第一故乡"也罢，这都是周作人的自由，容不得别人插嘴。然而，在日本人侵占东北全部、华北大部之后，在侵略者的屠刀杀害了无数抗日军民之后，周作人这种颂歌是不是太肉麻了一点？是否超过了抗日军民的承受能力而让那些死难烈士难以瞑目？不客气地说，冒充文雅、"文化"、文质彬彬的周作人，在日本法

---

① 《知堂回想录》第174节《日本管窥》。

西斯的铁蹄面前，已经在唱恬不知耻的媚日、捧日之歌了。周作人一再说，他这些文章难写，"抗日时或者觉得未免亲日，不抗日时又似乎有点不够客气"①。真是此地无银三百两！既然你已经把谴责日寇当成了撒"'国难'的香料"，既然你已经向正在亡华的日本唱颂歌，你还有什么"抗日"可言！你哪里是什么"未免亲日"，你已经是迫不及待地赤裸裸地在"亲日"了。不错，在这几篇文章中，周作人也一再进行"对照"，说日本军队对中国一点也不美，而是丑恶而腌臜，甚至拉一位日本某陆军中将作护法，似乎这位中将也看不下去了。这种"丢车保帅"的做法，就更加令人恶心。日本参谋部，什么"大将"、"中将"之流，正是侵华的元凶、决策者，他们骂一骂自己的那些凶狠而愚蠢的部下，不正是往自己脸上贴金，而掩盖自己的罪行的好机会吗？

为了颂扬日本的"人情美"，周作人连"武士道"也颂扬起来，说什么"武士之情"是一种"人情之美"，值得"看重"。还说"这里边含有大慈悲种子，能够开出顶好的花来"。特别让人感到不可思议的是，周作人大捧日本古时武士道的检查、清洗被斩获的俘虏的首级，去请大帅鉴赏的做法，说这也表现了"日本武士生活里的人情"，表明"在互相残杀的当中还有一点人情的发露"，"是非常阴暗的人生路上的唯一光明小点"。周作人把日本武士道中这种"封建时代残忍的恶风"，这种耸人听闻的野蛮行为竟也加以歌颂与美化，究竟还有无是非，善恶、美丑？

其次，日本古文化中有超越中国的东西，中国人不要有眼不识泰山。

谁都知道日本曾经派出"遣唐使"，全面学习中国文化（包括汉字）。日本的古文化可以说是中国汉唐文化的一支流，学习不可能照搬，日本有自己的发展变化。正常时代探讨这种发展变化是正常的学术研究课题。但在日本疯狂侵华、亡华的时代，这种课题的研究必须特别谨慎，以免撒上"'国难'的香料"贬低了日本人，或者撒上"媚日的香料"恭维了日本人。周作人的日本文化研究恰恰撒上了"媚日的香料"，大大美化了日本人。周作人责怪大家"轻蔑日本文化"，"以为古

①　见《日本管窥》（之一）及《日本管窥》（之四）。

代是模仿中国，现代是模仿西洋的，不值得一提"。他则不以为然地说："《万叶集》或者可以比中国的《诗经》，《古事记》则是《史记》，而其上卷的优美的神话太史公便没有写……平安时代的小说又是一例，紫式部的《源氏物语》五十二卷成于十世纪时，中国正是宋太宗的时候，与长篇小说的发达还要差五百年，而此大作已经出世，不可不说是一奇迹……这实在可以说是一部唐朝《红楼梦》。"① 至于日本的"滑稽"（即"幽默"），更是"中国所没有的东西"。明眼人一眼便可看出，这种对日本古文化的顶礼膜拜，"媚日"色彩太鲜明了，吹捧得也太离谱了。《古事记》既比不上《史记》，《源氏物语》也无法与《红楼梦》相提并论。就是中国古代通俗文学中的"幽默"，也绝不比日本人差。问题是周作人对通俗文学到底有多少了解呢？不错，他编过《笑话选》，但笑话之外呢？就是仅仅笑话中的"幽默"就比日本人差吗？在日本亡华之际，对日本古文化作这种不着边际的吹捧，除了长日本人的军威，灭中国人的志气，还能起什么作用呢？实际上，这岂止是撒"媚日香料"，简直是为日本侵略者擂鼓助威了。

再次，呼唤合格的、有文化的、真正的亲日派。

周作人看不起那些割地赔款的亲日派，以为他们不上档次，也被中国人瞧不起。他呼唤更高明的亲日派。果然找到了一位，这便是那位正在东京留学的"真君"。周氏引了这位"真君"的这样一段"私信"：

> 前日随东师（作者按："东师"待考）观早大（按：即早稻田大学）演剧博物馆，初期肉笔浮世绘展，昨又随其赴上野帝室博物馆并美术馆之现代版画展等，东师一一赐为详细说明，引起无限的兴趣。同时益觉得今日的日本可敬可畏，而过去的日本却实在更可爱。江户今虽已成东京，但仍极热望能在此多住几年，尤望明年望先生也能来东京，则更多赐教启发的机会了。然而这些希望看来似乎都很渺茫也。②

---

① 《谈日本文化书》，收入《瓜豆集》。
② 《日本管窥》（之三），收入《风雨谈》。

"真君","伪君"我们搞不清楚,但此公的"亲日"实不亚于周作人。在他的眼中,"今日的日本可敬可畏,而过去的日本却实在更可爱。"这不正是周作人的跨海知音吗?当时,鉴于日本疯狂侵华,不少留日学生纷纷提前回国,投入抗战。郭沫若先生作为羁旅日本的著名作家,也于次年初偷偷潜回了上海。而这位"真君",却正在日本如鱼得水,希望"多住几年"。仅此一点,即可知道此人根本不知爱国抗日为何物。为什么说"今日的日本可敬可畏"?是因为他船坚炮利、侵略中国长驱直入吗?为什么说过去的日本"更可爱"?是因为他有"武士道"的悠久传统吗?是因为他善于学了中国文化,而反过来骚扰,反噬甚至灭亡中国吗?这位"真君"何以亲日、媚日到如此程度?难道这样骨子里都媚日的"文化亲日派"真的比那些割地赔款,"为王前驱"的亲日派高明吗?

在抄引了"真君"的私信后,周作人又大段抄引了他自己写于1920年的《亲日派》①一文:

> 中国的亲日派……为世诟病,却也同样的并没有真实的当得起这名称的人。
> 中国所痛恶的,日本所欢迎的那种亲日派,并不是真实的亲日派,不过是一种牟利求荣的小人,对于中国,与对于日本,一样有害的……
> 中国并不曾有真的亲日派……

周作人忘了,此一时也,彼一时也!1920年立足于抗日写的《亲日派》一文写得义正词严,是对那些投靠日帝、"牟利求荣"的亲日小人的无情斥责。而今天,周作人已经失去了1920年的严正立场和抗日心态,他对"真的亲日派"的呼唤也变成了对文化汉奸的呼唤了。一旦中国人都变成了"真君"和大褒"真君"的周作人,中国的抗战大业还有什么希望?周作人后来的一步步走向深渊,不正是从这里起步吗?!

---

① 《晨报》1920年10月23日,收入《周作人散文全集》第2卷。

最后，最让人无法容忍的，是周作人已经一头钻进了"大东亚共荣圈"，确乎在为虎作伥了。

如前所说，20 年代的周作人曾经痛斥过"中日亲善"、"大东亚共荣圈"等无耻的侵略谰调，然而，曾几何时，他自己却心甘情愿地钻进这个"怪圈"中去了。他说：

> 我仔细思量日本今昔的生活，现在日本"非常时"的行动，我仍明确地看明白日本与中国毕竟同是亚细亚人，兴衰祸福目前虽是不同，究竟的命运还是一致，亚细亚人岂终将沦于劣种乎，念之惘然。因谈衣食住而结论至此，实在乃真是漆黑的宿命论也。

的确，由谈日本的衣食住，归结到"大东亚共存共荣"，也的确是周作人的新创造。眼看着日本"非常时"的行为，亦即侵略、灭亡中国的野蛮行为，眼看着中日两国成了仇敌，"兴衰祸福"截然不同，然而周作人却"高瞻远瞩"，明确地看明白日本与中国毕竟同是亚细亚人……究竟的命运还是一致。这不就是中日应该"亲善"吗？不就是中国要容忍、宽恕日本的奸淫掳掠大屠杀吗？不就是"猪肉吃到日本人的肚子里"与"共存共荣"吗？！为什么同是亚洲人，中国就应该容忍日本的侵略呢？日本的侵略和欧美帝国主义的侵略难道有什么本质的不同吗？所谓"究竟的命运还是一致"这不正是日本法西斯一天到晚叫嚷的"共存共荣"吗？中国被日本灭亡了，中国人都变成了日本人的奴隶，是否亚细亚人便站了起来，否则便"终将沦为劣种"了呢？周作人拉出一个悲天悯人的架势，似乎在为亚细亚人的共同未来揪心，是否太自作聪明，太低估中国广大抗日军民的识别能力了呢？你周作人当年对"共存共荣"的精彩分析，早已教育了千千万万的中国人，他们再也不相信什么"大东亚共荣圈"之类的骗人鬼话了。可悲的只有周作人自己，他由激烈反对"大东亚共荣圈"到可怜巴巴地鼓吹这种破烂货，太过分、太可耻、太无人格了！让中国人都去当日本法西斯的奴隶、抱着那个"共荣圈"欢呼吗？有良心、有骨头的中国人实在是碍难从命了。

在《谈日本文化书（其二）》中，周作人再次"公平地"谈起了日本的"国土与人民",反对因抗日而轻视日本文化,甚至"把脚盆里的孩子连水一起泼了出去",要中国人民去找出日本民族代表的贤哲来,听听同为人类、为东洋人的悲哀。不让中国人民去找出自己被烧杀掳掠的悲哀,却让中国人民聆听"同为人类为东洋人的悲哀"。莫非同为"东洋人"便有了同样的"悲哀"吗?究竟是哪家的"悲哀"呢?是的,中国也是"东洋人",日本也是"东洋人",然而,在日本烧杀掳掠中国人之际,这两国"东洋人"还有共同的"悲哀"吗?中国人的"悲哀"不就是日本侵略者太凶狠、太野蛮、太惨无人道吗?而日本人的"悲哀"不就是汉奸太少、中国人永远也杀不完吗?周作人唱出"东洋人的悲哀"来收买人心,也只能是心劳力拙了。

周作人"谈"来"谈"去,"窥"来"窥"去,归结到日本法西斯的"大东亚共荣圈"上去,可谓图穷匕见。要说这时的周作人从精神上已经解除了"不当汉奸"的武装,恐怕就一点也不过分了。这样的周作人能经得起日本法西斯的威迫利诱?这样的周作人不当汉奸谁当汉奸?

人们不能不问:周作人何以会有如此巨大的变化?有无什么不为人知的"不可抗因素"呢?所谓"不可抗因素",主要指两个方面:一是日本侵略者方面背后有无对周作人进行收买或施加压力?二是周作人的日本太太羽太信子有无对周作人施加影响?以正常情理推断,这两方面都不可能不施加影响于周作人。但是,即使日本侵华档案揭秘,也未必能发现土肥原贤二之流对周作人施加影响的材料——那将永远是一只打不开的"暗箱"。至于周作人与信子的夫妻间事,那更是"暗箱中的暗箱"了。不过,科学依据的不是"暗箱",而是"暗箱"的"泄漏物"、"辐射物",是尽人皆知、彰明较著的东西。对周作人由抗日到降日的巨变,也只能如此。周作人的那些白纸黑字,足够我们品味和分析了。

第二节　海军决定论与屈膝求和论

周作人毕业于清末的江南水师学堂,即海军学校。但却被派到日本去学建筑,可谓学非所用。不过,他跟大哥鲁迅一起一头扎进了文学里，海军、建筑统统告别了。几十年后，周作人已经成了名扬四海的文学家，面对日本法西斯的疯狂侵华，周作人忽然又对他的海军钟情起来。他说：

> 现在要同外国打仗，没有海军是不是也可以？据我妄想，假如两国相争，到得一国的海军歼灭了，敌舰可以来靠岸的时候，似乎该是讲和了罢？不但甲辰的日俄之战如此，就是甲午的中日之战也是如此。中国甲午以来这四十年间便一直只保有讲和状态的海军，这是明显的事实，无庸赘言……到了今日这个情形恐怕还没有变吧？在只好讲和的状况之下，现今要开始战争，如是可能，那是否近于奇迹？……必须先决定了没有海军也可以打，那才能说到打谁或打不打。①

意思很明显，没有海军，或只有"讲和状态的海军"，是根本无法与人家海军强国打仗的。要说"没有海军也可以打"，那只能是"奇迹"。那么，海军强国打来了，怎么办呢？只有一条路：投降，不是说周作人这种"海军决定论"一点道理也没有，如果在海上作战，没有海军当然是绝对不行。然而，陆战呢？也是海军决定吗？比如中国，固然有很长的海岸线，但是，国土不也很辽阔吗？一旦海军强国到了辽阔的异国土地上，他是否还能稳操胜券呢？事实证明那是根本不行的。日本海军诚然迅速占领了中国的沿海城市，但一到中国广阔的内地，这支海军还有多大作为？攻城略地不是全靠他的陆军吗？陆军一败，海军不也徒唤奈何吗？很奇怪，周作人这位弃海军于不顾的前海军学员竟然对海军崇拜到如此程度！入乎其内，而未能出乎其外，这就成了周作人亡国论调的一部分。这种亡国论调，也就成了周作人叛国附逆的一个重要动因。

周作人的这一海军决定论，对不少人讲过。比如，郑振铎先生便亲耳听过，周作人对他这样说：

① 《弃文就武》，《独立评论》第134期，1935年1月6日，收入《苦茶随笔》，上海北新书局1935年版。

和日本作战是不可能的。人家有海军。没有打，人家已经登岸来了。我们的门户是洞开的，如何能够抵抗人家？[①]

郑先生对他说："不是我们去侵略日本。如果他们一步步地迫进来，难道我们一点也不加抵抗么？他没有响。后来我们便谈他事了。"

"他没有响"，当然是无言以对。然而，他的"海军决定论"、"中国必败论"并无丝毫改观。

这种"海军决定论"、"中国必败论"势必导致屈膝求和论，这种论调成了他 1935 年的主旋律。在《岳飞与秦桧》[②] 一文中，他大捧臭名昭著的南宋主和派、汉奸秦桧而大骂抗金民族英雄岳飞。他说：

现今崇拜岳飞唾骂秦桧的风气我想还是受了《精忠岳传》的影响，正与民间对于桃园三义的关心与水泊英雄的武二哥之尊敬有点情形相同……和与战是对立的，假如主和的秦桧是坏人，那么主战的韩侂胄必须是好人了，而世上骂秦桧也骂韩侂胄，这是非曲直又怎么讲？

紧接着，在《关于英雄崇拜》[③] 中，他又进一步发挥道：

近来有识者提倡民族英雄崇拜，以统一思想与感情，那也是很好的，只可惜这很不容易……所虑的是难于去挑选出这么一个古人来。关、岳，我觉得不够，这两位的名誉我怀疑都是从说书唱戏上得来的，威势虽大，实际上的真价值不能相副……岳爷爷是从《精忠岳传》里出来的，在南宋时看朱子等的口气并不怎么尊重

---

① 郑振铎：《惜周作人》，《周报》第 19 期，1946 年 1 月 12 日，收入《回望周作人·国难声中》，河南大学出版社 2004 年版。

② 《华北日报》1935 年 3 月 21 日，收入《苦茶随笔》。

③ 《华北日报》1935 年 4 月 21 日，收入《苦茶随笑》。

他……中国往往大家都知道非和不可，等到和了，大家从避难回来，却热烈地崇拜主战者，称岳飞而痛骂秦桧，称翁同和刘永福而痛骂李鸿章，皆是也。

中国历史上的和、战（比如南宋与清末）当然有很多复杂因素，必须细致分析，认真对待。但在日本侵略军步步进逼、穷凶极恶的形势下，大谈求和，大谈求和之难，大褒秦桧而大贬岳飞，这究竟是什么用意呢？与他的"海军决定论"、"中国必败论"联系起来，不是明显主张屈膝求和、与日本侵略者订立"城下之盟"吗？而大捧臭名昭著的南宋私通异族的主和派秦桧、大骂被秦桧以"莫须有"罪名害死的抗金英雄岳飞，这岂非明显地适应日本侵略者的需要吗？

周作人降日后，当然继续贩卖这种投降主义哲学。比如，他曾于1940年7月16日写过一篇《读小柴桑喃喃录》①，说《小柴桑喃喃录》中写了一位菜园园丁，对于前来偷菜的小偷，他既不声张，也不抓打，而是把摘好的菜分一份给这位小偷，于是也就相安无事了。园丁主人慨然曰："园丁吾师也！"这也正表达了周作人自己的心声：把国土分一部分给日本，不也就相安无事了吗？何必搞什么全民动员、抗日救国呢？五年前，周作人大捧秦桧，大贬岳飞，大肆鼓吹"和比战难"，真正的用意正在这里。

必须指出的是，东北沦陷、华北危机之后，由于蒋介石坚持"先安内而后攘外"的"不抵抗主义"，以汪精卫为首的亲日派曾掀起一股声势颇大的"和谈"逆流，这些人组织了所谓"低调俱乐部"，一再商议如何满足日本侵略者的要求，牺牲东北、华北乃至部分华南沿海的利益，让日本侵略军"适可而止"，保住中国政府的"偏安"局面。十分不幸的是，曾经积极力主抗战的胡适也一度被拉入了这个俱乐部，走到了危险的边缘。幸亏由于傅斯年等人的力阻以及蒋介石委其为"驻美大使"，他才及时抽出身来。周作人虽然形式上没有加入这个"低调俱乐部"，但在思想深处，他比那些"低调俱乐部"成员是一点不差的。这个"低调俱乐部"的成员，后来大多数都当了汉奸，也正是与周作

---

① 收入《书房一角》，北京新民印书馆1944年版。

人一样①。

周作人不仅大贬岳飞，文天祥、史可法等为人称颂的民族英雄他也一概否定。他说：

> 武人之外有崇拜文人的，如文天祥史可法。这个我很不赞成。文天祥等人的唯一好处是有气节，国亡了肯死。这是一件很可佩服的事，我们对于他应表示钦敬，但是这个我们不必去学他，也不能算是我们的模范。第一，要学他必须国先亡了，否则怎么死得像呢？我们要有名节，须得平时使用才好，若是必以亡国时为期，那未免牺牲得太大了。第二，这种死于国家社会别无益处。我们的目的在于保存国家，不做这个工作而等候国亡了去死，就是死了许多文天祥也何补于事呢。我不希望中国再出文天祥，自然这并不是说还是出张弘范或吴三桂好，乃是希望中国另外出些人才，是积极的，成功的，而不是消极的，失败的，以一死了事的英雄。……徒有气节而无事功，有时亦足以误国殃民，不可不知也。……我岂反对崇拜英雄者哉，如有好英雄我亦肯承认，关岳文史则非其选也。吾爱孔丘诸葛亮陶渊明，但此亦只可自怡悦耳。②

这里，周作人鼓吹的已不仅是屈膝求和论，而且是"壮烈牺牲有罪论"了。在周作人的全部文章中，像这样无理狡辩而又用心险恶者，实不多见。

所谓"气节"要"平时使用才好"，纯属诡辩。语云"路遥知马力，疾风知劲草"，在平常生活中，一般说来，是很难见出一个人的气节的。比如周作人，假如日本不来侵略，你能见出他的"气节"吗？他20年代那样痛斥日本浪人、《顺天时报》者流，我们还以为他气节甚好呢，谁能想到他在关键时候气节这样坏？周作人大言不惭，什么

---

① 参见李传玺《做了过河卒子——驻美大使期间的胡适》，安徽教育出版社2010年版。

② 见《关于英雄崇拜》。

"平时使用才好"，难道岳飞、文天祥、史可法等民族英烈平时"气节"都不好吗？如果平时气节不好，难道关键时刻能一跃而成为民族英雄吗？所谓"以亡国时为期"，纯属对烈士的丑化和诬陷！似乎这些英烈唯恐不早点亡国，他们好早点做民族英雄。大概只有周作人这样的民族败类才会有这样阴暗的心理吧？

把岳飞、文天祥、史可法等都归之为"消极的、失败的，以一死了之的英雄"，也纯属枉顾事实、信口雌黄。岳飞抗金，屡获大胜，如非秦桧（他背后是宋高宗）掣肘，正可以乘胜追击，直捣黄龙。这怎么是"消极的，失败的，以一死了事的英雄"？文天祥抗元，史可法抗清都是人人皆知的历史，又怎能说他们"消极"、"以一死了事"？他们的"失败"，在于敌我力量的悬殊。为了反抗侵略，不惜与敌人决一死战，正是虽败犹荣，死得壮烈，是可歌可泣的英雄好汉。怎么一到周作人笔下，他们的光辉便不见分毫了呢？这种往英雄头上着粪的伎俩，也只有周作人这样的擅长舞文弄墨的主和派才使得出。说他们"徒有气节而无事功"，"足以误国殃民"，实在够得上血口喷人了。

为了贬损、诬蔑这些民族英雄，周作人故意搅浑水，把关羽、武松、孔夫子、陶渊明、诸葛亮等根本与和战无关，与抵抗侵略无关的人物拉出来，制造混乱。比如，把关云长、武松拉来，与岳飞相提并论，而这二位又有明显的性格缺陷，其目的无非是增加贬低岳飞的砝码。文天祥、史可法之外又请出来孔夫子、诸葛亮、陶渊明，也明明是东拉西扯，节外生枝。

为了贬损岳飞，周作人还引来了一些古代学者的有关评价，似乎对岳飞历来评价不高。可惜的是，周作人大搞断章取义，表彰岳飞的大量论述他一句也不引，却只引那些贬损岳飞，或妄作揣测者的话，借以达到他歪曲历史、丑化岳飞的目的。他把岳飞的威望仅仅说成是小说戏曲的影响，是《精忠岳传》的影响。周作人忘了：为什么人们编成《精忠岳传》，而不编成《精忠秦传》？老百姓为什么那么喜欢《精忠岳传》而却对秦桧唾骂不止？

周作人借褒秦贬岳，大骂中国的民族性，也十分奇怪。在《谈油炸鬼》① 一文中，他认为把"油炸鬼"（油条）当成秦桧"炸"来吃，甚至呼为"油炸桧"，"此种民族性殊不足嘉尚也。秦长脚即极恶，总比刘豫张邦昌以及张弘范较高一筹罢，未闻有人炸吃诸人，何也？我想这骂秦桧的风气是从《说岳》及其戏文里出来的。"周作人一向对民俗学很有兴趣，很有研究，然而"油条桧"的民俗他却受不了了，视为"民族劣根性"了。如果变成"油炸飞"，是否就变成了"民族良根性"，可爱的"民俗"了呢？更有甚者，西湖岳墓前跪着四个汉奸铁人，这也惹恼了周作人。他说：

> 坟前四铁人，我觉得所表示的不是秦王四人而实是中国民族的丑恶……这种根性实在要不得，怯弱阴狠，不自知耻……②

对秦桧的惩罚，简直像掘了周作人的祖坟，其爱憎之鲜明实在无以复加。一向主张闲适、恬淡，不用真情的周作人何以如此"满怀激烈"呢？他显然把秦桧当成了"千年知己"，投入了大量的敬爱之情。

在为秦桧打抱不平时，他拿刘豫、张邦昌、张弘范诸人说事儿，认为秦桧总比这些公开投敌的汉奸好，国民恨他们应超过恨秦桧才对。但是，周作人忘了：人们对于暗藏的内奸的愤恨从来都是超过公开的敌人的。何况秦桧还以"莫须有"的罪名害死了"精忠报国"的岳飞呢？

周作人是决心为秦桧翻案的，但他也知道这是"最难办的"。他说："和比战难，战败仍不失为民族英雄，和成则是万世罪人，故主和实在更需要有政治的定见与道德的毅力也。"③

汪精卫汉奸卖国集团的"和比战难"论、屈膝求和论，周作人发挥得最透彻。为秦桧翻案正是他手中的一张王牌。他这样引经据典，反复申说，所为何事？其中隐情人们自然不难猜到，为秦桧翻案，正是为自己的行径辩护，也就是为将来的自己翻案。

---

① 《宇宙风》第 3 期，1935 年 10 月 16 日，收入《苦竹杂记》，上海良友图书印刷公司 1936 年版。

② 《再谈油炸鬼》，《论语》第 95 期，收入《瓜豆集》。

③ 同上。

第三节　"两个鬼"的逃遁

周作人一再自我标榜，他头脑中有"两个鬼"，"其一是绅士鬼，其二是流氓鬼"。他们"在那里指挥我的一切的言行……我却像一个钟摆在这中间摇着。有时候流氓占了优势，我便跟了他去彷徨，什么大街小巷的一切隐密无不知悉，酗酒、斗殴、辱骂，都不是做不来的，我简直可以成为一个精神上的'破脚骨'。但是在我将真正撒野，如流氓之'开天堂'等的时候，绅士大抵就出来高叫'带住，着即带住！'说也奇怪，流氓平时不怕绅士，到得他将要撒野，一听绅士的吆喝，不知怎的立刻一溜烟地走了……我对于两者都有点舍不得，我爱绅士的态度与流氓的精神"。① 很奇怪，一到日本帝国主义侵华加剧，周作人的这"两个鬼"便统统跑得无影无踪了。

先说"绅士鬼"。在耀武扬威的日本侵略者面前，做个堂堂正正的"绅士"，不失尊严，凛然不可侵犯，太难了。在北大、清华二校南迁（先湖南长沙后云南昆明）的过程中，很多教授（即周作人的同事们）扶老携幼，弃家纾难，千里跋涉，不辞辛苦，表现了中国广大知识分子难得的爱国情操和绅士风度，绝对不当亡国奴。而周作人做不到，他找了种种借口，为自己恋栈不走辩护，可以说一点绅士风度也没有。

据北大校长蒋梦麟先生回忆："抗战的时候，他留在北平，我曾示意他说，你不要走，你跟日本人关系比较深，不走，可以保存这个学校的一些图书和设备。"② 后来，北大明确让留平的周作人、孟森、马裕藻、冯叔汉四位教授"维护校产"，且一度每月寄每人 50 元生活费。于是，这"维护校产"四字，便成了周作人的一张"王牌"，他的留平不走便成为北大之需要了。事实证明：蒋校长"示意"周作人留下来是完全错误的，你明明知道他"跟日本人关系比较深"，你还让

①　见《两个鬼》，《语丝》第 91 期，收入《谈虎集》。
②　《谈中国新文艺运动》，收入《中国文艺复兴运动》，台湾"中国文艺协会"，1961 年 5 月。

他留下来做甚？这实际上给了不愿南行的周作人以可乘之机。但是，话又说回来，蒋校长让你留下来"维护校产"，并未让你当汉奸；你为什么偏偏要当汉奸呢？如果周作人当时有不当汉奸的决心，他便不会接受蒋校长的错误决定，相反，定会千方百计"飘萧一杖天南行"的。

周作人拒绝随校南迁的另一张王牌是所谓家累太重无法脱身。他一再说：

> 舍间人多，又实无地可避，故只苦住……
>
> 寒家系累甚重，交通又不便，只好暂苦住于此，绍兴亦无老屋可居，故无从作归计也。①
>
> 其实愚夫妇及小儿本来共只三人，而舍弟在沪，妻儿四人不能不由此间代管，日用已经加倍，若迁移亦非同行不可，则有七人矣，且家母亦仍居平，鲁迅夫人（并非上海的那位）亦在，此二老人亦须有人就近照料，如上述七人有法子可以南行此事亦有问题也。小女已出嫁，现其婿往西安北平大学教书，亦寄寓舍间。鄙人一人即使可以走出，而徒耗旅费，无法筹家用，反不如不动稍可省钱。②

并非说周作人没有实际困难，一个十口之家大迁徙谈何容易？然而，在南迁教授中，像他这样的困难户并非个别，所谓南迁，也绝非让七八十岁老太太也跟着跋涉。周作人的问题是：他根本连走的意思也没有，他根本不考虑离开苦雨斋。因此当学生章廷谦（川岛）去劝周一起南行时，羽太信子将他大骂一顿，而周作人则一声不吭。③ 事实上，羽太信子不过是代他骂川岛而已。有"中国必亡论"和"屈膝求和论"垫底，周作人怎么可能为"跑日本"而千里跋涉？

---

① 见 1937 年 8 月 6 日《致陶亢德信》，《宇宙风》第 23 期，1937 年 11 月 1 日。

② 《复某君函促南行》，《戏言》第 1 期，1938 年 3 月 20 日。

③ 见拙文《川岛先生谈"二周失和"》，《北京晚报》1986 年 10 月 15 日，收入《坐井观天录》，紫禁城出版社 2010 年版。

我们当然不好说执意不走的周作人已经做好了降日的准备，他自己也要别人把他看成苏武而不要看成李陵。[①] 但他内心深处怎么想的？联系到他后来的实际表现，人们也不难猜出一二吧？

为了不南迁，周作人也拉了些客观原因。比如绍兴亦无老屋可居之类。二校南迁乃抗日爱国大迁徙，谁要你回绍兴老屋？再比如强调家庭人口众多，家累太重，也不能成立。他的姨妹（周建人前妻）羽太芳子和三个孩子，皆由周建人从上海商务印书馆寄钱养活，他们的母亲鲁老太太及鲁迅原配朱安更历来不由他赡养，而是由鲁迅、许广平寄钱养活，周作人充的哪家的孝子？他如带妻儿南下，这六口人的生计皆无问题。即使后来许广平被捕，一时断了鲁老太太及朱安的补给，文艺界广大朋友也迅速采取了措施[②]。实际上周作人不仅不赡养老母和寡嫂，当寡嫂要出售鲁迅藏书时，周作人还想从中扣（买？）下若干。这个细节很可看出周作人的"孝心"。尤为恶毒的是，周作人竟反咬一口。说什么"鲁迅党徒"会对他有不利行为，故他不敢南行[③]。在烽火连天的困难年代，周作人这样托词也不嫌人笑话，他老人家真是太乏绅士风度了。

再看"流氓鬼"。周作人标榜的那个"流氓鬼"，实际上是一种反抗精神。在五四新文学运动中，在1925年、1926年对学生运动的支持中，在他对国民党"清党"、杀害革命青年的谴责中，乃至他对日本浪人、《顺天时报》等的揭露中，这个"流氓鬼"都曾经十分活跃并做出了骄人的成绩。然而，一到真枪实弹的日本侵略者面前，这个"流氓鬼"便再也见不着了。这里不妨略举数例。

一是1941年4月，他率领"东亚文化协议会"代表团前往日本"朝圣"，又是晋谒日本天皇，又是参拜"靖国神社"，真是"友好"、忠诚得不亦乐乎。尤可恨的是，他特别前往海、陆军两医院慰问那些侵华伤兵，而且为每家医院各捐款500元，好让他们早日返回侵华战场，

---

① 见1937年8月20日《致陶亢德信》，《宇宙风》第23期，1937年11月1日。

② 唐弢：《关于周作人》，《鲁迅研究动态》1987年第5期，收入程光炜编《周作人评说80年》，中国华侨出版社2000年版。

③ 郑振铎：《惜周作人》，《周报》第19期，1946年1月12日，收入《回望周作人·国难声中》，河南大学出版社2004年版。

屠戮更多的中国抗日军民。当周作人无师自通地干这些丑行、恶行的时候，他脑子里还有什么"流氓鬼"吗？这种俯首帖耳的奴才行径和他标榜的"流氓鬼"是否水火不相容呢？

二是1942年5月，为了祝贺日本炮制的伪"满洲国"成立十周年，汪逆精卫亲率伪南京政府代表团前往长春（所谓"新京"）。而汪逆亲自点将，请周作人作为代表成员（也是华北伪政权的唯一代表）。周作人感激涕零，跟在汪精卫屁股后面，大捧傀儡皇帝溥仪的臭脚。这时的周作人，又有什么"流氓鬼"的痕迹呢？

三是在他担任大汉奸伪"华北政务委员会委员兼教育督办"的三年间（1941—1943年），他先后数次去苏北、豫东、河北等地"视察"所谓"治安强化运动"，风尘仆仆，不辞辛苦。每到一地，必发表勖勉讲话，对当地那些沾满中国人民鲜血的日本侵略军和汉奸警宪加意褒奖鼓励，让他们在"反共建国"（实际屠杀中国人民）的"伟业"中再接再厉。过去人们常说周作人是"文化汉奸"，以此观之，非也！他何尝仅仅是"文化汉奸"，他也日益变成日本侵略者所需要的"武化汉奸"了。这个"武化"过程，也就是日益效忠"天皇"、死心塌地的过程。更加让人齿冷的是，1942年12月9日上午，他和大汉奸王揖唐（伪华北政务委员会主席）一起，在天安门检阅所谓"新民青少年结成式"，周作人头戴日本军帽、身着日本军装，俨然成了一位"武运长久"的"皇军"军官，也不知周作人当时怎么想的，为什么非要穿戴上这身行头不可呢？这难道不有损自己文人、学者的高雅形象吗？莫非这是日本主子的规定？呜呼，俯首帖耳的周作人！呜呼，周作人不翼而飞的"流氓鬼"！

冰冻三尺，非一日之寒。周作人"绅士鬼"、"流氓鬼"的逃遁也有一个过程。

1938年2月9日，他靦颜参加日本侵略军部召集的"更生中国文化建设座谈会"，这是他附逆的"试水"，穿着长袍马褂，似乎是列席旁听。对外还做出姿态，要人不要把他当李陵，而要当苏武看待。整个1938年，他确乎在首鼠两端，举棋不定，内心的"绅士鬼"、"流氓鬼"在和做汉奸、当败类激烈斗争。直到1939年1月12日，他才担任了第一个伪职伪北京大学图书馆馆长。接受伪职后，他在日记上写道：

"下午收北大聘书，仍是关于图书馆事，而事实上不能不当。"从字面上看，并非心甘情愿，似乎还有一丝勉强。当然，一下水，就由不得他自己了，由伪北大图书馆馆长到伪北大文学院院长，直到伪华北"教育督办"，他越陷越深，不可救药，他的"绅士鬼"、"流氓鬼"也就彻底逃遁了。

第四节　极端个人主义者的历史悲剧

周作人的《人的文学》、《平民文学》① 二文，可以说是"五四"文学革命的理论纲领，文中倡导的"人道主义"即"个人主义的人间本位主义"文学，也成了"五四"文学的一个优良传统。然而，让人十分遗憾的是，"五四"之后的周作人本人，在为人处世诸多方面，却逐渐滑向了自私自利、极端个人主义的泥潭。

这里，人们自然首先想到了"二周失和"。常言道"清官难断家务事"。然而，"难断"不等于"无法断"，更不等于说"不要断"、"不必断"。事实上，各色人等也不断地在"断"。就说"二周失和"吧，有人断之曰：鲁迅对老婆朱安不好，对弟媳羽太信子有邪念（这正是他多年的性苦闷、性压抑的"必然结果"），跑去偷看羽太信子洗澡，被羽太察觉，告诉周作人，周作人兴师问罪，导致了兄弟失和——此之谓"窥浴说"。更有人断之曰：鲁迅、羽太信子早就是情人，周作人1906年赴日后，鲁迅"让贤"，将羽太让给了弟弟——此之谓"情人说"或曰"让贤说"。当然，亦有人力斥以上二说之谬，而力主"家务经济矛盾说"。即认为羽太信子管家，大把花钱，挥霍无度，搞得周家每月都闹经济危机。老要鲁迅出去"举债"。其实，周氏兄弟每月薪水上千元，再加稿费收入，以当时北京的物价，周家根本就不应闹经济危机。这样一来，鲁迅慢慢便啧有怨言，一来二去矛盾越来越大，周作人夫妇便决计赶走鲁迅（自然也赶走朱安和鲁老太太）独霸八道湾了。

"家务"之所以"难断"，正在于它琐碎而隐秘。它是一个日积月

---

① 《人的文学》，《新青年》第 5 卷第 6 期，1918 年 12 月 15 日；《平民的文学》，《每周评论》第 5 期，1919 年 1 月 19 日。均收入《艺术与生活》，群益书社 1931 年版。

累而又罕为人知的"渐变过程"。从幼年到留日到"失和"前，周氏兄弟一直感情很好，被称为"兄弟怡怡"，然而，"隐患"也一直很多，首先，鲁迅坚持不分家，坚持要维护一个和睦美好、兄弟怡怡的大家庭，这本身便是一个违背时代潮流的、不切实际的幻想。不妨看看三弟周建人关于两个哥哥（主要是大哥鲁迅）当年对他教诲的回忆：

> 你可不可以在家里，照料家务，陪伴母亲，一面自学。这样，母亲放心一些，我们在外面的，也放心一些。将来我们学成回国，只赚一个钱，都是大家合用，这样好不好呀？
>
> 这话他们平时倒也经常在讲，说我们兄弟很友爱，将来永远生活在一起，不要分家。对这些，我只简单地回答说："我不要你们养活。"
>
> 大哥说："莫非你不相信我的话吗？我是说话算数的。"[1]

鲁迅是这样说的，也是这样做的。为了孝敬寡母、善待兄弟，这位大哥作出了巨大牺牲和贡献。母亲为他包办的婚姻，是一杯常人无法饮下的"苦酒"。妻子朱安既黑且丑，又是小脚，更无文化。如果退婚，将导致朱安的自尽。鲁迅只好忍痛拜了天地，但并未"圆"房，三天之后便匆匆赶回日本了。鲁迅把这桩"无爱婚姻"，当成母亲给自己的一件礼物，违心地接受下来。其主要目的自然在安慰母亲，但也充分考虑了家庭和睦对两个弟弟的重要意义。因此，他想方设法将二弟作人带出了家乡，先是让他考入了南京江南水师学堂，后来又一起到了日本。当作人决定与羽太信子结婚后，鲁迅放弃了赴德国留学的打算，毅然回国教书挣钱，以便负担作人结婚后的生活费用并养家糊口。实在难以支持并将作人夫妇接回绍兴后，鲁迅又多方设法为作人找工作，特别请蔡元培先生聘他当北大教授。1917 年周作人之进北大，这是他生命中之大事件，二十年间，他成长为北大著名教授和全国知名作家。没有鲁迅的奔波努力，周作人是进不了北大的。从 1917—1923 年"兄弟失和"前，鲁迅对周作人的帮助、关怀也是无微不至的。尤其周作人多次生病

---

[1]　周建人：《鲁迅故家的败落》，湖南人民出版社 1984 年版。

和去西山疗养期间，鲁迅对他的照拂、关心确乎做到了"长兄如父"的程度。再说买八道湾这座房产，虽然是以绍兴主屋的售款为主，但并不够，鲁迅为之多方举债。院落告成，鲁迅自己住前院，请母亲也住厢房，而将里院正房让给了周作人夫妇。鲁迅这是够屈己从人的了。鲁迅还说服母亲，不要再管家理财，让羽太信子去管。鲁迅几乎时时处处为作人夫妇着想，为周氏大家庭的和睦着想。尽管这些着想充满了旧意识，但总是很对得起周作人夫妇吧。然而，周作人夫妇全不念这一切，他们竟然合谋将鲁迅赶出八道湾，甚至在鲁迅一年之后回八道湾搬书时对他大打出手。这一切都在说明，在"二周失和"事件中，周作人扮演了一个忘恩负义、极端自私的角色。后来鲁迅多次说周作人"昏"，开始主要指的正是这些地方。如果周作人的"昏"仅此而已，那岂不要谢天谢地！要命的是，周作人不仅在家庭关系上对兄长"昏"，1927年、1928年之后，他在人生态度、文学观念以及许多重大社会、政治问题上也都愈来愈"昏"了起来。

先说人生态度，这里首先要说的是他的"闭户读书论"。远的不说，即使从五四运动时期算起，直至1928年底以前，周作人走的都不是"闭户读书"的道路，也没提出过"闭户读书"的主张。像《前门遇马队记》①等文章，像斥责《顺天时报》的那些文章，像支持"三·一八"学生正义斗争、哀悼死难烈士、驳斥陈西滢《闲话》的那些文章，都充满着正义的火焰。

周作人是《语丝》北京时期的实际主编，《语丝》的锋芒也是他的锋芒。这里哪有什么"闭户读书论"的色彩？哪有一丝一毫"闭户读书"的影子？然而时至大革命失败，大量革命青年被屠戮之后，"闭门读书论"提出了：

> 人的生命只有一条，一失足成千古恨，再回头已百年身……
> "此刻现在"，无论在相信唯物或是有鬼论者都是一个危险时期，除非你是在做官，你对于现时的中国一定会有好些不满或是不平，这些不满和不平积在你的心里，正如噎隔患者肚里的"痞块"

---

① 《每月评论》第25期，1919年6月8日，收入《谈虎集》。

一样，你如没有法子把他除掉，总有一天会断送你的性命。……且
不要说动，单是乱叫乱嚷起来，想出出一口鸟气，那就容易有共党
朋友的嫌疑，说不定会同逃兵之流一起去正了法……医好了烦闷就
丢掉了性命，正如门板夹直了驼背。那么怎么办好呢？我看苟全性
命于乱世是第一要紧，所以最好是从头就不烦闷……其次是有了烦
闷去用方法消遣。抽大烟，讨姨太太，赌钱，住温泉场等，都是一
种消遣法，但是有些很要用钱，有些很要用力，寒士没有力量去
做。我想了一天才算想到了一个方法，这就是"闭户读书"。……
宜趁现在不甚适宜于说话做事的时候，关起门来努力读书，翻开故
纸，与活人对照，死书就变成活书，可以得道，可以养生，岂不
懿欤？①

不是说文章没有义愤，作者不满社会现状的情绪是很明显的。然
而，他开出的药方，却只能是误人、误国。假如中国青年都照周作人的
药方行事，还有中国革命的发展、壮大直至胜利吗？把自己埋在故纸堆
中，当然"可以得道，可以养生"，然而整个中国呢？就眼睁睁看着它
变成一池乌烟瘴气的臭泥塘吗？周作人开出这样的药方，如果仅仅是发
发牢骚，当然是可以体谅的。然而不然，他实际是身体力行的。这篇文
章之后，就再也见不到他充满革命义愤的文章了，他真的"苟全性命
于乱世"起来。周作人真的成了"隐士"。

当然，由"战士"到"隐士"，"绅士鬼"压倒"流氓鬼"也并非
一蹴而就，也有一个逐渐变化的过程。1927 年冬在编订《谈龙集》、
《谈虎集》时，这个趋向就很明显了，不妨看看他在《谈龙谈虎集
序》② 中的一段自白：

我这些小文，大抵有点得罪人得罪社会，觉得好像是踏了老虎
尾巴，私心不免惴惴……这一类的文字总数大约在二百篇以上，但
是有一部分经我删去了，小半是过了时的，大半是涉及个人的议

---

① 见《闭户读书论》，写于 1928 年 11 月 1 日，收入《永日集》，上海北新书局 1929 年版。
② 写于 1927 年 11 月 8 日，收入《苦雨斋序跋文》，上海天马书店 1934 年版。

论；我也曾想拿来另编一集，可以表表在"文坛"上的一点战功，但随即打消了这个念头，因为我的绅士气（我原是一个中庸主义者）到底还是颇深，觉得这样做未免太自轻贱，所以决议模仿孔仲尼笔削的故事，而曾经广告过的《真谈虎集》于是也成为有目无书了。

被周作人胎死腹中的《真谈虎集》，从大体上说，颇类鲁迅的《华盖集》正、续编。不仅写作时间都是 1925、1926 年顷，矛头所向也主要是以《现代评论》派为主的"正人君子"以及章士钊为代表的"尊孔读经"的守旧派。所谓"大半是涉及个人的议论"，这些"个人"并非什么普通的"个人"，而是当时社会文化界的一种"典型"。鲁迅、周作人与他们的斗争，正如鲁迅所说："实为公仇，绝非私怨"。① 分歧是大是大非的分歧，斗争也是光明磊落的斗争。周作人当时所以要编《真谈虎集》，原因正在于此。然而，转眼之间，周作人变卦了，"打消了这个念头"，枪毙了《真谈虎集》，说什么如不枪毙便"未免太自轻贱"了。其实，《真谈虎集》一点也不"轻贱"，"轻贱"的是对它的否定和抹杀。即使那小半所谓"过了时的"，也一点都不过时，至少都有珍贵的史料价值。周作人枪毙《真谈虎集》和鲁迅印行《华盖集》正、续编形成了鲜明的对照，孰是孰非，了了分明。历史证明：不是鲁迅"太自轻贱"，而是周作人太自"昏头"了！否定刚刚过去的严肃的战斗，拉出"绅士"派头，还有比这更可笑、更"昏头"的吗？严重的是，这种昏头昏脑的倒退，正是通向他"苟活性命于乱世"的桥梁。这与他日后的下水附逆，也正是一脉相通的。

再说周作人的文学观念。无论"人的文学"也好，"平民文学"也罢，周作人早期的文学观念无疑是与鲁迅相一致的"为人生"派。从创作上说，倡导写实（即社会现状，民间疾苦），反对"消闲"与"黑幕"。在翻译方面则着力于弱小民族的文学作品，着力于被侮辱与被损害者的不幸与呼号。周作人自己曾说：他翻译的那些外国文学作品，虽

---

① 《致杨霁云信》，1934 年 5 月 22 日，收入《鲁迅全集》第 12 卷。人民文学出版社 1981 年版。

非"同派"，"却仍有一种共通的精神，——这便是人道主义的思想。无论乐观，或是悲观，他们对于人生总取一种真挚的态度，希求完全的解决。如托尔斯泰的博爱与无抵抗，固然是人道主义；如梭罗古勃的死之赞美，也不能不说他是人道主义。……这大同小异的人道主义的思想，实在是现代文学的特色……这多面多样的人道主义的文学，正是真正的理想的文学。"① 整个 20 年代，这都是周作人主导的文学观念。

然而，曾几何时，这个文学观念便被周作人弃如敝屣了。他将这种为人生的、人道主义的文学，一概贬之为"载道派"文学，而使之与所谓"言志"派文学截然对立起来。而他之所谓"言志"，更变成了"闲适"、无人间烟火气。他躲进苦雨斋，大抄古书，俨然自封为"隐士"。他抓住左翼文学的一些弱点，大加嘲讽，连鲁迅也被说成了"载道派"的言行不一的伪君子，两面派，"挑着一副担子，前面是一筐子马克思，后面一口袋尼采"②。而他自己的小品散文，泡在草木虫鱼和故纸堆中，自得其乐，完全背离了自己"五四"以来的文学主张。

公开反对张作霖杀害李大钊，冷峻质问蔡元培、胡适等人对国民政府屠杀革命青年的暴行的支持，周作人在许多社会、政治问题上本来都很清醒。然而，在"闭户读书"之后，他在这些重大问题上也越来越昏聩了。一个关键问题是他企图用抽象的国家观念凌驾在现行政府之上。对以蒋介石为代表的国民政府，他采取"不承认主义"，既不受它的约束，也不为它承担义务。似乎他周作人只是一个中国人，而不是一个"国民"。这样一种"超政府"观点和态度，当然有对国民政府当年屠杀革命青年的义愤，然而，在实际生活中却是无法成立的。身为北京大学教授，北大就是国民政府办的，周作人的工薪不就是国民政府发放的吗？怎么能"超政府"呢？七七事变之后，面对亡国灭种的危险，周作人的这种"超政府"就暴露出了极大的危险性。周作人之拒绝离京南下，一个重要因素便是他不愿为"国民政府"（他所不拥戴的政府）千里跋涉。正好，这恰中日本侵略者的下怀。当时的国民政府虽然腐败无能，但它却是代表中国的唯一合法政府。反抗日本帝国主义的

① 《点滴序》，1920 年 4 月 17 日，收入《点滴》，北京大学出版部 1920 年 8 月出版。
② 《志摩纪念》，《新月》第 4 卷第 1 期，1932 年 3 月，收入《看云集》。

侵略，还必须在它的领导之下。连和国民政府分庭抗礼、武装对垒了十年之久的中国共产党，在日本侵略面前，也发表了"停止内战，一致抗日"、"拥戴蒋委员长领导抗日"的决议和宣言，何况你周作人？团结一致，抗日救国，这是中华民族生死存亡的大局。任何一个中国人都休想自外于这个大局。而周作人的"超政府"恰恰是自外于这个大局。结果如何？"自外"的结果不正是投入了日本侵略者的怀抱吗？

至于八道湾不时挂出日本国旗以寻求保护，这就无须细说了。

第二章

"周作人文化救国论"透析

第五节　周作人是"周作人文化救国论"的发明者

周作人对自己向来是宽宏大量的。在南京政府高等法院判他十年有期徒刑后，他递上了这样的《复判申请书》：

> 声请人与已故冯祖荀、孟森、马裕藻三人由校方指定为留平教授，委托保管校产，设法保全理学院，忍辱冒死，虚与委蛇，得不辱使命。北大文化机关各种设备有增无减，并抱定学校可伪，学生不伪，政府虽伪，教育不可使伪之宗旨，抵抗奴化教育，不遗余力。胜利后，承现任教育部长朱家骅认为华北教育不曾奴化对北平各校教职员公开声明，有报纸揭载可凭。至敌人企图奴化中国人思想，揭诸所谓大东亚建设思想，拟建立为中国中心思想。声请人三十一年冬发表论文论中国中心思想问题，谓中国国民原有其固有中心思想，在于求民族之生存，不能损己以从人。至次年二月声请人去职，即有敌宪兵队拟加以逮捕，经伪北京市政府阻止。九月间敌军部之思想统制机关，日本文学报国会召开大东亚文学者大会，该会员片冈铁兵提出议案：扫荡反动的中国老作家，对于声请人厉行攻击。被敌国认为其思想上之敌人，确实有据，自不能与其合作共同提倡大东亚思想奴化中国人民，亦即不能有通谋敌国之情事。原

审对于上开有利证据未予注意调查，率予判处重刑，实难甘服。①

周作人这里着重强调的，正是他的"文化救国"。按照这一纸"申请"，他在八年抗战中不仅无罪，反而有功，是个大大的"文化救国"的功臣。20 世纪末以来种种关于周作人"文化救国"的高论，无不源出于此。因为是打官司，关系到周作人的生死存亡或刑期长短，他千方百计为自己辩护是法律允许的，也是人们未可厚非的。问题的严重性在于：周作人不仅仅为了打官司，官司打输、被判十年徒刑之后，他依然是这副论调。比如，在写给中共中央领导人之一周恩来的信中，便重弹了《复判申请书》的老调：

> 说是离经叛道，或是得罪名教，我可以承认，若是得罪民族，则自己相信没有这意思。……我不相信守节失节的话，只觉得做点于人有益的事总是好的，名分上的顺逆是非不能一定，譬如受国民政府的委托去做"戡乱"的特务工作，决不能比在沦陷区维持学校更好。②

瞧，不仅没有"得罪民族"，没有"失节"，反而做了"于人有益的事"，做到了"在沦陷区维持学校"。

原来他的卖国投敌当汉奸，只不过是"离经叛道"，"得罪名教"。他的当伪教育"督办"，只不过是"在沦陷区维持学校"。这哪里有什么罪过？

二十多年后，在《知堂回想录》中，他还在为自己表功。他说：

> 那篇文章［按指《中国的思想问题》］是我照例的鼓吹原始儒家思想的东西，但写的时候却别有一种动机，便是想阻止那时伪新民会的树立中心思想，结合大东亚新秩序的叫嚣，本来这种驴鸣犬

---

① 见《最高法院特种刑事判决》（三十六年度特复字第四三八一号），转引自《鲁迅研究动态》1987 年第 1 期。

② 《新文学史料》1987 年第 2 期。

吠的运动，时至自会消灭，不值得去注意它，但在当时听了觉得很是讨厌，所以决意来加以打击。①

周作人简直成了反"反大东亚共荣圈"的英雄了。

第六节　部分青年学者对"周作人文化救国论"的呼应

"文化救国论"是文化汉奸周作人的"救命稻草"，他自然要不遗余力地加以鼓吹。然而，他的"救国"不过是他的卖国的代名词，谁不知道？谁又听他？判他十年有期徒刑，应该说是南京国民政府宽大了他；提前保释出狱，是解放战争的胜利拯救了他；让他译书写文是人民政府百倍千倍地宽大了他。然而，正像他的钱永远不够花一样，他的"丑表功"（见他给周恩来总理的信）也永远没完没了。中共文化方面的负责人、毛泽东多年秘书胡乔木曾有意让他学习李季，作个自我检讨在报上发表，以求得人民群众的谅解。然而，周作人的这个自我检讨始终没有写出来，他压根儿就不图什么谅解不谅解。因而，他至死没有获得中华人民共和国的公民权，他始终是中华人民共和国的一名"黑户"。按照胡乔木的有关批示，人民文学出版社与他单线联系，让他译希腊与日本文学，每月送给他二百元（后增至四百元）生活费。周作人宁愿这样"黑户"下去，也不写那个自我检讨。应该说他相当顽固，他的"文化救国论"简直成了他抵御检讨的一道坚固的心理防线。

如果仅仅是周作人自我封闭，自我膨胀，人们大可以相视而笑，不必管他。因为他早已被钉到了历史的耻辱柱上，翻不了案了。然而，改革开放以来，人们屡屡听到了为周作人翻案的声音。什么他当汉奸乃"中共地下党所派遣"；什么他即使当了汉奸"仍然是伟大的人道主义者"之类的"高论"，不断传出。有一位专门伪造史料的"史料专家"（姑隐其名），还伪造了共产党地下工作者王定南、袁殊等人的谈话，把"周作人不是汉奸"之类的胡言乱语，以极不正当的手段，强加到

---

① 《知堂回想录》第180节《"反动老作家"（二）》，第587页。

他们头上。①　遗憾的是，某些极有才华的青年学者未能认真对待这种学术作伪，他们竟用自己的学术论文客观上呼应了上述为周作人翻案的错误思潮，他们提出了比周作人自己远为精致的"周作人文化救国论"。

人们不能不首先想到著名青年学者陈思和先生的《关于周作人的传记》②　和董炳月先生的《周作人的"附逆"和文化观》。③

陈文是写给《周作人传》作者钱理群先生的一封信，谈的是自己的读后感，有很多深刻体会和精辟见解。但在涉及周作人降日的心理状态时，却大上了周作人"文化救国论"的当，并唱起了同样的调门儿。陈文引了钱传的这样一段话：

> 周作人参预开创的五四传统，一是爱国救亡，一是个体自由，现在周作人对这两者都彻底背离，说他堕入深渊即是由此而来（见钱传第 453 页）。

陈批评曰："这种指责过于情绪化了。"他说自己"决没有要为周作人做汉奸一事辩解"。作者感兴趣的是构成这事实背后的原因，像周作人这样一个自由主义知识分子，怎么会甘心沦为汉奸又终生不悔？是怎样一种心理支配着他？作者找来找去，终于找到了这"背后的原因"，这便是周作人对传统的"气节"的蔑视与超越。作者说：

> 在周作人的道德观念里，气节的概念不存在。他在 1949 年写给周恩来的一封信……虽出于为自己辩解，但……并无强辩的地方。……其实，否定礼教与名节，正是中国自由主义知识分子的一个思想特征。所谓气节，抽象的说是志气与节操，没有什么不对的地方，但具体的运用气节时，通常指为一个虚名而牺牲实在的价值，或为已过去者牺牲现存的实有，这是以个性为基础的人道主义

①　参见陈漱渝《看谣言如何浮出水面——关于周作人出任伪职的史实之争》，上海《鲁迅研究》2006 年春之卷。

②　陈思和：《关于周作人的传记》，《中国现代文学研究丛刊》1991 年第 3 期。以下所引亦皆出此文。

③　董炳月：《周作人的"附逆"与文化观》，香港《二十一世纪》1992 年 10 月号。

者所不能容忍的，在个人主义看来，小到女人为亡夫守节，大到臣子为忠君爱国的虚名守节，都是一种用空洞的名义来压制个性，甚至是毁灭个人的生命，这根本上是反人道的。……所以五四一代知识分子，莫不以反守节为战斗使命之一。……周作人曾嘲笑那种"愧无半策匡时难，惟余一死报君恩"的不中用、没出息的家伙，认为劫难临头，与其为一种虚名而死，倒不如投身苦难中做一点实在的事情，也即是"投身饲虎"的意思。这种思想由三十年代发展到抗战，他不愿南下，苦住北平，以至终于下水事伪，都是有其不得不然的原因的。……思想上的超越气节与性格上的实利主义，我觉得是周作人下水的重要原因构成。

陈文毫无保留地肯定周作人对"气节"的"超越"（实即否定），这就等于肯定了他下水的合理性。由"超越"气节，到"合理"下水，再到"文化救国"，自然就顺理成章了。陈文曰：

在他下水以后，他提倡"道义事功化"，虽然是精神上的自我麻痹，但也不能怀疑其真诚性……既然形势逼迫他出来做事，那他就接受伪职，在自己的职权范围做一点一滴有利于教育的事。这种思想应该给予充分理解，因为它概括了沦陷区出任伪职的人员中相当普遍的思想（这自然是指天良未泯的伪职人员）。然而周作人有比一般人更高的思想境界，那就是他在《中国的思想问题》、《中国文学上的两种思想》、《汉文学的传统》所表达的，中国具有独立的文化传统，那就是儒家安邦利民的民主主义，这种思想传统在，中国民族不会亡。或者说，亡的仅是国民党政府，而非中国文化。周作人将文化的涵盖面高于政治以至政权，这是有历史依据的……在周作人看来，日中战争在军事上政治上胜败已定，而文化上孰胜孰负还未可知，所以身虽事日而鼓吹中国的思想传统……周作人并没有把自己与一般汉奸等同起来，还自以为有功于文化教育。……在事伪之后，虽非自愿，但既然在位，倒也不妨"济"一下"天下"，在职权范围内将"道义"事功化，这时期他大谈保中国文化传统，重新强调为人生的文学，都源于此。

董文与陈文相距一年,对陈文作出了有力的支持。他说:想要恰当评价周作人的"附逆",一定要走出"伦理批评的误区",因为周作人的"附逆",不是一般的"附逆",更恰当地说,乃是一种"文化选择",有着非比常人的"特定的文化心理背景"。这种"特定的文化心理背景",影响了"周作人对日本入侵者的认识,并在一定程度上促成他对日本入侵者的归顺。因此,从伦理观念出发,我们把周作人归顺日本人的行为界定为'附逆',而从文化观念出发,我们则可以把这归顺表述为'文化选择'——至少是'附逆'中包含着一定程度的文化选择因素"。之所以这样说,因为周作人一贯"偏爱"日本文化,这种"偏爱",本身"就是对汉文化传统的认同"。因为日本文化中"保留着在中国本土已经消失的中华民族的古代遗风",它不能不唤起周作人"思古之幽情"。此外,他还认为周作人对日本文学中浓郁的"东洋人的悲哀"一直有强烈的共鸣,而他心目中的日本文化与汉文化,正是作为"西洋文化"对立物的"东洋文化"。因此,周作人的"文化选择"便具有了"超阶级、超政治、超国家"的性质。周作人之"附逆",正表明了一种"寻找新的文化价值体系的努力"。

第七节 "周作人文化救国论"的主要错误

"周作人文化救国论"是一个彻头彻尾的错误理论,其错误主要表现在如下一些方面:

1. 政治上卖国、文化上救国在逻辑上是根本站不住脚,在实际上也是根本不存在的。众所周知,一定的文化是从属于一定的政治的,所谓"超阶级"、"超政治"、"超国家"的"文化选择"是根本不存在的。具体到日本侵华来说,为了达到其灭亡中国的政治目的,日本侵略者也就炮制了为这种政治目的服务、与这种政治目的相适应的"侵略文化",其主要概括即"日中亲善"、"大东亚共荣圈"。从汪精卫到周作人到每一个大小汉奸,都不能不奉行这一套,把这一套挂在嘴边上。如前所说,早在降日之前,周作人就已经唱起了"大东亚共荣圈"的调子,说什么"日本与中国毕竟同是亚细亚人……究竟的命运还是一致"①。而在降日之后，这样的调子更要大唱特唱了。周作人自己说，他的那些"汉奸论调"的讲话、训词之类，是没有办法的"人云亦云"，不代表他的真实思想，只是一种"官场应酬"，是"向不入集"的②。陈思和也说："作为官僚他又不能不按上面的调子唱，这些官话或以伪教育督办，或以官方文人头羊身份来发表，自然是臭气熏人，但他自己也不怎么看重，即使在他做官得意的时候，这些文章讲话也照例不收入文集，可见他心中是非甚明。"陈文真是上当非浅。周作人勖勉日本宪兵，鼓吹"剿灭共党"、"三光政策"之类的讲话的确未见入集，但那并不能说明周作人主观上不想入集，而是日本法西斯战败了，投降了，周作人这些文章讲话成了他耻辱的印记，藏之毁之唯恐不及，哪里还敢收入文集？假如"换位思考"，日本侵略者打赢了，中国灭亡了，周作人"位列三公"了，你看这些文章讲话如何处置？岂止收入文集，简直要鎏金封面，大肆宣传，非作为"大东亚共荣圈"珍贵的"历史宝典"不可了。其实，即使周作人当汉奸期间编的文集中，"大东亚共荣圈"的印记也十分明显，只不过陈思和君等年轻的朋友未认真阅读罢了。这里不妨仅据《药堂杂文》③ 和《苦口甘口》④ 二书作一点最简单不过的摘录：

△ "只以共济即是现在说烂熟了的共存共荣为目的，并没有什么神异高远的主张。从浅处说，这是根据于生物的求生本能，但因此其根本也就够深了"。(《中国的思想问题》，《药堂杂文》，第 15 页)

△ "与他人共存共荣也总是正当的办法吧"。(同上书，第 16 页)

△ "(中国作家) 乃可以大东亚文学之一员而参加活动"。(《汉文学的前途》，《药堂杂文》，第 32 页)

△ "见了对俄的胜利 (按指日俄战争日人之胜利)，又增加了不少勇气，觉得抵御西洋，保全东亚，不是不可能的事"。(《留学的回忆》，《药堂杂文》，第 99 页)

---

① 《谈日本文化书》，《自由评论》第 32 期，收入《瓜豆集》，上海宇宙风社 1937 年版。

② 参见黄裳《关于周作人》，《读书》1989 年第 9 期，收入《回望周作人·是非之间》，河南大学出版社 2004 年版。

③ 《药堂杂文》，北京新民印书馆 1944 年 1 月版。

④ 《苦口甘口》，上海太平书局 1944 年 11 月版。

△"（加强）与东洋民族的感情的联系"。（《药堂杂文》，第100页）

△"这比去年大东亚战争勃发的时候还要更真诚更热烈几分"。（同上）

△"我们是生来就和他们白人命运及境遇迥异的东洋人。这个东洋人或亚洲的自觉，即使与现时局离开了说，在知识人士也是必要……不可无此反省……"（《关于日本画家》，《药堂杂文》，第108页）

△"既然深切的感到东洋民族的运命是整个的，非互相协助不能寻出生路……"（《怠工之辩》，《苦口甘口》，第49页）

△"东亚的文化是整个的，东亚的运命也是整个的……现今最重要的是在事实上证明东亚人共同的苦辛，在这苦之同一上建立东亚团结的基本，共向着甘的方面突击去，这才有希望"。（《草囤与茅屋》，《苦口甘口》，第110页）

周作人唱的是什么调子，难道还需加以说明吗？这不就是赤裸裸的"日中亲善"、"大东亚共荣圈"的说教吗？这样的"文化卖国"和他的政治投降正是一而二、二而一，哪有什么"文化救国"的气味？从中，又怎么找得见什么"超阶级、超政治、超国家"？个别年轻朋友喜欢逻辑推理而不喜面对现实，但是，再逻辑推理，从以上引文中也推不出什么"文化救国"的结论来。其实，周作人自己说得明明白白："文化的进路不能与政治分歧"。① 周作人此语说于1944年初，正是他深陷汉奸泥潭之时。当一些年轻学者大嚷周作人不是政治投降而是"文化选择"的时候，他们大概早就把周作人的这句名言置诸脑后了。

应该补充的是，当周作人不遗余力地鹦鹉学舌，大肆鼓吹"大东亚共荣圈"之时，日本帝国主义已经濒临灭亡的边缘了。但周作人不知道，还蒙在鼓里大肆宣扬，说来也真是相当可笑而悲凉！

2. 周作人大反"气节"，贩卖的正是汉奸投降哲学。

如前所说，早在1935年，在《岳飞与秦桧》、《关于英雄崇拜》等文中，周作人就大肆鼓吹"和比战难"等谬论，同时大肆贬损岳飞、

---

① 《新中国文学复兴之途径》，《中国文学》创刊号，1944年1月20日，收入《周作人散文全集》第7卷。

文天祥、史可法等民族英雄了。"贬损"的同时，必然大肆攻击中国传统的气节和情操。他曾说：

> 武人（按指岳飞）之外有崇拜文人的，如文天祥、史可法。这个我很不赞成。文天祥等人的唯一好处是有气节，国亡了肯死。……但是这个我们不必去学他，也不能算是我们的模范。第一，要学他必须国先亡了，否则怎么死得像呢？我们要有气节，须得平时使用才好，若是必以亡国时为期，那未免牺牲得太大了。第二，这种死于国家社会别无益处。我们的目的在于保存国家，不做这个工作而等候国亡了去死，就是死了许多文天祥也何补于事呢。我不希望中国再出文天祥，自然这并不是说还是出张弘范或吴三桂好，乃是希望中国另外出些人才，是积极的，成功的，而不是消极的，失败的，以一死了事的英雄。……徒有气节而无事功，有时亦足以祸国殃民，不可不知也。……我岂反对崇拜英雄者哉，如有好英雄我亦肯承认，关岳文史则非其选也。吾爱孔丘诸葛亮陶渊明，但此亦只可自怡悦耳。①

在周作人笔下，中国人一向提倡的"气节"成了罪莫大焉的坏东西，在侵略者屠刀下壮烈牺牲也成了罪过了。试想这样的文人怎能不当汉奸？他不当汉奸还有谁当汉奸呢？

必须戳穿周作人对"气节"的"莫须有"的攻击，必须充分肯定"气节"在中国思想史、道德史上的崇高地位。儒家圣贤历来讲究"杀身成仁，舍生取义"，把仁义看得比生命还重要。也历来讲究"疾风知劲草"、"岁寒然后知松柏之后凋"，主张要在"疾风"、"严寒"的考验中锤炼自己。道家虽然消极避世，但他们的淡泊名利、不与统治者合作，往往表现了高洁的旨趣，被誉为"世外高人"。所以，中国传统的儒、道二家都是很讲气节的。周作人打出孔丘、诸葛亮、陶渊明几个旗号，借以反对岳飞、文天祥、史可法，可以说是别有用心，不伦不类。

---

① 《关于英雄崇拜》，《华北日报》1935 年 4 月 21 日，收入《苦茶随笔》，北新书局 1935 年 10 月版。

孔丘是气节的大力倡导者，诸葛亮是"鞠躬尽瘁，死而后已"的"贤臣"，陶渊明则是一位"不为五斗米折腰"的高洁隐士，三者人生旨趣大异，周作人将他们捆绑在一起来反对气节，真可谓别出心裁！这是一种明显的胡搅蛮缠、搅浑水。他真喜欢这三个人吗？真是天晓得！他如喜欢孔丘，他就会跟着他当一位大仁大义的贤者，何以会当汉奸？他如果真喜欢诸葛亮，也不致当汉奸。他如喜欢陶渊明，当真隐士，更不会当汉奸了。什么"自怡悦耳"，自欺欺人耳！

所谓文天祥等人的"唯一好处"是"国亡了肯死"，这也纯粹是不怀好意的诬蔑。文天祥、史可法等抵抗外族入侵的英雄，是为了"国不亡"而英勇抗争，而"杀身成仁"的，他们誓死不当亡国奴，誓死不当汉奸，他们的高尚气节和凛然大义已经彪炳千古，万人景仰，怎能将他们的视死如归、英勇就义曲解为"国亡了肯死"呢？周作人真不愧为大学问家、大文章家，这样的颠倒黑白、深文周纳一般人实在做不到，一般的小汉奸也做不到，非周作人这样的大汉奸莫办也。

其实，周作人明明知道文天祥、史可法等都不是什么"消极的，失败的，以一死了事"的"英雄"，他明明知道他们都是积极的、抗战的，虽死犹荣、重于泰山的大英雄，但为了鼓吹自己的"屈膝求和论"，他不惜昧了良心，给这些千古英雄抹黑，"徒有气节而无事功"，只不过把他们说成是什么"国亡了肯死"的庸人。甚至血口喷人，把他们诬蔑成"祸国殃民"的罪人。因为自己没"气节"，不准备在日本侵略者面前有"气节"，周作人把中国的民族道德简直糟蹋尽了。

让人万分遗憾的是，这样信口雌黄的"气节论"，竟然也迷惑了一部分青年学者。或者说，一部分青年学者竟然被周作人信口雌黄的"气节论"牵着鼻子走了。陈思和先生大概是走得最远的一位。他竟然认为，要谈论周作人的下水附逆，"必须跨过一个概念，即所谓气节"。因为"在周作人的道德观念里，气节的概念本不存在"。既然周老先生头脑中连"气节"的概念都"不存在"，他当然不会讲什么气节了，下水附逆不正是理所当然吗？想不到"存在的就是合理的"，周作人的没有气节，不讲气节竟然成了他老人家莫大的优点，使他的下水附逆非比一般汉奸，而是光彩夺目，放射了灵光。陈文说：

　　否定礼教与气节，正是中国自由主义知识分子的一个思想特征。所谓气节，抽象的说是志气与节操，没有什么不对的地方，但具体的运用气节时，通常指为一个虚名而牺牲实在的价值，或为已过去者牺牲现存的实有，这是以个性为基础的人道主义者所不能容忍的，在个人主义看来，小到女人为亡夫守节，大到臣子为忠君爱国的虚名守节，都是用一种空洞的名义来压制个性，甚至是毁灭个人的生命，这根本上是反人道的。

　　不能不说，陈文对气节的误读与曲解，远远超过了周作人。

　　首先，陈文将"女人为死去的丈夫守节"这种宋明理学中才有的戕害广大妇女的封建道德信条（即所谓"饿死事小，失节事大"）和中国传统的气节（即所谓"高风亮节"）混为一谈，错得太离谱，太"小儿科"了。"五四"以来，女人守寡早被批判得体无完肤（可参见鲁迅的《我之节烈观》①　等文），时至今日，怎可还和传统气节混为一谈呢？再说，这和我们要谈的周作人附逆下水又有什么关系呢？

　　其次，陈文所谓"臣子为忠君爱国的虚名守节"，情况则比较复杂。在中国漫长的封建社会中，"忠君"的确常常和"爱国"混淆在一起，"爱国"的概念往往蒙上封建主义的灰尘。然而，"爱国"的概念往往出现在国破家亡尤其外敌入侵之时，这时的"爱国"更实际的意义主要变成了抵御外侮，保卫家园，代表了惨遭屠戮、流离失所的广大人民的利益，就不能因为有"忠君"色彩而简单加以否定了。岳飞之抗金，文天祥之抗元，史可法之抗清，都只能作如是观。轻易地用"忠君"二字否定他们保家卫国、抗击侵略的凛然大义，这就大大偏离了历史事实，无法被认可了。

　　再次，陈文将礼教与气节混为一谈，也是不能成立的。封建礼教（主要是三纲五常之类）是维护封建统治的精神支柱，是基本上应该否定的（"君为臣纲、父为子纲、夫为妻纲"之类）。然而其中的某些局部则可以"抽象继承"（冯友兰语），如"孝悌忠信"之类。气节则不然，它讲的完全是个人节操，特别是在外敌入侵、个人蒙难等关键时刻

───────────

①　收入《坟》，《鲁迅全集》第 1 卷，人民文学出版社 1981 年版。

的道德表现。苏武所以令人景仰，就因为他甘愿茹毛饮血历时十八年不投降异族，表现了"宁为玉碎，不为瓦全"的崇高精神，较之降敌受封的李陵高出了不知多少倍。苏武当然也有"不辱汉节"、"不辱君命"的一面，但那是他代表的国家，是不能简单用"忠君"、"礼教"之类来否定的。同样的，在辛亥革命以来的上百年革命斗争特别是八年抗日战争中，千百万革命烈士壮烈牺牲，写下了可歌可泣的不朽篇章，表现了崇高的人间正气、民族正气，更是与封建礼教不沾边儿了。

又次，陈文斥气节为"压制个性"、"毁灭个人生命"、"反人道"，这就更完全错误了。古往今来，"压制个性"、"毁灭个人生命"、"反人道"的是历朝历代的奴隶主和封建暴君，也包括侵略成性、烧杀掳掠的外族入侵者。即以日本侵华为例，杀害了数千万无辜的中国人。这种滔天罪行，才是不折不扣、货真价实的"压制个性"、"毁灭个人生命"、"反人道"。怎能反而说抵抗日本侵略、壮烈牺牲的抗日英雄是什么"压制个性"、"毁灭个人生命"、"反人道"呢？这样描绘抗日英雄，是否落入了"中日亲善"、"大东亚共荣圈"的圈套，成了日本侵略者的应声虫了呢？

陈文曾经十分恰当地分析了周作人性格的"另一面：斤斤计较，睚眦必报，甚至有些'破脚骨'的无赖和绍兴师爷的刁蛮"。而且指出："这虽属性格上的小疵，但计较小利者，眼光难以长远，胸襟难免狭隘，平时在理性制约下无足轻重，但往往在人生道路的关键抉择中，在理性失去判断能力之际，它就会起重要的作用。思想上的超越气节与性格上的实利主义，我觉得是周作人下水的重要原因构成。"这应该说很切中周作人的要害，周作人正是一名"计较小利"、眼光短浅、胸襟狭隘的"实利主义者"。正因为如此，他才反对理想，攻击气节，终至卖国求荣。周作人不是"超越气节"，而是"反对气节"，甘心事敌，这也正是一切汉奸卖国贼的通病。"气节"是一种精神力量，它是靠崇高理想支撑的。反对日本侵略，不当亡国奴，驱逐日寇出中国，这就是广大抗日军民的崇高理想，为了实现这一崇高理想，他们才会置生死于度外，赴汤蹈火，英勇牺牲，完成抗日救亡的大事业。

不难看出，陈文表现了难以克服的自相矛盾。他对气节的那些不恰当的否定，无异为大节有亏的周作人开脱，而他对周作人"实利主义者"的分析，又恰恰揭示了周作人走向深渊的重要的思想根源。如前所说，周作人的极端个人主义（即彻头彻尾的实利主义），使他无法抗拒日本侵略者的威逼利诱，也无法接受"畏友"钱玄同等的忠告，他是非当汉奸卖国贼不可的。陈文之所以出现这样不可调和的自相矛盾，关键还是上了周作人的当，被他那些反气节的谬论蒙蔽了。所谓"为一个虚名而牺牲实在的价值"，所谓"为已过去者牺牲现存的实有"，所谓"用一种空洞的名义来压制个性，甚至是毁灭个人的生命"，所有这些对气节的指责，都只能是图解周作人对气节的那些恶谥，都纯然站不住脚。周作人的懦夫哲学、投降哲学的核心就是贪生怕死，就是软骨头，就是贪恋人间的物质的和精神的享受。这样的人，宁愿"轻如鸿毛"地活，甚至忍辱含垢地活，也不会"重如泰山"地去死。周作人贪恋的，开始并不高，只不过是他的苦雨斋的士大夫闲暇生活，闲情逸致。为了这点微不足道的东西，他就可以置万人共愤、历史唾骂于不顾，靦然下水事敌。其思想境界之低、贪图实利之微，实在让人惊诧！这就是"五四"文坛先驱？这就是"伟大的人道主义者"？谁敢相信？他把岳飞、文天祥、史可法等发扬人间正气、感天地而泣鬼神的壮烈牺牲，视死如归的英勇就义，统统诬蔑为"消极的"、"失败的"、不值得效法的东西，这比一般的汉奸卖国贼更坏，更卑鄙无耻。一般的汉奸卖国贼往往自惭形秽，知道自己干的是伤天害理的勾当，隐瞒尚且不及，何敢反咬一口？而周作人则不然，他学问大，见识多，能言善辩，美德可以说成罪恶，而罪恶又何尝不可以变成美德？中外历史上像周作人这样"又要当婊子，又要立牌坊"（鲁迅语）的汉奸，实在并不多见。

陈文所以在气节问题上成了周作人谬论的响应者，关键还在背离了司马迁早就精当概括的"重于泰山"与"轻于鸿毛"之别。文天祥深明大义，写出了"人生自古谁无死，留取丹心照汗青"的千古绝唱。对于入侵者，对于恶势力，志士仁人这种义薄云天的壮烈牺牲，虽然牺牲了自己的生命，但他的英灵启迪着千千万万的后来者。他们的浩然正气激荡着人类，冲上了九霄。他们称得上是"生的伟大，死的光荣"（毛泽东语）。能够说这样的英勇牺牲是什么"为一个虚名而牺牲"吗？是什么"为已过去者牺牲"吗？是什么"用一种空洞的名义来压制个性，甚至是毁灭个人的生命"吗？当然不是！为了民族大义，革命大义的牺牲,一言以蔽之,有"气节"的牺牲,都是用一己的牺牲,换来最大多数群众或同胞的免于牺牲,所以说它伟大、壮烈。任意将这些壮烈牺牲统统丑化、矮化,这在伦理学上、思想史上是绝对站不住脚的。

事实上,残酷地、血腥地毁灭广大生命(包括妇女和儿童)的是恶势力、侵略者,比如疯狂侵略中国的日本法西斯之类,像"南京大屠杀"之类令人发指的残暴行为,他们干了多少?几千万中国人不就死在了他们的屠刀之下了吗?杨靖宇、李兆麟、赵尚志、赵一曼……多少中华民族的优秀儿女为了抵抗日本法西斯而献出了他们的宝贵生命?能说他们为什么"虚名"而牺牲、为什么"早已过去者"而牺牲吗?他们是脚踏实地、浴血奋战的英雄,他们的崇高目标就是驱逐日本帝国主义出中国,就是要建立一个独立、自由、富强的新中国。他们为自己伟大的理想而死,他们的英灵永远不死,怎么能说他们的"个性遭到了压制",生命遭到了"毁灭"呢?没有他们的英勇牺牲,有抗日战争的胜利,有中华民族的解放吗?都像周作人那样奴颜婢膝、苟且偷生,为虎作伥,中华民族还有存在价值吗?像周作人那样的汉奸反气节,"丑表功",是他们生存的需要,我们青年学者怎可以跟着他摇旗呐喊?没有了气节,还有是非善恶美丑吗?还有人间正道吗?当然,应该看到,历朝历代的反动统治者,各种型号的侵略者,甚至"黑社会"的流氓头子,也都会利用"气节"的旗号,也会让一些人为他们"赴死",这是要认真加以区别的。为一切邪恶势力而死,都是愚昧而非气节(包括王国维先生为殉"大清"而投湖),都不值得歌颂。那才是为"虚名"而死、为"早已过去者"而死,那才是"压制个性"、"毁灭生命",那才是地地道道的"反人道"。陈文没有区别这一界限,自然就善恶不分,谬以千里了。

3. 周作人下水投敌不是什么"文化选择",而是"政治归顺"、卖身投靠。

在《周作人的"附逆"与文化观》一文中,董炳月先生极力主张对周作人的"附逆"不要仅仅停留在伦理道德谴责的层面,而要进行认真的科学研究。这当然没有什么不好。然而,他的研究结果却大大远离了科学。他说:

周作人的"附逆"显然不能完全等同于一般汉奸的"附逆",因为这两个因素是不容忽视的:一是周作人与日本的特殊关系;二是周作人的文化人身分。……从伦理观念出发,我们把周作人归顺日本的行为界定为"附逆",而从文化观念出发,我们则可以把这归顺表述为"文化选择"——至少是"附逆"中包含着一定程度的文化选择因素。……这种文化选择本身所具有的超阶级、超政治、超国家的性质是显而易见的。

真是错误得一塌糊涂!

不错,周作人与日本确有特殊关系,他不仅留学日本六年,而且娶了一位日本妻子,他热爱日本的衣、食、住,他对日本文化颇有研究,等等,等等。但这一切就改变了他"附逆"的卖国性质了吗?就超出了伦理道德的约束了吗?怎么可能?除非周作人早就加入了日本籍,早就变成了日本人。否则,他与日本关系再密切也不成,也不允许他为虎作伥,出卖祖国。其实,郭沫若与他情况十分相似,也在日本留学多年,也娶了一位日本妻子,也对日本颇有研究。然则,一看日本拉开了灭亡中国的架势,他马上潜回祖国,投身抗战。所以,强调周作人与日本关系密切,似乎他的"附逆"就高出了其他的汉奸卖国贼,这只是"以五十步笑百步",说不通,其他汉奸也不会服气。

至于周作人的"文化身份",更不是他投降日寇的特权。既然是文化人,更应该知书达理,深明大义,更不应该卖国投敌,斯文扫地。卖国投敌,从来都是一个政治概念,怎可以"表述"为"文化选择"呢?这岂非搞"文字游戏"?如果不同的"表述"可以改变问题的性质,那神通是否太广大?居然可以把卖国投敌说成"文化选择",这样的"文化观念"是什么样的"文化观念"?是日本法西斯的"文化观念"还是中国抗日军民的"文化观念"?董文貌似振振有词,似乎很有见地,实际上是背离常识,贻笑大方。更妙的是,明明是卖国投敌,却变成了"超阶级、超政治、超国家"了,真不知从何说起!老朽与《二十一世纪》的主编金观涛先生与刘青峰女士有一面之识,他们都很有文化,很有头脑,怎么没看出这种明显的常识性错误?也许是强调学术自由、文责自负吧？但似乎也应稍加说明，以免造成对刊物的误解。

董文除了大谈什么"文化选择"，就是大谈什么"主体"和"客体"，说什么作为"主体"，我们可以对周作人的"附逆"大加谴责，但是，如果"把周作人作为受各种社会因素制约的'客体'来认识，看看这个悲观、绝望、软弱的周作人是怎样诞生的，那么我们也许能够在更深刻的意义上接受周作人'附逆'所提供的历史教训"。一个人是一个完整的个体，它当然要受社会各种因素的制约。但是，同样的社会制约，为什么汪精卫、周作人当了汉奸，而鲁迅、郭沫若等却不当汉奸呢？关键还是外因通过内因而起作用。大谈客体，为周作人开脱，便陷入了另一种常识性错误，当然不会得出什么科学结论。陈文和董文都谈到了以蒋介石为首的国民政府的腐败无能、节节败退、丧权辱国，这当然是符合历史实际的。然而，这同样不能作为周作人下水当汉奸的理由。不幸的是，陈文和董文恰恰这样做了。陈文说：

> 在周作人这样的悲观主义者看来，当时中国社会如此黑暗落后，中国的政府如此腐败残忍，其失道寡助，败相已定，凭什么要人们去为他守节？

董文不仅引了这段陈文，而且大加发挥，说什么：

> 日本帝国主义入侵，专制、腐败的国民党政府消极退让，相继丢了东三省和华北，在这种情况下，周作人这类软弱的知识分子感到绝望是自然的。掌握着国家政权的国民党政府都不能维护国家的完整与民族的独立，周作人这类手无缚鸡之力、挨了一枪就吓得不敢出门的读书人自然也就很难逃避当奴隶的命运……实际上当时的许多中国人从来就没有面临"做人还是做奴隶"的选择——给国民党政府还是给日本侵略者……（从这个角度看，国民党政府无权审判周作人。）

这里，两位作者将一些十分尖锐的问题摆到了读者面前：第一，不当汉奸是否即为国民党政府"守节"？第二，国民党失地千里是否给周作人提供了当汉奸的权利？第三，在日寇入侵面前，中国人还有没有做人的权利？第四，当日本人的奴隶与当国民党的奴隶有无区别？第五，国民党政府有无权力审判周作人？

既然如此，我们也不妨试着来回答。

第一，如果说不当汉奸是"守节"，那么绝不是为国民党政府或"蒋委员长"去守节，而是为中华民族守节，为中国人民守节，为一个中国人的道德良心守节。国民党当时是消极抗日，积极反共，甚至将理当抗日的东北军张学良调去"剿共"，这个政府和蒋介石本人当时是相当可恶的。然而，已经沦陷的东北人民，即将沦陷的华北人民，绝大多数都不愿当亡国奴，更不愿当汉奸。东北抗日联军和华北的八路军更进行了可歌可泣的浴血奋战。这算不算守节？如果算，当然不是给蒋介石或国民政府守节，而是为抗日救国的伟大理想守节，为伟大的中华民族守节，为庄严的中国人民守节。国民政府当然无权要人民为它守节，但人民守节也确乎不是为国民政府。然而，国民政府无权要人民为它守节，这绝不意味着人们可以有权利"失节"、"变节"、当汉奸卖国贼。实际上，千千万万的沦陷区人民虽然不能不接受侵略者发下的"良民证"，但真正当汉奸的并无几人。韬光养晦，等待光复，这正是广大沦陷区人民的正当选择。北京大学南迁了，广大教职员工不愿当亡国奴。北大校长蒋梦麟委托守护校产的四位教授，除周作人外，也都未当汉奸。燕大、辅仁等学校未南迁，教授们也无几人当汉奸。他们保持了高洁的人格。唯独周作人附逆下水，越陷越深。他的无人格、无国格能用"不为国民党政府守节"开脱吗？国民党政府即使灭亡了，不存在了，广大沦陷区人民还是不会当汉奸，还是要为伟大的中华民族、为自己崇高的人格和理想守节。像周作人这样的软骨头，是谈不到什么守节不守节的——如前所说，早在1935年，他已经做好了下水附逆的思想准备。

第二，国民党归国民党，周作人归周作人。国民党失地千里，祸国殃民找蒋介石算账，周作人下水投敌找周作人说事儿。国民党坏，周作人可以反对它，像中国共产党人那样；但是，国民党坏，你周作人不能坏。极而言之，即使国民党政府投降日寇，你周作人也不能投降。谁投降谁负责，谁都休想把投降的责任推到国民政府头上。何况当时的国民政府并未投降（投降的是汪精卫等一小撮人），中国共产党也已经由

"反蒋抗日"改变为"促蒋抗日"呢！周作人在降日之前大骂蒋介石国民党，这就无异往自己脸上贴金了。

第三，在日本侵略者的铁蹄下，沦陷区广大人民的确失去了正常的人的权利，变成了任人宰割的亡国奴。对此，消极抗日、积极反共的蒋介石和国民党政府是有不可推卸的历史责任的，是永远要受到人民和历史的谴责的。然而，广大沦陷区人民绝大多数是有骨气的，是坚决抗日的，包括北平市广大市民，都是坚决抗日、爱国救国的。因此，一旦中国共产党人点燃游击战争的烈火，广大沦陷区人民便积极响应，誓死抗战了。北平市广大市民何尝不是如此？像周作人这样的汉奸有几个？客观上说，在日寇的刺刀下，沦陷区人民失去了做人的正常权利，但在他们的心底，永远保持着高尚的人格。广大人民和极少数像周作人一样的汉奸卖国贼是不可同日而语的。

第四，当日本人的奴隶和当国民党的奴隶都不好。我们既反对当日本人的奴隶，也反对当国民党的奴隶，我们反对当任何人的奴隶。董文提出这一命题用意何在呢？显然在为周作人辩护，这是无法成立的。让人民当奴隶这是反动统治的罪恶或日本侵略者的罪恶，不能也不应由广大人民负责。但是，是否死心塌地做奴隶，甚至当鹰犬、当走狗，这就要由自己负责了。这么多教授不当汉奸，唯独你周作人当汉奸，你不负责谁负责？拿"奴隶"说事也丝毫无法减轻周作人的罪责。

很多人歪曲引用鲁迅关于两种奴隶的话，有必要加以分析。鲁迅原话是这样说的：

> 用笔和舌，将沦为异族的奴隶之苦告诉大家，自然是不错的，但要十分小心，不可使大家得着这样的结论："那么，到底还不如我们似的做自己人的奴隶好"。①

这段话很精辟，对于如何在抗日的作品中妥善处理原有的阶级关系（如地主与农民、资本家与工人、反动政府与民众，等等），至关重要。

① 《半夏小集》，收入《且介亭杂文末编》，《鲁迅全集》第6卷，人民文学出版社1981年版。

鲁迅说得很委婉,一要"十分小心",不可大意;二要妥善处理民族矛盾与阶级矛盾,不要在处理民族矛盾(抗日)时,掩盖了固有的阶级矛盾,导致对阶级矛盾的歪曲和掩盖,从而宣扬还是"做自己人的奴隶好"。鲁迅反对一切形式的奴隶主义,故有此论。这也和他对国民党政府的反感、不信任有关。他深信:日本人的奴隶做不得,国民党的奴隶也不能做,绝不能写成做国民党的奴隶毕竟比做异族的奴隶好。鲁迅这段话写于他病逝前不久,具有明显的"遗嘱"色彩,可以看作他对青年作家的忠告。这时,西安事变尚未发生,蒋介石尚在积极反共、消极抗战之中。中国共产党也正处在由"反蒋抗日"到"逼蒋抗日"的战略过渡中。鲁迅从"四·一二"、"四·一五"反共大屠杀开始,对蒋介石及国民党政府即深恶痛绝,他是很担心中国共产党在抗日统一战线中再吃蒋介石的亏的。"左联"的匆匆不宣而散,他即十分反感,认为是"溃散",他对周扬等"左"倾宗派主义者能否肩负起文艺界的抗日统一战线重任,是深表怀疑的。明乎此,才能明白鲁迅的两种奴隶说。

董文引出了鲁迅的两种奴隶说,意在表明:周作人主张"苟全性命于乱世",是"并非全无道理"的。既然国民党政府不值得人们为它去"守节",那么,"做异族的奴隶"又有什么不可呢?这就成了周作人"附逆"的辩护,也将鲁迅"两种奴隶说"的原意歪曲了,因为鲁迅的立脚点是不要做任何人的奴隶,管他是什么"异族"还是本族。他是从未也绝不会让人像周作人那样觍颜事敌的。

第五,国民党政府是当时中国的合法政府,它在西安事变后宣布了全民抗战,也打了一些大仗(如台儿庄战役、襄樊会战、缅甸远征之类),原则上也接受了中共联合抗日的主张(尽管也搞了皖南事变之类杀害共产党人的坏事、丑事)。总之,1938年至1945年之间的国民党政府还是抗战了,也领导了(尽管十分不力!)全国抗战。因此,不可否认,抗战胜利也有这个政府的一份功劳。因此,这个政府有权审判像周作人这样的汉奸卖国贼,说它无权审判,客观上又在为周作人辩护了。

董文还有一个较大的错误,即认为周作人"附逆"是因为"他对日本文化的认同"。而这种认同的一个重要原因是"日本文化中一定程度上保留着在中国本土已经消失的中华民族的古代遗风，唤起了他的 '思古幽情'"，真是睁着眼睛瞎说！请问董炳月先生：日本文化中保留了哪些"中国古代遗风"？请道其详。如果真能说出个一、二、三，那么，我们还要进一步请教：这些"中国古代遗风"真的在中国绝迹了吗？哪有这回事？董先生年纪轻轻，写《文化观》时到过中国几个省区？云贵川去过吗？新疆、西藏、内蒙古、甘肃、青海、宁夏去过吗？大城市去过若干？小山沟又爬了几条？张嘴便说"在中国本土已经消失了"，是否有点太大胆？有什么社会学、民俗学、民族学、人类学……种种学说的支撑？关键是能否拿出一丝一毫的事实根据？我想，董先生大概会瞠目结舌吧？什么"在中国本土已经消失"，那纯属周作人欺骗世人的鬼话，是替他的下水投敌做护法的。董先生毕竟年轻，比起周作人的老谋深算还是逊色得多了。

4. 周作人《中国的思想问题》① 等文章努力将"儒家思想"纳入"大东亚共荣圈"，而绝非对"大东亚共荣圈"的抵制。

周作人大肆鼓吹"中日亲善"、"大东亚共荣圈"，这是必然的，这是他汉奸的本分。不跟着日本侵略者主子唱这个调子，要他这个大汉奸何用？然而，无论在南京法庭上，还是在《知堂回想录》等文、书中，周作人都一直为自己开脱，说他一直抵制"大东亚共荣圈"之类的"驴鸣犬吠"，他的《中国的思想问题》、《汉文学的传统》等文章就是他抵制"大东亚共荣圈"的有力证据。必须戳穿周作人的这些谎言。其实，他的这些文章正有着十分明显的"汉奸"印记。这在《中国的思想问题》中尤为突出。周作人说：

> 唯独中国固执着简单的现世主义，讲实际而又持中庸，所以只以共济即是现在说的烂熟了的共存共荣为目的，并没有什么神异高远的主张。

在周作人笔下，中国人的求生的本领，中国人的生存道德讲究

---

① 《中和月刊》1942 年 11 月 18 日，收入《药堂杂文》，北京新民印书馆 1944 年版，河北教育出版社 2002 年版。

"忠"、"恕"二道，亦即合而为"仁"。这种"仁"决定了"须与别个联络，互相扶助，才能好好的生存"。而这种固有的"中国思想"，恰恰吻合了"共存共荣"之说，这就一点也不费劲儿地、十分轻易地将"中国思想"纳入"大东亚共荣圈"中去了。周作人还说：

> 世界无论怎样转变，人总是要做的，而做人之道也总还是求生存，这里与他人共存共荣也总是正当的办法吧。

这不又一次鼓吹了"大东亚共荣圈"了吗?!

处心积虑地将中国传统的儒家思想纳入日本侵略者的"中心思想"即"大东亚共荣圈"的轨道，这是周作人对日本侵略者的一个大贡献。用这一套"中心思想"来欺骗、笼络中国人，便比单纯地叫嚷"中日亲善"、"大东亚共荣圈"方便多了。因此，周作人对他这一"杰作"的宣传可谓不遗余力。早在《中国的思想问题》之前，他便多次鼓吹了。比如，在北平《晨报》1942年6月1日的《华北教育家笔上座谈》①中，他便这样写道：

> 现在要紧的是养成青年学生以及一般知识阶级的中心思想，以协力于大东亚战争。所谓中心思想，即是大东亚主义的思想……因为东亚是整个的，唇齿相依，休戚与共，绝对不可分开……大东亚战争是以东亚全民族解放为目的的，所以在全民族还未整个求得解放的时候，工作是不能停止的。这次的战争，就是出于儒家"已饥已溺"与"民胞物与"的精神，在菲律宾与缅甸勘定之后，至少印度的解放是必要的工作，等到印度解放之后，全民族的解放的工作已经做了一大半，然后再从事于共荣圈的建设，这是东亚解放的基础。

---

① 转引自张菊香、张铁荣主编《周作人年谱》，天津人民出版社2000年版。原刊北平《晨报》1942年6月1日，待查。

周作人还专门写了《树立中心思想》① 一文，进一步阐释他的谬论，他说：

> 所谓中心思想，就是大东亚主义的思想。再进一步去研究，大东亚主义的思想的出发点，还是在儒家的思想之内，即所谓儒家所提倡的"仁"的思想……

真到了苦口婆心、喋喋不休的程度！周作人对日本侵略者也真不愧为忠心耿耿了。

一些年轻朋友习而不察，看到周作人大谈儒家，便以为是在与日寇分庭抗礼，在进行"文化救国"了，真是上当不浅。这些上当不浅的朋友，还特别害怕剖析那个"大东亚共荣圈"，总是躲躲闪闪，讳莫如深。然而，周先生当年是大汉奸一个，他不把这个"圈"挂在嘴上行吗？日本主子允许吗？这是我们要说的第一点。也就是，《中国的思想问题》等文章，都是为那个"大东亚共荣圈"服务的，是丝毫的"文化救国"的色彩也没有的。

那么，周作人为什么又要拿中国的"思想问题"说事儿呢？这就不能不看看他为自己卖身投靠的主子——日本侵略者"献策"的苦衷了。他说：

> 中国最可怕的是乱……民不聊生，此实足为殷鉴。中国人民平常爱好和平，有时似乎过于忍受，但是到了横决的时候，却又变了模样，将原来的思想态度完全抛在九霄云外，反对的发挥出野性来……中国思想别无问题，重要的只是在防乱，而防乱则首在防造乱……不去造成乱的机会与条件……假如生存有了问题，思想也将发生动摇，会有乱的危险……

中国古代讲究"武死战，文死谏"，即使皇帝老儿不听，发怒、赐死，也非"谏"不可。周作人在这里絮絮叨叨的，也正是向日本主子

---

① 转引自张菊香、张铁荣主编《周作人年谱》，原刊北平《晨报》1942年6月2日，待查。

的"死谏"。虽然前面已经将中国思想纳入了"大东亚共荣圈",但这里的谏诤仍怕得罪了主子,所以话说得非常诚恳,即他自己说的"意之诚也",无非是防止"龙颜大怒",请日本主子不要发火,要能听进去他的"死谏"。

周作人"死谏"的中心内容是他之所谓"防乱",也就是加强安全保卫,让中国老百姓老老实实做"良民",不要"犯上作乱",闹事造反。当时,日本侵略者已经闹了好几年的"治安强化",甚至杀人如麻,"三光政策"。然而,结果如何呢?适得其反。中国老百姓真是杀不完,他们不怕杀头,不怕坐牢,硬是到处杀鬼子,炸碉堡,中华大地到处燃起了抗日烽烟。周作人曾多次到苏北、豫东、冀中等地视察所谓"治安强化运动",除了勖勉那些日伪宪兵外,也不能不了解到中国人民抗日斗争的如火如荼。这不就是周作人所谓的"乱"吗?那种"三光政策",血腥镇压,不就是"造乱"吗?中国人民是赶不尽、杀不绝的,面对现实,周作人不能不感到慄慄危惧,不能不委婉而严重地"死谏"一回了。这就是周作人的"汉奸苦心",他是太希望日本主子在中国"武运长久"、长治久安了。

十分奇怪,周作人这种明显的写作苦心,我们的一些才高八斗的青年学者竟然看不出来,他们一而再、再而三地将周作人的这种"文化卖国"苦心解释为"文化救国",似乎周作人不是什么卖国贼,而是"文化救国"的英雄汉了。这大概是一种一叶障目、不见泰山的低能思维,以为大谈中国儒家的仁政(即所谓"忠""恕")就一定要爱国爱民了。当然,他们也有一个论据,即日本作家片冈铁兵对周作人"反动老作家"的斥骂。既然力主侵略的日本作家骂他为"反动老作家",要予以"扫荡",那么,不正好说明周作人是反抗日本侵略的爱国作家了吗?这种逻辑简单的直线推理,也实在让人哭笑不得。

片冈铁兵何许人也?他乃20年代的日本左翼作家,即"无产阶级革命文学"("普罗文学")的鼓吹者。侵华战争之后,日本的这些"左翼"作家绝大多数"反水",成了所谓"大东亚圣战"即侵华战争的拥护者。凡"反水者",皆要表示最大的"忠诚"。片冈铁兵即属此类。他为了表示对天皇、对"圣战"的忠诚,便在1943年召开的"大东亚文学者会议"(东京)上,发表了长篇演说,不点名地斥责周作人为"特殊之文学敌人",为"正在和平区内蠢动之文坛老作家",为"必须摧毁之邪教偶像",等等,等等,气势汹汹,甚至杀气腾腾,非要拿周作人治罪不可了。

"大水淹了龙王庙",一家人不认一家人,这应该说是一场误会。如前所说,被片冈铁兵大加攻击的《中国的思想问题》,完全是周作人为"圣战"献上的"治安策",完全为日本天皇陛下着想。而片冈铁兵"左"倾习性未改,竟然给周作人无限上纲起来。他根本未读懂周作人的文章,更无法领略周作人的"苦心"。抓住几个只言片语,便挥起了狼牙棒,将欲置周作人于死地。他有没有听信沈启无、林房雄等人的"谗言",姑置勿论,他这样的大杀大砍本身便只能把一些像周作人这样的汉奸吓退,对"圣战"实在是大大的不利。周作人毕竟并非等闲之辈,他抓住片冈的漏洞,以攻为守,既表明了自己的忠诚,也煞住了片冈的威风。

这一场"误会",对周作人自己来说大大增添了他的"文化救国论"的砝码,到处招摇撞骗。一些"周作人文化救国论"的主张者、附议者也往往拿片冈的攻击,以证明周作人确乎有"文化救国"的卓越表现。倒是南京审判时的法官说得好:"(《中国的思想问题》)此种论文虽难证明为贡献敌人统治我国之意见,要亦系代表在敌人压迫下伪政府所发之呼声,自不能因日本文学报国会代表片冈铁兵之反对而解免其通敌叛国之罪责"。法官着眼于定罪,审定周作人"通敌叛国"也就够了。片冈铁兵之狂吠何能减轻周作人之罪责也!

5. "周作人文化救国论"是汪精卫"曲线救国论"的翻版。

周作人自封的"文化救国论"和部分青年学者追认的"周作人文化救国论",其实都不是什么新鲜理论,而是早已臭名远扬的汪精卫"曲线救国论"的翻版。

大汉奸汪精卫的所谓"曲线救国论",要点有四:一是把卖国说成"救国"。承认伪"满洲国",承认"华北自治"(即日本占领),承认日本"代管"上海、广州,在此前提下,日本放弃对中国的军事进攻,实际上日本已经控制了半个中国。但"曲线救国论"则云用"局部牺牲",保住了"整体利益",避免了"抗战必败",中国必亡的厄运。二是把投降日寇说成是"和平运动",通过"和平"手段,达到"化解侵略"的目的，实际上是让日寇侵略合法化，将中国的独立自主拱手让予日寇。三是签订所谓《日中新关系调整纲要》，让日寇承认汪精卫伪政权为中国"唯一合法政府"，实际上甘当地地道道的日本傀儡。四是摆出一副悲天悯人的架势，表示为了民族利益，甘愿赴汤蹈火，"我不入地狱，谁入地狱"（汪自况），实际上是甘当儿皇帝。汪当上南京傀儡首脑后，又是晋见日本天皇，又是拜谒伪"满洲国"儿皇帝溥仪，在日本侵略者面前唯唯诺诺，卑躬屈膝，一副奴才相。

周作人的"文化救国论"又何尝不是如此？不是同样把卖国说成"救国"，把投降说成"和平"，把为日本侵略者效命说成是什么发扬中国古已有之的"中心思想"吗？1940年接替汤尔和当上华北教育"督办"后，周作人对汪精卫感激涕零，不仅亲到南京晋见，且随之叩拜溥仪，成了日寇儿皇帝汪精卫的一条哈巴狗，真是斯文扫地，颜面丢光。至于参拜日本天皇，慰问日本伤兵之类，周作人也不遑多让。周作人恬不知耻地将自己的为虎作伥说成是为沦陷区人民"办教育"，没有对不起民族，不存在什么"失节"不"失节"，简直和汪精卫同一种腔调，同一副嘴脸。当然，周作人毕竟是一名"文化汉奸"，具有更大的欺骗性。他的几篇似乎张扬中国民族思想实则为"纳入"日寇"大东亚共荣圈"的文章，竟使几位青年学者眼花缭乱，大唱赞歌，于是投降卖国一下子便变成了"文化选择"。这大概正是"文化汉奸"的法力和"魅力"吧！

"周作人文化救国论"也是一个彻头彻尾反历史唯物主义的理论，是对历史的曲解和嘲弄。但鉴于青年学者解志熙、王彬彬等先生已经在《文化批评的历史性原则——从近期的周作人研究说起》①、《周作人是特殊的汉奸吗》② 等文中作出了精辟分析，这里就不再重复了。

---

① 《中州学刊》1996年第4期，收入《回望周作人·是非之间》，河南大学出版社2004年版。

② 收入王彬彬《风高放火与振翅洒水》，人民文学出版社2004年版。

第 三 章

周作人降日心态图说

对周作人而言，自 1935 年发表《秦桧与岳飞》至 1945 年日本宣布无条件投降，这是十年心灵的炼狱。周作人明明知道降日是陷阱，有可能一旦落水，万劫不复。但是，他拒绝不了诱惑，一步一步堕入了深渊。必须承认在这十年炼狱中周作人心态的复杂性。

第八节　为降日造舆论阶段的心态

自 1935 年发表《秦桧与岳飞》至 1938 年 2 月 9 日参加日本军部召集的"更生中国文化建设座谈会"，大约三年时间，可以称之为周作人为降日造舆论的阶段。可以说，《秦桧与岳飞》、《关于英雄崇拜》等文的写成与发表，表明周作人已经做好了与日本侵略者"合作"的思想准备。在他看来，既然中国必亡，国民党政府只会丧权辱国，为什么要为它"守节"？以此类推上去，秦桧主和，以便保住江南半壁江山，有什么不好？而岳飞明明知道宋高宗不愿再和金朝打仗，自己单枪匹马也打不赢金朝，但偏偏一意孤行，岂非自己找死？因此，周作人东拉西扯，找来了不少骂岳飞的例子（如《朱子语类》、吕思勉《中国史》之类），把岳飞打成了只知道"国亡了肯死"的没有"事功"的、失败的英雄。而这种"并无半策匡时难，只知一死报君恩"的"失败的英雄"，是完全不值得歌颂的。岳飞如此，文天祥、史可法更是如此了。周作人对岳飞、文天祥、史可法等历来的民族英雄的诅咒与詈骂，力透纸背，人们似乎听到了他恨之入骨的心声。何以如此发狠？正因为他们是自己主张屈膝求和的绊脚石。不把他们推倒，不把秦桧树起来，自己岂不要当民族罪人？所以，周作人对以上几位民族英雄的苛刻和诛心之论，表明了周作人降日的胸有成竹和深谋远虑。因此，当日本侵略军1937年7月7日悍然发动卢沟桥事变的一个月后，8月7日，周作人居然写出了一点人间烟火气也没有的文章《野草的俗名》①，罗列了绍兴八种野花野草的俗名，悠然陶然地在作故乡之思。而第二天，日本侵略军便耀武扬威地占领了北京城。

西方历史上曾有这样的名人：侵略军到了他的家门口，他若无其事，还在检验自己高深的数学原理。但他拒绝与入侵者合作，他要求他们回到自己的国家去。周作人七七事变后的冷静程度，几乎赶上了这位数学家。然而，他的气节却与人家恰恰相反：他的冷静是因为自己已经决定投入入侵者的怀抱。

为了捧秦桧，骂岳飞，周作人不仅东拉西扯，把关云长、武老二这样一些文学形象拿来贬低历史上真实的民族英雄的形象，他还在一些历史细节上大做文章。比如，在《油炸鬼》、《再说油炸鬼》中，不让人们把"油炸鬼"说成"油炸桧"，谁要说，便是"再恶劣不过的民族性"。而秦桧夫妇的铁像跪在岳王墓前，也成了他最不能容忍的"中国民族的丑恶"。似乎让岳飞跪在秦桧墓前，才是"中国民族的光彩"！见微而知著，这些小地方，恰恰表现了周作人是多么急切地要步秦桧的后尘！

正因为如此，才有必要大写"日本管窥"之类，大肆赞美日本的衣食住行，为日本文化大唱赞歌。在日本法西斯的侵略铁蹄面前，大唱这种赞歌，其"输诚"倾向实在再明显不过了。或曰：为什么这样明目张胆？为什么不怕惹起同胞的愤怒？请问周作人怕什么？他早就认定中国无海军，中国必亡，事实上东北已亡，华北亦将亡，为日本文化唱点赞歌又怕什么呢？当然，周作人在行文中也骂了日本侵略行径几句，似乎他只是客观冷静地说日本文化，绝非支持、赞美他们的侵略行径。

---

① 收入《药味集》，北京新民印书馆1942年3月版，可参见舒芜《周作人概观》之有关分析，《周作人的是非功过》，辽宁教育出版社2000年版，第64页。

这种小骂大帮忙的"障眼法"，谁又看不出来呢？谈来谈去，"窥"来"窥"去，结论不过是"日本与中国毕竟同是亚细亚人……究竟的命运还是一致"，还必须"中日亲善"，共同打造"大东亚共荣圈"。这样一来，周作人媚日、降日的狐狸尾巴也就无法遮掩了。而北大、清华的南迁，则更使周作人的降日心态暴露无遗。

既然早已做好了降日准备，他怎么可能跟着那些抗战派南下？万里跋涉事小，失去了和日本人合作的机会事大。但对外人则大讲自己人口之多，困难之大，即无法离京南下也。甚至连绍兴无老屋、害怕"鲁迅之徒"的左翼攻击都搬出来了。在对拒不南迁的辩解上，周作人是一个典型的、不折不扣的两面派。好像他不是不愿走，而是实在走不了。他还放出一颗烟幕弹，让人把他留京看成苏武而不要看做李陵。至于诡称未看见他自己参加"更生中国文化建设座谈会"的照片，更明显是掩耳盗铃了。

日本侵略军占领平津后，迅速战线南移。8月13日发动上海事变，进攻上海之中国驻军。旋于11月占领上海。一个月后占领南京，并进行惨无人道的大屠杀，杀害了中国军民三十余万人。在日军的策划、组织下，在北京成立了伪"中华民国临时政府"，大汉奸王克敏、汤尔和等成了这个伪政权的头面人物。此时的周作人，虽然还在他的苦雨斋中喝苦茶，谈闲天，写他的那些没有人间烟火气的小文章，但他的内心深处却正在波涛汹涌。1938年2月9日他迫不及待地出席那个"更生中国文化建设座谈会"，说明他终于克服了一切顾虑，决心跨出关键的一步："下水"。

第九节　"下水"初期的左顾右盼

尽管周作人"下水"附逆蓄意已久，但在参加"下水"座谈会后却并未一往直前，相反，却左顾右盼，首鼠两端，显得颇为谨慎起来。在参加"下水"座谈会三个月后，他写了一篇《桑下谈·序》①，又为自己"苦住"北京而不南下辩护起来。他引了佛经中"乐行不如苦住"

---

① 　收入《秉烛后谈》，新民印书馆1944年版。

的话，进而发挥道：

> 这苦住的意思我很喜欢，曾经想借作庵名……不佞乃是少信者，既无耶和华的天国，也没有阿弥陀佛的净土，签发到手的乃是这南瞻部洲的摩诃至那一块地方，那么只好住下来，别无乐行的大志愿，反正在中国旅行也是很辛苦的，何必更去多寻苦吃呢。

似乎他的"苦住"不走纯属个人兴趣，一点政治色彩也没有。也正是从这里开始，他将自己的"苦雨斋"改成了"苦住斋"。半个月后，他发表了《日本管窥之四》，大讲"日本民族的矛盾现象"，说"日本人最爱美"，但对中国的行动却"那么不怕丑"；日本人"喜洁净"，而"行动上又那么脏，有时候卑劣得叫人恶心"。似乎他又成了20年代大骂《顺天时报》时的周作人。至少，让人们误认为他周作人对日本的疯狂侵华还是很反感的。这未尝不是一种政治赌博：谁说我媚日、降日？我这不是很斥日、抗日吗？又数月之后，周作人写了这样两首诗：

> 燕山柳色太凄迷，话到家园一泪垂。
> 长向行人供炒栗，伤心最是李和儿。
>
> 家祭年年总是虚，乃翁心愿竟何如。
> 故园未毁不归去，怕出偏门过鲁墟。

"李和儿"，乃汴京之一炒栗专家。北宋灭亡后流落燕都，仍操旧业。每遇南朝来人，皆以炒栗相赠也。这点炒栗，表现了李和儿亡国奴的悲哀和他浓郁的故国之思。周作人诗中的李和儿，幻化成了已成亡国奴的自己，似乎他具备了和李和儿同样的命运和情操。这哪有什么"汉奸心态"？"下水"座谈会之后，又一再表露这种"反下水"心态，这正表明了周作人内心的痛苦和煎熬。

这时，北大一走，周作人的饭碗丢了，吃饭成了问题。赶紧去找胡适之主管的编译委员会预支了200元译费；又找老朋友郭绍虞弄了个燕大讲师（月薪 100 元），聊以糊口。但以羽太信子平时大手大脚的花费，这点钱简直是杯水车薪，只能解燃眉之急。但是，如果不发生 1939 年元旦的行刺事件，周作人的出任伪职也许还会拖延一段时间。

周作人一直把他的元旦被刺看成日人施压，迫他进一步下水，接受伪职。周作人虽被毛衣纽扣救了命，但那一枪却的确使他吓破了胆。客观上，日伪方面确实加强了对他的"保卫"和监控，三名侦缉队员进驻了八道湾。1 月 12 日，"行刺"事件不到半月，周作人即接受了伪北大图书馆馆长职务，后又担任了伪北大文学院院长，正式当了汉奸。1 月 17 日，他的畏友钱玄同病逝，力阻他当汉奸的没有了。但他也颇有愧疚，觉得对不住这位老朋友。在《最后的十七日——钱玄同先生纪念》① 一文中。他说了这样一段话：

> 我自己暂时不想说话。《东山谈苑》记倪元镇为张士信所窘辱，绝口不言，或问之，元镇曰，一说便俗。这件事我向来很是佩服，在现今无论关于公私的事有所声说，都不免于俗。

所谓"一说便俗"，完全是断章取义。倪元镇受了别人的"窘辱"，不愿说，这是情有可原的。你周作人拒绝南下，甘愿当汉奸，能说是"窘辱"吗？"一说便俗"对你合适吗？钱玄同生前的劝告，你置若罔闻；钱玄同一死，你便"一说便俗"了。这接茬吗？不能不说这是对老朋友亡灵的一种欺骗！但欺骗也好，自我安慰也罢，总见出周作人内心的一点不平静，这倒是真的。

不平静归不平静，罪恶的列车却是越开越快、越开越猛了。从就任伪北大文学院院长之后，周作人不再忸忸怩怩，结束了左顾右盼，认认真真地干起汉奸事业来。直至 1940 年底，他接替死去的大汉奸汤尔和担任伪华北政务委员会教育督办，登上了他汉奸事业的最高峰。

但在此期间，他却保护了革命烈士李大钊的儿女，并为他们奔赴革命圣地延安办理了"良民证"，筹措了路费。后来，为李大钊烈士的安葬事宜，也尽力不少，在整个附逆期间，他也还做了另外一些营救国、

---

① 刊《宇宙风》（乙刊）第 8 期，1939 年 6 月 16 日，收入《药味集》。

共两党地下工作人员的好事。对这些好事，不能也不应抹杀，而应予以科学分析。

首先要肯定人性的复杂性。周作人虽然当了汉奸，但他原来人性中的光明面、美好面并不可能一下子全部泯灭。特别碰到李大钊的遗孤、遗孀的困难，作为李大钊的生前老友和同事，他是不能不尽力帮助的。特别李大钊当年的壮烈牺牲，他是表示过由衷的崇敬之情的。现在，李的后人找到了他，请求帮助，他怎能视而不见或拒之门外呢？世界上当然也可能有视而不见或拒之门外者，但那不是周作人——周作人对待朋友还没有坏到那种程度。之所以对任何坏人、任何汉奸都要做实事求是的具体分析，既不能量刑过轻，也不能罚不当罪，原因正在这里。南京法庭只判了周作人十年徒刑，应该说是比较恰当的。如果像陈公博、周佛海之流那样，判他死刑或无期徒刑，那就罚不当罪，不足以服人了。

其次，也要看到周作人（一切汉奸皆然）心态的复杂性。汉奸不能不当，奴才不能不做，但也要给自己留点后路——万一日本人战败了呢？所以，很多汉奸都曾与重庆国民党政府暗通款曲，以为"万一"之时救命之计。周作人对李大钊遗属以及另外几位地下工作者（国共都有）做的好事，也应该说含有这种因素。无论周作人动机若何，好事总是好事，是应该予以肯定的。假如这种好事的质与量超过了当汉奸的罪恶，周作人便成了中国人民的地下工作者，成了"身在曹营心在汉"的爱国者而不再是汉奸了。可惜，周作人的好事做得未免太少，尚不足以从汉奸行列中把他救拔出来。但在南京法庭量刑时，显然考虑到了周作人的这方面因素。南京法庭没有采纳周作人律师王龙的辩护，因为周作人尚未能像他辩护得那么好。他还是有叛国罪的刑事犯，还是要给以相应的刑事判决的。

第十节 "周督办"心态(一)

周作人由北大文学院院长一跃而当上伪华北教育督办，这是他"仕途"的一大飞跃，他由一名普普通通的伪职人员，跻身于伪政权的达官贵人之列，成了一名炙手可热的大汉奸。伪华北督办共有六名，他便是其中之一。除死掉者外，战后这些督办都经由南京法庭审判、定刑，他们一起被钉到了历史的耻辱柱上。由普通伪职人员到成为伪高官显宦，周作人生活上调了（每月工资达到了两千余元，仆人达到了二三十名，可谓五日一大宴，三日一小宴），他的心态自然也发生了相应的巨大变化。概括言之，周作人的心态经历了三大转型，首先便是文人心态向官僚心态的转型。

在任伪北大图书馆馆长和文学院院长期间，虽然听命于日本占领者，也送往迎来了各色日本人等，但他的社会形象毕竟主要还是一名教授和文人。由于涉水不深，他也还保留着较明显的文人心态。一直到他当了督办之职，这种心态也还十分明显，而且几乎让他丢了官。1941年初，日寇攻占了武汉至重庆的重镇宜昌，给国民党陪都重庆造成了严重威胁。为了庆祝"胜利"，华北日军司令部决定在天安门召开大会，命令大、中、小学学生统统参加。

既牵涉大、中、小学，命令自然先下达到了周督办座前。周作人的清高劲儿来了，认为学生好好念书即可，这种政治活动就不一定参加了。督办此意迅速传达至市教育局和各大学。第二天，各校照常放假，根本没有学生参加这个"庆祝大会"。伪新民会顾问（即太上皇）、日军少将安藤大怒，甚至要亲自抓捕那位"抗旨"不遵的周作人。虽经日本大使馆参赞土田极力劝阻，但消息转瞬即传至周作人耳中，吓得他大出冷汗①，这件事典型表现了周督办履职之初的文人心态。周作人还以为是他当北大教授时对待南京政府，可听可不听，自由随便得很。他忘了自己现在的身份是日寇傀儡政权下的一名高官，他是必须忠实听命于日本侵略者的指挥棒的。稍一不慎，轻则丢官，重则掉脑袋。当时如果安藤真是抓了周作人，甚至一怒把他毙掉，也不过是碾死一只小蚂蚁，发个讣告，说他心脏病突发猝死也就是了。这件事当然大大教育了周作人，他再也不敢掉以轻心了。他认识到自己残存的文人心态只可潜藏心中，既然"为吏"，就要看上司的脸色，拍马紧追。之后，周督办就逐渐熟悉了"业务"，再也不敢跟日本主子唱反调了。周督办虽然仅仅干了两年多，但已经充分表现了他对日本侵略者的忠诚。他的官僚心

---

① 参见于力（董鲁安）《人鬼杂居的北平市》，群众出版社 1999 年版。

态也愈来愈成熟、愈来愈浓烈了。他频繁出入于教育界的各种会议和活动，发表长短不一的训话，大讲"亲仁善邻"的教育方针，大讲"善邻"、"反共"、"经济提携"三大目的，大讲所谓"中日两国"共同的"百年大计"。这种训话也见诸文章，比如在《华北教育一年之回顾》中，他便这样写道：

> 各校青年学生，意志薄弱，易入歧途，本总署于此极为注意，除将训育方针八条早经颁布通饬一体遵照外，复于国立各院内成立学生生活指导委员会，对于学生之思想举止……监察领导。①

督办心态已跃然纸上矣。

其次是胥吏心态向显宦心态的转型。伪北大图书馆馆长、文学院院长之类的官职，实权不大，油水不多，只能说是日本侵略者卵翼下的胥吏。加上又是文人、教授，胥吏心态是很明显的。一般情况下故作清高，明哲保身，生活上也不敢太过铺张。当了督办，则截然不同了。这是日本侵略者手下的"官居一品"，在伪华北政权中相当显赫。除了督办外，他还有另外一些相当高的头衔，诸如伪东亚文化协议会会长、伪新民青少年团中央统监部副统监、伪南京国民政府委员、伪华北综合调查研究所副理事长等职。这些兼职虽多属虚名，但有的却有实惠。督办每月薪俸为两千元（大洋），这些闲差加起来也不少于一千元之数。这样一个高额收入，自然要有相应的高消费，要摆出一个督办的"谱"来。你想不摆也不行，因为督办有六位，别的督办肥马轻裘，而唯独你周督办老牛破车，那怎么行？再说，羽太信子历来大手大脚，挥霍浪费，现在成了高官显宦，怎肯反而不铺张浪费？所以，周督办的生活是相当豪华奢侈的。据统计，周当督办后有这样一些"豪举"：1. 大兴土木，改建住宅（其实他的住宅本来便不小）；2. 收买门前土地和邻居房舍，扩充住宅；3. 购置豪奢衣裘、家具；4. 仆役多达二三十人，还有常年"保镖"（侦缉队三名）；5. 三日小宴，五日大宴，庆吊铺张；6.

---

① 　转引自钱理群《周作人传》，十月文艺出版社 1990 版，第 447 页。原刊待查。

自备小汽车（当时甚罕见）。① "豪举"后面，正可以见出周作人的督办心态亦即显宦心态。周作人真的成为一个"很俗的俗人"（周作人语），什么"苦住斋"，什么"苦茶庵"，统统见鬼去了。

再次便是奴隶心态向奴才心态的转型了。当督办以前，虽然已成日本侵略者的奴隶，但馆长、教授之类，毕竟比较超脱；伪北大校内虽有多名日人"教授"，但这些"奴化教育"的监督者，"太上皇"姿态平时并不明显，周作人和他们表面上还是同事、朋友，奴隶尚未变成奴才。

当了督办，自然不同了，他的一举一动都要符合日本太上皇的需要，他必须为"大东亚圣战"卖命。假如说馆长、院长之类还披着一件温文尔雅的外衣，那么，督办的一言一行都必须充满血腥。周作人为什么那样积极地去苏北、冀中等地三次视察什么"治安强化运动"？因为那正是日本侵略中国的最前线，是日本施行"三光政策"（杀光、烧光、抢光）的地方。周作人早已经不是什么教授、文人，他早已成为"三光政策"的吹鼓手了。他向那些日伪官兵的讲话，句句都沾满了中国抗日军民的鲜血。至于他去日本叩拜天皇，慰问海、陆军伤兵医院并各捐款五百元以及追随汪精卫叩拜伪"满洲国"的儿皇帝溥仪之类，更都是十足的奴才行径，他已经被紧紧地绑在日本法西斯的战车上了。

周作人把这些奴才行径，说成为"逢场作戏"，说得很轻松，而事实上他是在玩命儿，他死心塌地，拼命为日本主子作奉献，他一心一意要跟主子一起建设"大东亚共荣圈"，建设他们的"皇道乐土"。当了督办的周作人已经沦为彻头彻尾的奴才了。

关于周作人的奴才心态，他的老朋友、国民党北平市地下工作者沈兼士先生提供了一个很有说服力的事例。作为周、沈二位的老朋友，林语堂先生这样写道：

> 到了民国三十二年冬我回国。在西安遇见沈兼士，约同登华山。兼士真是仁人君子，在华山路上，跟我谈周作人在北平做日本

---

① 参见舒芜《历史本来是清楚的》、钱理群《周作人传》、王锡荣《周作人生平疑案》等论著。

御用的教育长官。他说我们的青年给日本人关在北大沙滩大楼，夜半挨打号哭之声，惨不忍闻，而作人竟装痴作聋，视若无睹。兼士说到流泪。①

沈兼士、林语堂、周作人都是战前的北大教授，也都是《语丝》时代的老朋友。他乡遇故知，沈兼士在华山顶上向老朋友林语堂倾诉衷肠，怒斥了周作人对日寇暴行不敢做声的奴才心态。然而，话说回来，周作人怎敢做声？不让学生参加庆祝大会便得罪了太上皇，何况去劝阻日本宪兵对中国青年施暴？周作人有几个胆？他怎敢在太岁头上动土呢？

第十一节　"周督办"心态（二）

周作人任伪督办期间与伪南京国民政府主席、大汉奸汪精卫的关系，很可以看出他复杂心态的另一些侧面。

根据周作人的自述，他和汪精卫本来是并不认识也毫无关系的。然而，当督办之后，他们的关系急剧升温了。这里首先要提到的是他为《汪精卫先生庚戌蒙难实录》一书所写的《序》。②《蒙难》一书，为汪精卫幕僚张次溪编著，是赤裸裸为汪精卫树碑立传的。汪精卫追随孙中山、刺杀摄政王载沣的光荣历史自然要大写特写，他的公然背叛祖国、投日降日也都成了美德，而且是全书的重点。对于这样一本"捧臭脚"之作，抗日军民无不嗤之以鼻，然而，在周作人眼中，这本书成了难得的佳作，在《序》中对汪精卫大肆吹捧起来：

> 中国历史上此种志士仁人（按：指汪）不少概见，或挺身犯难，或忍辱负重，不惜一身以利众生，为种种难行苦行，千百年后读其记录，犹能振顽起懦，况在当世，如汪先生此录，自更令人低回不置矣。抑汪先生蒙难不止庚戌，民国以后，乙亥之在南京，己卯之

----

① 见林语堂《忆周氏兄弟》，收入《林语堂文集》，台湾金兰文化出版社1986年版，收入程光炜编《周作人评说80年》。

② 《古今》第4期，1942年6月，钟叔河编《周作人散文全集》第8卷应收而未收。

在河内，两遭狙击，幸而得免，此皆投身饲饿虎，所舍不只生命，且及声名，持此观庚戌之役，益可知其伟大，称之为菩萨行正无不可也。

追随孙中山、刺杀摄政王时的汪精卫，的确不愧为"志士仁人"，让人崇敬。然而，千不该万不该，他在全民抗日战争的关键时刻，背叛了孙中山，背叛了中华民族，投降了日本侵略者，成了天字第一号的汉奸卖国贼，遭到了全国抗日军民和世界进步人类的唾弃。一失足成千古恨，汪精卫愧对国人，愧对历史，也愧对自己壮烈的前半生。周作人何尝不知道这些？但他偏偏要笼而统之地把汪精卫说成是什么"投身饲饿虎"，"伟大"的"菩萨行"。周作人这样吹捧汪精卫，自然是蓄意歪曲历史，目的之一也正是美化自己。既然"汪主席"是"投身饲饿虎"、"伟大菩萨行"，我周督办紧追汪主席的步武，又何尝不如此呢。周作人早就算计好了，他的那个"文化救国论"就是他为自己早已准备好的"功德牌坊"，这种心态自然也不时表现出来。大肆吹捧汪精卫之前，他还曾大肆吹捧过自己的教育督办前身、生前力推自己为他继任的大汉奸汤尔和。汤尔和病死，周作人如丧考妣，跑前跑后，张罗丧事，还送去了这样的挽联：

　　一生多立经国事功，不图华发忽萎，回首前尘成大梦；此出只为救民苦难，岂意檀度中断，伤心跌打胜微言。

汤尔和立的什么"经国事功"？不就是为日本帝国主义的灭亡中国效尽犬马之劳吗？什么"救民苦难"？不就是让中国人老老实实当亡国奴吗？周作人虽与汤尔和同为留日学生，但并无深交，然而为了报答他的"知遇之恩"，也便不惜把他说成救国救民的大菩萨了。中国人时兴"谀墓"，人死后照例要歌功颂德一番。但周作人之"谀汤"实在是大大出圈儿，汤乐和死于1940年11月8日夜，周作人的挽联送去为次日上午，19日周作人又作了肉麻的吹捧汤的祭文。直至1942年，在为《汤尔和先生》①一书所写的《序》中，他还在大肆吹捧汤尔和"伟

———————————

① 幼松《汤尔和先生》，北京亚东书局1942年10月版。

大"。周作人之所以这样卖力，因为吹捧的并不仅仅是汤尔和，还包括他周作人自己。因为汤死前消息已经传来，他周作人就要继承汤尔和的大汉奸衣钵了。对汤尔和的那些谀词，何尝不是肉麻的自我吹捧呢？从"谀汤"到"谀汪"，正是一脉相承的故伎重演。

当然，从"谀汤"到"谀汪"，也不仅仅是"务虚"，也有"表忠心"的实际意义，汤虽死，但以王揖唐为首的伪华北政务委员会的那些大汉奸还活着，不应该借"谀汤"之机向他们表表自己的忠心吗？"谀汪"更是如此，在周作人看来，"汪主席"正在事业鼎盛，如日中天，在"大日本帝国"的扶植下，他将成为未来全中国的元首。抱住他的粗腿，自己的汉奸事业也将前途无量也。这时的周作人，早把他当年的那些假清高抛到九霄云外去了。功夫不负有心人，周作人确乎得到了极大的报偿。《汪精卫先生庚戌蒙难实录》的编著者张次溪得到周的《序》如获至宝，及时禀明了汪精卫、陈璧君夫妇，他们大为青睐，视为知音。《序》写成于当年 4 月底，5 月初汪精卫便亲点周作人参加伪南京政府"庆祝伪满洲国成立 10 周年代表团"，随他前往所谓"新京"（长春）去谒见伪"满洲国"儿皇帝溥仪去了。周作人且为华北地区之唯一代表。在长春，周作人作为汪精卫的重要随员"进宫谒见"溥仪，又随汪一起拜见溥仪的日本"太上皇"梅津美治郎。活动结束后，周作人随汪一行乘飞机去南京，拜访了陈公博、梁鸿志、江亢虎、温宗尧等各大汉奸，并应邀参加了祝贺汪精卫六十岁生日的"祝寿宴"、汪举行的茶会以及汪举行的家宴。宴后即宿汪宅，成了汪府贵宾。周作人巴结汪精卫可以说十分成功。一年之后，在华北汉奸的互相倾轧中，周作人的督办被挤下台，弄得他十分怨恚。汪精卫闻讯后，马上决定聘他为伪南京政府委员，弥补了他失去督办的损失。对此，周作人心领神会，对汪精卫十分感激。二十年后，他还沾沾自喜地对人说"我去长春是汪精卫点的名"①，视为莫大荣耀。

汪精卫为什么"钦点"他周作人一起去"新京"参谒溥仪？这不是汪主席赐给周督办的莫大荣幸吗？汪精卫还想让他当伪中央大学校长，他碍于种种原因辞掉了。一篇《汪精卫先生庚戌蒙难实录序》，就

---

① 张铁铮：《周作人晚年轶事一束》，收入《闲话周作人》，浙江文艺出版社 1996 年版。

使周成了汪的亲信，对周来说，这岂不是很合算的吗?! 尤为重要的是，1943 年 2 月初，由于日本侵略者内部的纷争，以王揖唐为首的伪华北政务委员会集体辞职，周作人丢了教育督办的乌纱帽。汪精卫赶紧为他安排了一个伪南京中央政府的"国务委员"和华北政务委员会的"常委"，官更大了。这种虚衔，亦有实惠（如薪酬），正是周作人所迫不及待的。也正是在丢掉督办、获得虚衔的日子里，周作人的"督办后心态"，又得到了难得的展示。

首先是丢官时的恨，说是"集体辞职"，实际上六个督办只有他下了台，新任华北政务委员会委员长朱深把他"涮"了。他对这位"朱三爷"简直恨之入骨。请看他 2 月 6 日写的日记："汪翊唐来，述朱三爷（即朱深）意，令长北大，笑谢之。……思之不快良久。" 2 月 10 日的日记又写道："朱深对汪主席云：周不惯政治，坚辞。对王叔鲁（克敏）云：日方反对周放任学生，合前说而三。小人反复，常用手段故如是也。"想当年作为一名赫赫有名的自由主义知识分子，周作人对那些政客和官吏是多么瞧不起，多么嗤之以鼻，而今，为丢一个督办，你看他这个恼火劲! 按照以前的周氏逻辑，他应该为丢掉督办额手称庆，像他多次宣示无比钦慕的陶渊明那样，可以不再为五斗米折腰去见什么"朱三爷"、"杨六爷"和那些双手沾满鲜血的日本军阀和官僚了。可惜，这样的周作人已经一去不复返了，"督办"一职几乎成了他的命根子，成了他脖子上挂的一块通灵宝玉，他对搞掉这块通灵宝玉的朱三爷，能不恨之入骨吗?! 在汪精卫及时弥补了周作人丢掉督办的缺憾，而让他官拜伪国府委员、伪华北政务委员等虚衔后，他不仅不为这种阿 Q 式安慰而脸红，反而认为出了一口气，两次往访朱府，留下名片，带有明显的扬眉吐气的示威性质，给人的感觉简直就是小人得志。尤为可笑的是，过了不到半年，朱深因黄疸病去世，周和朱的这些个人恩怨应该罢休了吧? 不，他的幸灾乐祸反而溢于言表了。7 月 2 日，他从日人森冈口中听到了朱深去世的消息，遂即找到 2 月 6 日的日记，在一旁补上了这样世所罕见的一笔："小人做坏事，想不到不得百五十日活，此段事日后思之，亦甚可笑也。"显然，更可笑的是周作人这种极其龌龊的心态。

从对朱深的恨，自然也充分暴露了他对督办的爱，暴露了他的

“隐士”弹唱的虚伪以及所谓“绅士鬼”、“流氓鬼”等统统都是骗人的鬼话。周作人卖国求荣，他热爱高官厚禄，他愿意在日本人的指挥下多立“反共”、“爱国”的所谓“事功”，不让“立”怎么行呢？周作人口口声声他的卖国投敌不过是逢场作戏，是和日本侵略者过家家，闹着玩儿的。能信吗？丢个督办就像丢了一条命，这是逢场作戏？骗谁呢？

1944年4月江南春暖花开之际，周作人在汪精卫等人的安排下，南游南京、苏州，春风得意，诗兴大发，《友人邀游玄武作》云：

> 一住金陵逾十日，笑谈哺啜破工夫，疲车羸马招摇过，为吃干丝到后湖。

在苏州木渎石家饭店就餐后也题诗一首：

> 多谢石家豆腐羹，得尝南味慰离情。吾乡亦有姒家菜，禹庙开时归未成。

一年之后，他写了《苏州的回忆》① 一文，记述了这次南游的“盛况”。除了对汪伪政权歌功颂德外，也没忘见缝插针地宣扬“大东亚共荣圈”：

> 东方的世界是整个的，譬如中国、日本、朝鲜、琉球，各地方的家屋，单就照片上看也罢，便会确凿地感到这里是整个的东亚。

再过一年多，日本法西斯就投降了。然而，这时的周作人还在做着他的“大东亚共荣圈”的美梦呢！

---

① 《苏州的回忆》，北京《艺文杂志》第2卷第5期，1944年5月1日，收入《苦口甘口》，又见《周作人散文全集》第9卷。

第十二节　周作人的"囚徒"心态

真是天不作美，正当周作人"国府委员"、"政务委员"之类正干得起劲儿，想要为大日本帝国多立汗马功劳之际，1945 年 8 月 15 日，晴天一声霹雳，日本投降了，周作人运气真是太坏了。然而，你不能不佩服周作人的老奸巨猾和高度应变能力。

尽管周作人十分善于为自己辩护，但他对自己降日后的所作所为心知肚明，因此，他知道历史的惩罚恐怕是在所难免的。在这重大的历史关头，他想到了两条自救免灾的出路。一是他托燕大教授赵荫棠赴晋察冀边区找原燕大教授，现为边区参议会副议长的董鲁安（于力），表示自己愿去解放区，希望收容。① 二是他曾想找已成接收大员的老朋友沈兼士，请他派自己去日本搜罗、抢救被日本盗走的中国文物。② 结果，自然都成了泡影。董鲁安确实找到议长成仿吾，说明了周作人欲来投奔之意。但成仿吾一口回绝：不要。至于让沈兼士派他去日本，更显然是异想天开了。无奈，周作人只好坐下来，继续写文章，一边听天由命，接受上帝的安排。8 月 27 日，亦即日寇投降不到半个月，周作人便写了一篇悼念刘半农的文章《曲庵的尺牍》，两天后又写了悼念陈独秀的《实庵的尺牍》。直至 12 月 6 日他被国民政府逮捕，他先后共写了近十篇文章。文章内容姑且不谈，他这种"从容淡定"实为常人所不及。这说明，他已经做好了最坏的思想准备，知道清算自己的日子就要到了。果然，12 月 6 日警察到八道湾逮捕他时，面对枪口，他说："我是读书人，不用这样子。"一点也没有惊慌失措。

周作人被捕后，先是关押在北京的炮局胡同监狱，半年之后，又与另外十三名大汉奸一起，用飞机押赴南京的老虎桥监狱。无论在炮局还是在老虎桥，周作人一仍其从容淡定，在老虎桥还大写其"儿童杂事诗"（共计 200 多首），并通读了一遍《说文解字》，在监狱条件很差的情况下，周作人能这样坚持读写，也实在难能可贵。

---

① 参见于浩成《关于周作人的二三事》，《鲁迅研究动态》1987 年第 3 期。

② 参见常风《关于周作人》，收入《闲话周作人》，浙江文艺出版社 1996 年版。

面临公审，周作人思虑最多的是为自己开脱的辩护词，也就是他那个"文化救国论"。眼看大汉奸们一个个被判死罪或无期徒刑，他更加坚定了自己绝不认罪服罪的决心。义务律师王龙的出现，更使他喜出望外，似乎看到了一线无罪释放的曙光。虽然这都是不切实际的幻想，但人们不能不佩服他临危不惧、死中求活的毅力。作为一介书生，他的狱中表现远远超过了陈公博、周佛海等人。结果，他被判了十年有期徒刑，应该说罚当其罪。然而，周作人一点也不感恩，似乎国民政府大大地亏待了他。在老虎桥狱中待了不过三年，国民党政府土崩瓦解，他也被保释出狱了。临出狱前，他写了这样一首诗，题目叫《拟题壁》，诗云：

一千一百五十日，且作浮屠学闭关；今日出门桥上望，菰蒲零落满溪间。

据他自己说，"菰蒲"指的就是蒋介石，全诗就是歌颂解放战争的[1]。国民党政府诚然活该倒台，解放战争也诚然值得歌颂，但周作人的诅咒和歌颂间，却夹杂了太多的个人恩怨。正是在这里，他做好了日后致书中共领导人为自己翻案的思想准备。

周作人的"恨蒋"情绪，最集中地表现在大骂傅斯年上。傅斯年是他的北大中文系的学生，也是新潮社的战友。二人在五四新文化运动中有颇深厚的情谊。日本投降后，他曾想致书傅斯年，希望他能为自己说说好话[2]。然而，傅斯年以北京大学代理校长的名义，发表了这样的谈话："伪北大之教职员均系伪组织之公职人员，应在附逆之列，将来不可担任教职。"[3] 这里自然包括了身兼北大文学院院长和图书馆馆长等多种职务的周作人。他大为恼火，恶骂傅斯年的谈话是"驴鸣"。正

---

① 周作人《日记》中曾自注云："桥者老虎桥，溪者溪口，菰者蒋也，今日国民党与蒋已一败涂地，此总是可喜事也。"
② 周作人1945年10月6日记云："拟写信谕傅斯年，但亦不堪得说，故且止也。"但后来到底写了没有？说法不一，待查。
③ 见1945年12月1日华北各报。

是在傅斯年上述谈话之后，他写了一篇小文章《石板路》①，其"附记"云："时正闻驴鸣。"而他当天的日记则写道："见报载傅斯年谈话，又闻巷内驴鸣，正是恰好，因记入文末。"

周作人的这口恶气，一语"驴鸣"何能出尽？到得他被逮捕法办、关进监狱之后，仍一再咒骂傅斯年。其中，最狠毒的是写于老虎桥监狱的《修禊》一诗，诗云：

> 往昔读野史，常若遇鬼魅。白昼踞心头，中夜入梦寐。其一因子巷，旧闻尚能记，次有齐鲁民，生当靖康际。沿途吃人腊，南渡作忠义。待得到临安，余肉存几块。哀哉两脚羊，束身就鼎鼐。犹幸制熏腊，咀嚼化正气。食人大有福，终究成大器。讲学称贤良，闻达参政议。千年诚旦暮，今古无二致。旧事傥重来，新潮徒欺世。自信实鸡肋，不足取一截。深巷闻狗吠，中心常惴惴。恨非天师徒，未曾习符偈，不然作禹步，撒水修禊事。②

诗中把傅斯年比之为食人肉（"人腊"）"作忠义"的伪君子，说他"食人大有福，终究成大器"。连他的"讲学"、当"参政员"都成了攻击的对象。既然如此"食人肉"、"喝人血"以求自己的飞黄腾达，他当年主编的《新潮》杂志，也只能说是纯属"欺世"了。在写给他的辩护律师王龙的《偶作寄呈王龙律师》中，他有这样的说明："三十年来不少旧学生，有三数人尚见存问，而下井投石，或跳踉叫号，如欲搏噬者，亦不无其人。"③ 这里骂的虽有他的另一弟子沈启无（沈杨），但主要是骂傅斯年。这段说明恰恰是他《修禊》一诗的注脚。

身在囹圄中，不思悔改己过，还这样恶狠狠地大骂抗战派，很说明周作人汉奸立场的顽固和心灵的变态。傅斯年八年抗战中表现甚佳，其所领导的西南联大"历史语言研究所"（简称"史语所"），在艰苦岁月中很为国家培养了一些人才。在参政员任内，他公开大骂财政部长孔

---

① 作于 1945 年 12 月 2 日，收入《过去的工作》，又见于《周作人散文全集》第 9 卷。
② 收入《知堂杂诗抄》，岳麓书社 1987 年版。
③ 《偶作寄呈王龙律师》，1946 年 10 月 15 日作，收入《周作人散文全集》第 9 卷。

祥熙之流的贪官污吏，赢得了"傅大炮"的美名。拿周作人和他相比，简直有云泥之别。周作人有什么资格和理由骂他"食人肉"、"喝人血"？"食人肉"、"喝人血"的不正是周作人之流的汉奸卖国贼吗?！傅斯年当然也有他的历史局限，"拥蒋反共"就是他最大的历史局限。他关于伪北大教员的"定性"谈话，也不无可议之处。但这和周作人对他的泄私愤式的恶骂，毕竟是两码事了。

第四章

周作人附逆期间散文论略

第十三节 周作人附逆期间散文写作概况

尽管周作人 1938 年 2 月 9 日即参加了日本侵略者召集的"更生中国文化建设座谈会",但并未马上担任伪职。故他的降日仍应从他 1939 年元月 12 日担任伪北大图书馆馆长算起,自此至 1945 年 8 月 15 日日寇无条件投降,周作人共当了六年汉奸。六年中,粗略统计共写散文 430 余篇,年写作进度列表如下:

1939 年　80 篇

1940 年　96 篇

1941 年　24 篇

1942 年　59 篇

1943 年　42 篇

1944 年　84 篇

1945 年　46 篇(至日本投降为止)

可以看出,1939 年、1940 年两年,仅担任伪北大图书馆馆长与文学院院长,官不大,又是学官,周作人的写作生活与担任伪职前差别不大,写作进度也未受太大影响,仍然比较高产。1940 年底,担任了伪教育督办,1941 年"公务"繁忙,因此,散文写作大受影响,乃至进入低谷。1942 年之后,"公务"已经熟悉,散文写作又相对比较稳定了。值得注意的是 1944 年、1945 年两年,整个第二次世界大战局势对日本法西斯已经十分不利。然而，由于日本法西斯的欺骗宣传，周作人等汉奸要员仍被蒙在鼓中，似乎什么"大东亚圣战"仍在所向披靡，节节胜利。故而，从写作数量上说，1944 年反而成了周作人散文创作的"高潮年"，共写 84 篇之多，仅次于 1940 年。1945 年的前八个月也达到了 46 篇，产量依然不低。纵观周作人六年汉奸生涯中的写作进度，人们仍不能不以稳定、高产目之。这多少表现了周作人对日本法西斯死心塌地的程度。如果他对日本侵略者心怀二志，一天到晚寻求自我救助，或者已看到日本侵略者大厦将倾而惶惶不可终日，他何以还会有如此高产呢？

曾经有论者全面、系统地论列过周作人全部散文，得出过这样那样的若干高见。美中不足的是，他们忽略了周作人降日六年间散文创作的独特背景以及由之产生的独特倾向，显得未免笼统。根据知人论世、知世论文的历史唯物主义原则，我们试图将周氏降日六年间的散文作为一个独特的研究对象，从而找出它们与周作人其他人生阶段散文的不同特点。首先映入我们眼睑的当然是那些为日本法西斯及汉奸汪精卫之流歌功颂德的文章，即周作人创作史上的耻辱的印记。

有一个十分有趣的现象：钟叔河先生穷毕生之力，编辑出版了《周作人散文全集》（共十六卷），为周作人研究乃至整个中国现代文学、现代史学研究都作出了巨大贡献，其功不在禹下。然而，在这部《周作人散文全集》中，你却怎么也找不到周作人 1942 年写的那篇重要文章《〈汪精卫先生庚戌蒙难实录〉序》[①]。这篇文章十分醒目地刊登在日伪统治时期著名的文史杂志《古今》第 4 期（1942 年 6 月）的扉页上。莫非钟叔河先生竟然不知道周作人的这篇"大作"？这当然不可能，因为周作人同在《古今》发表的其他文章（如《怀废名》、《左庵诗》、《消寒新咏》等）都被收入了《全集》，怎能说钟叔河先生根本不知道周作人的这篇大作呢？而且，据我所知，张菊香、张铁荣二位先生主编的《周作人年谱》，无论旧版（1995 年，南开）还是新版（2000 年，天津），都着重介绍过这篇文章，为何钟先生对此却视而不见呢？让人不能不怀疑：大概钟先生有意不让这篇文章进入《周作人散文全集》吧？中国有"三讳"（为尊者讳、为贤者讳、为亲者讳）的

---

① 《古今》第 4 期，1942 年 6 月。

老传统，钟先生是否也遵照了这个传统呢？然而，周作人"五四"辉煌，晚节不终，够不上"贤者"。虽然周作人曾写给钟先生几封信，似乎也算不上什么"亲者"，那么，周作人先生是钟先生心目中的"尊者"吗？若然，岂不太对大汉奸周作人顶礼膜拜了？总之，无论如何，钟先生是有意不收周作人这篇文章了。既然有意不收，新的问题便出现了：能这样编《全集》吗？这样编出来的还叫《全集》吗？这样的《全集》会不会愚弄、误导广大读者呢？我这样说，绝不是有意和钟先生过不去。我十分敬佩钟先生编印《周作人散文全集》所下的大工夫，我也十分同情钟先生被打成所谓"右派分子"的不幸遭遇。我所不同意于钟先生的，只有这种"为尊者讳"的态度。不能不说，有意不收周作人的某某文章，大大降低了《周作人散文全集》的学术质量和学术品格，使它成为根本不"全"的，在某些方面不值得信赖的所谓"全集"了！因小失大，何苦而为之？

问题正在于此：钟先生何必因小失大？何苦而为之呢？这里正好隐藏着钟先生的一条"活思想"：《汪精卫先生庚戌蒙难实录》一书，是他的亲信张次溪所编著，是为汪精卫这个大汉奸树碑立传亦即"捧臭脚"的。而周作人的《序》，乃"捧臭脚"之"捧臭脚"，即"捧臭脚"之最，如前所说，在这篇《序》中，周作人竟大捧汪精卫是什么"志士仁人"，"挺身犯难"，"忍辱负重"、"不惜一身以利众生"、"投身饲饿虎"、"伟大菩萨行"……仅仅这篇《序》就充分表现了周作人顽固的汉奸立场，暴露了他追随汪精卫，甘当日本侵略者奴才的丑恶灵魂，这篇《序》，对于降日之后的周作人，无疑是他的人生信条、人生纲领。对于这样举足轻重的文章，怎能故意漏掉，让它从《全集》中消失呢？而钟先生的这种错误做法，恰恰为某些周作人研究者所认同，这就大大越出了《全集》编辑的范围了。

周作人降日六年间所写类似《〈汪精卫先生庚戌蒙难实录〉序》之类的有错误倾向（即汉奸倾向）的文章，大概（不包括未刊出者）有这样几类：

第一类，可以上举《〈汪精卫庚戌蒙难实录〉序》为代表，那些大讲"中日亲善"、"大东亚共荣圈"，甚至声嘶力竭鼓吹"大东亚圣战"者悉可归入之。

第二类，是《日本管窥》之类的"日本店"的新产品，继续对中国人民施行精神麻醉的，可以《日本之再认识》①、《日本之雏祭》②、《中国文学与日本文学》③、《留学的回忆》④、《怠工之辨》⑤ 等为代表。

第三类，表面上看是谈中国传统思想或古典文学的，实际上钤上了鲜明的印记，不折不扣是为日本侵略者献策或辩护的，如《中国的思想问题》⑥、《树立中心思想》⑦、《文学史的教训》⑧、《"守住中国人的立场"》⑨ 等。

第四类，是为自己的汉奸行径辩护的，大多吞吞吐吐，欲言又止。如《最后的十七日——钱玄同先生纪念》⑩、《医师礼赞》⑪、《关于宽容》⑫ 等。有些则是大言不惭的自我吹嘘，似乎他最了解中国历史、最关心人民命运，似乎他根本不是什么汉奸卖国贼，而是一名品格无比高尚的爱国爱民者。代表作为《药堂语录·后记》⑬、《秉烛后谈·序》⑭、《立春以前·后记》⑮ 等。鉴于这些有错误倾向的文章被某些研究者有意无意地淡化，这里有必要依次作些简要的剖析。

---

① 《中和月刊》第 3 卷第 1 期，1942 年 1 月 1 日，收入《药味集》，北京新民印书馆 1942 年 3 月版。

② 《中国公论》第 4 卷第 6 期，1941 年 3 月 1 日，收入钟叔河编《周作人散文全集》第 8 卷，广西师范大学出版社 2008 年版。

③ 《文史》第 1 期，1944 年 11 月，收入《周作人散文全编》第 8 卷。

④ 《留日同学会季刊》，1943 年 2 月 15 日，收入《药堂杂文》，北京新民印书馆 1944 年 1 月版。

⑤ 1944 年 1 月 15 日作，收入《苦口甘口》，上海太平书局 1944 年 11 月版。

⑥ 《中和月刊》第 4 卷第 1 期，1943 年 1 月 1 日，收入《药堂杂文》。

⑦ 《华北教育时报》第 8 期，1942 年 9 月 1 日，此为周作人在伪华北教育总署举办的第四届中等学校教员暑期讲习班开学典礼上的讲话。

⑧ 《艺文杂志》第 3 卷第 1、2 期，收入《立春以前》，上海太平书局 1945 年 8 月版。

⑨ 原题为《十堂笔记（十）·梦》，刊北京《新民声报》1945 年 1 月 22 日，收入《立春以前》。

⑩ 《实报》1939 年 5 月 26 日，收入《药味集》。

⑪ 作于 1941 年底，收入《立春以前》。

⑫ 《新民声报》1945 年 2 月 12 日，收入《立春以前》。

⑬ 1941 年 3 月 24 日作，天津《庸报》1941 年 5 月，收入《药堂语录》。

⑭ 1944 年 4 月 6 日作，收入《立春以前》。

⑮ 1945 年 2 月 28 日作，收入《立春以前》。

第十四节 周作人附逆期间散文
中的错误倾向(一)

最让人无法容忍、也是周作人最大耻辱的自然是捧汪精卫、捧汤尔和之类大汉奸的卖国论调。周作人大概中毒太深,真以为日本皇军征服东亚、击败英美乃等闲之事,他吹捧汉奸、吹捧皇军,将来乃自己的大功一件,无须避忌遮掩了。鉴于我们已经剖析过周氏捧汪、捧汤等文字,这里就不拟重复了。这里准备剖析的是他的那些"日本店"的新产品。首先是那篇纲领性的《日本之再认识》,文章发表于 1942 年 1 月 1 日,不妨视为周作人讨好日本主子的"元旦献词"。这时,正处于日本侵略中国和东亚的全盛期,有点所向披靡的味道。在中国大陆,日伪军大搞"治安强化运动",实行"三光政策",杀害了千千万万的抗日军民。在此基础上,更富侵略性的东条英机上台就任首相,旋即偷袭珍珠港,全面发动了太平洋战争。在张牙舞爪、气势汹汹的日本皇军面前,所有大小汉奸都兴奋得手舞足蹈,夜不能寐。正是在这种形势下,周作人的《日本之再认识》出笼了。周作人"再认识"了些什么呢?有些内容,如说明治时代是个"伟大的时代"、东京是他的"第二故乡",他爱日本的日常生活——衣食住等,都是重复他以前的文章,说不到"再认识",只能说是"再强调"。真正"再认识"的,应属如下几点:

1. 日本乃中国之"古昔",日本东京保留了太多的中国本土也已经失传了的"古文化",让人顿生"思古之幽情"。

2. 日本之"习俗",如"清洁,有礼,洒脱"等,也让人喜爱。比如日本人对裸体的态度,便很洒脱、文明。

3. 日本所代表的"东亚性","东洋人的悲哀"之所以最强烈,因为它的"宗教性"超乎一切亚洲国家。这种"宗教性",才是日本真正的"本来面目"。要理解日本人的感情,也必须从这种"宗教性"入手。

以上几点"再认识",周作人真是动了脑筋,费了心机,对于促进"中日亲善","大东亚共荣圈"实在太重要了。

先说日本乃中国之"古昔",保留了太多的中国古文化,让中国人产生"思古之幽情"。周作人举例说:

> 听说从前夏穗卿、钱念劬两位先生在东京街上走着路,看见店铺招牌的某文句或某字体,常指点赞叹,谓犹存唐代遗风,非现今中国所有。这种意思在那时大抵是很普通的。我们在日本的感觉,一半是异域,一半是古昔,而这古昔乃是健全地活在异域的,所以不是梦幻似的空假……

如前所说,日本当年曾经派遣过"遣唐使",认真学习、移植过中国的古典文化。20世纪初叶的东京街头保留着一些中国古文化的痕迹恐怕十分自然。但是,这种古文化的保留,影响(也甭说制止)了日本帝国主义对中国的侵略、对中国人民的杀害了吗?日本侵略者记住了中国、中国人民对日本、日本人民的深厚情谊和大德厚恩了吗?在日本血腥屠杀中国人民、非灭亡中国不可的情势下,大讲日本东京的中国古典文化味是什么意思呢?是谴责日本侵略者忘本吗?显然不是,那就只能是对惨遭屠戮的中国人民的麻醉了。你看,日本人这样热爱中国的古典文化,即使在战争中对中国人有这些"非礼",那又算得了什么呢?!不客气地说,这正是周作人的潜台词,也是他"日本店"所有货色的总特点。中国人民正在血肉横飞,尸横遍野,周作人却引导中国人去发什么"思古之幽情",其罪恶用心岂非昭然若揭吗?

再说,周作人大讲日本保留中国古文化甚至不惜夸张地胡说这些中国古文化在中国已经失传,这更是对真相的歪曲了。全日本保留的中国古文化(不算它从中国掠夺的文物、古籍)未必赶得上中国一个省,甚至未必赶得上中国一个穷乡僻壤,一条旧山沟。这些年来的民俗研究和考古发掘已经充分证明了这一点。周作人大讲日本保留中国古文化,除了美化日本,更重要的就是为自己的当汉奸找漂亮理由,也就是为他的"文化救国"找根据。用心实在太险恶了!部分青年学者之所以上当,确乎也不为无因。

对于日本习俗的赞美,所谓"清洁、有礼、洒脱"之类,周作人在20年代早就做过,并非自斯时始。但20年代赞美的同时,还有对日本的侵华野蛮、污秽、丑恶的谴责，而且落脚点正在谴责上。而今，抛掉了谴责，一味地赞美，正表明了对日本侵华的认同。日本侵华的三四十年代，未见其更"清洁，有礼，洒脱"，但中国人民却充分领教了他们的凶残、野蛮、兽性。周作人闭口不谈这些，却大谈其"清洁，有礼，洒落"不是美化侵略、美化日本皇军在华的奸淫掳掠，"三光政策"等野兽行径又是什么呢？妙绝的是周作人为了证明日本人的"洒脱"，竟举了一个他们喜欢"裸体"的例子。联系到日本侵略军在华肆无忌惮地奸污妇女的兽行，周作人是否又在挖空心思地为之辩护呢？为了美化日本皇军，周作人真是无所不用其极了。

关于日本"宗教性"的阐述，确乎是周作人的"再认识"、"新认识"，其迷惑性和良苦用心也显然超过了以上两点。周文说：

> 应当于日本文化中忽略其东洋民族共有之同，而寻求其日本民族所独有之异，特别以中国民族所无或少有者为准。这是什么呢？……我猜想，这或者是宗教吧？……盖中国的民间信仰虽多是低级的而并不热烈或神秘者也。日本便似不然，在他们的崇拜仪式中往往显出神凭（Kamigakayi）或如柳田国男氏所云神人和融的状态……

这种"神凭"或曰"神人和融"的状态，原来是一种忘乎所以的疯狂性。诸如"乡村神社的出巡"仪式中，"神舆"中放的"神体"，并不是"神像"，却是不可思议的代表物，如石头或木头之类。这样的"神舆"，"由十六人以上的壮丁抬着走，而忽轻忽重，忽西忽东，或撞毁人家门墙，或停在中途不动，如有自由意志似的，舆夫便只如蟹的一爪，非意识的动着"。

周作人不惜笔墨说这一大串用意何在呢？卒章显志，原来是在这里：

> 神国，惟神之道等，我们见惯了，觉得似乎寻常，其实他的真意义如日本人所了解者我们终不能懂得，这事我想须是诉诸感情，若论理的解释怕无是处，至少也总是无用。要了解日本，我想须要

去理解日本人的感情，而其方法应当是从宗教信仰入门。

原来如此，周作人说来说去，原来是要我们中国人"去理解日本人的感情，而其方法应当是从宗教信仰入门"。这样说来，日本侵略者在中国的"三光政策"、奸淫烧杀，是否也需要我们中国人去"理解"呢？这是否是一种"宗教狂热"，正像那些出巡的"舆夫"那样，要多多"理解"、多多原谅他们的疯狂呢？杀了千千万万的中国人，还要中国人去"理解"，因为这是他们的"宗教性"使然，他们自己也是"神凭"、"神人和融"，身不由己的。他们已经进入了高度的"宗教状态"，怎可以加以谴责呢？周作人真变成了一位传教士，为了让中国人民逆来顺受，甘当奴才，周作人连这样的歪理曲说也搬出来了！"宗教性"，多么可爱的日本侵略者呀！中国人，祈祷吧，"理解"吧，这是"神"对你们的惩罚，怪不得日本皇军的。周作人为什么此时此刻写这种《日本的再认识》，此无他，为日本的"大东亚圣战"开道是也！

《日本之雏祭》，是为了介绍"日本爱儿童之情意"，即张扬日本民族之"人性美"。《〈中国文学与日本文学〉序》，着眼点在找寻"中日相知以至相合之机"。按照周作人20年代的说法，这种"相知以至相合"，也就是日本把中国吃掉（像吃猪肉一样），存在肚子里而已。《留学的回忆》虽然是旧调重弹，但却很有"新"意，文曰：

> 当时中国知识阶级最深切的感到本国的危机，第一忧虑的是如何救国，可以免于西洋各国的侵略，所以见了日本维新的成功，发见了变法自强的道路，非常兴奋，见了对俄的胜利，又增加了不少勇气，觉得抵御西洋，保全东亚，不是不可能的事。

似乎当时中国知识阶级的"救国"，只是反对"西洋各国的侵略"，甲午海战之类的日本对中国的侵略是不包括在内的。而日俄战争日本的胜利，似乎也变成了中国人的胜利，乃至于勇气大增，更增强了"抵御西洋，保全东亚"的信心。这是"回忆"吗？当年的留日中国学生是这样想的吗？鲁迅在仙台看了日俄战争的幻灯片是这样想的吗？周作人假"留学回忆"之名，行篡改历史之实，把"救国"中的反抗日本侵略的内容阉割净尽，而变成了"抵御西洋，保全东亚"，从而顺利纳入了拥护"大东亚圣战"的轨道。这便是周作人的"心术"和"文术"：一篇普普通通的"留学的回忆"竟可以写成一篇拥护"大东亚圣战"的宣言，把包括鲁迅在内的所有当年的中国留日学生，都卷入拥护"大东亚圣战"的行列了。也难怪，当时的周作人还当着"督办"，怎敢不按着日本法西斯的调子吹呢？

《怠工之辨》是一篇私人通信，谈的还是如何理解日本和增进中日友谊，还是"宗教性"的说叫。文曰："从文学艺术方面下手去理解日本国民精神，这事完全是徒劳，只有宗教一路或有希望……我们要能够懂得日本国民的宗教情绪，才可希望了解他的思想与行为。"文章还说："中日两国民现今迫切的需要一个互相坦白的披露胸襟的机会"，因此，他建议中日各办一大杂志，互相绍介，承担中日相知、互相提携的"大使命"，让中日两国人民都"深切的感到东洋民族的运命是整个的，非互相协和不能寻出生路……"说来说去还是要中国人民多多理解日本，要和日本侵略者"坦白的披露胸襟"，达到"互相协和"、"寻出生路"。明眼人不难看出，在"三光政策"的血腥恐怖之中能达到如此境界的中国人，实在非周作人一类的大汉奸莫办。因为只有他们才甘心当日本侵略者的鹰犬，要为日本"大东亚圣战"的胜利效尽犬马之劳。

周作人当然不是空谈家或幻想家，他的所有这些亲日媚日的言论，都是有他的"督办"任上的卖国实践作注脚的。他虽然只当了两年督办，但两年间发表的训话、训示之类却不下数十篇。有些训话、训示只在电台播出、在报刊报道而没有留下全文，但已经留下的几篇已经足够人们欣赏玩味的了。周作人一再说，他这是"老而为吏"、"逢场作戏"，不代表他的真实思想，也不能收入文集。没有收入他的文集是真的，"不代表他的真实思想"却完全是假话。这些训话、训示完全是他的真情流露，是他的汉奸心态的活写真。这里仅抄录一篇他在伪华北教育总署举办的第四届中等学校教员暑期讲习班上的训话，题为《树立中心思想》①，文曰：

---

① 《华北教育时报》第 8 期，1942 年 9 月 1 日。

如何树立中心思想，以助成东亚解放，以保持中日协和，同时，要怎样以此种思想灌输给青年学生以及一般知识阶级。

所谓中心思想，就是大东亚主义的思想。再进一步去研究，大东亚主义的出发点，还是在儒家的思想之内，即所谓儒家所提倡的"仁"的思想。

这种中心思想是和共产主义水火不相容的。共产主义是讲极端的，甚至于为目的不择手段，所以会有烧杀等等的事实。但中国自古以来，国民的思想是注重中庸，讲究不偏不倚，而政治方面又主于养民，此二者与共产主义有如冰炭之根本不能相合。

这是"逢场作戏"吗？可谓字字真言，都是周作人"中心思想"的真情流露。这些训话、训示之类，虽然难免千篇一律，让人生厌，但却可以见出周作人汉奸立场的坚定，也可以用来印证他的另外有些文章，特别是吹捧汪精卫，讨好日本侵略者的那些文章，某些研究者对这些训话、训示之类讳莫如深，避之唯恐不远，也正是上了周作人之大当。

除了上述明显的汉奸倾向外，周作人降日期间的散文还隐含着两点恶习，也有必要稍加注意，这便是大言不惭的救国救民与十分拙劣的自我辩解。

第十五节　周作人附逆期间散文
中的错误倾向（二）

周作人并非一天到晚吹捧汉奸与日寇，相反，绝大多数文章说的都是堂堂正正的大道理。比如《医师礼赞》① 写道：

政治与医学，二者之间盖有相通之处……或者大政治家须得有医师的精神这才真能伟大吧……政治的原始的准则是仁政，政治家

————————

① 作于 1941 年 12 月，收入《立春以前》。

也须即是仁人……

你能说他讲得不对吗？当然不能。然而，说这话的时候，他正在当大汉奸，正在为日本侵略者的"大东亚圣战"甘效犬马。写完此文两个月后，他积极鼓吹的第四次"治安强化运动"（即"三光政策"）也就血腥上演了。听其言而观其行，周作人真不愧为一名满口仁义、满身血腥的伪君子。

再比如，在《药味集·序》①中，他又写道：

> （鄙人）于汉以后最佩服疾虚妄之王充，其次则明李贽，清俞正燮，于二千年中得三人焉。疾虚妄的对面是爱真实，鄙人窃愿效力于此。

这种自我吹嘘，对于大汉奸周作人而言，应该说是恬不知耻了。你还有什么资格大讲什么"疾虚妄"、"爱真实"？你的汉奸嘴脸，那些古圣先贤，有法看吗？不错，当汉奸以前周作人便一再倡导"疾虚妄"，一再称王充、李贽，俞正燮是中国思想界的三座明灯，这当然是值得称道的。但你一投敌叛变，还有什么资格谈什么"疾虚妄"？还有什么资格拉这些古圣先贤作"虎皮"？当了大汉奸还要大讲"疾虚妄"，岂不令人作呕?!

周作人的自我辩解也是让人气愤的。比如，他的汉奸同事、华北建设总署督办殷同病逝了，周作人献上了这样的挽联：

> 生因多苦辛，恨不再忍死须臾，亲看取和平实现；死亦是常事，且莫道浮生脆薄，幸留得英气长存。

一个死有余辜的大汉奸，有什么"英气长存"？但周作人就是要这样捧他的汉奸同僚，他捧过汪精卫，捧过汤尔和，现在又捧殷同。其实，

---

① 《古今》月刊第 5 期，1942 年 7 月，收入《药味集》。

这都是他的自我吹捧，大言不惭而又恬不知耻，甚至在《蔡文姬的悲愤诗》① 这样的学术文章中，周作人也不忘见缝插针地美化自己。他说：

> 我们读此等诗文，固然第一为作者个人悲哀，但此是民族的悲剧，受其害者不知凡几，有一二人独能发为音词留在纸上，则虽是个人的说话，实乃代表无数人的痛苦，对于此第二点，又不能不表示尊敬，此盖近于献给为公众幸福而横死者之一种尊敬矣。自汉末以至清末，此种事不知反复若干次，思之惘然，留下一点记录，读之徒增叹诧，亦复何益？唯有能惧思者，即是关心国家民族的事的，觉得不能放过，此正如摸背上痛疮，因知苦痛，乃可望治疗耳……

在文中，周作人俨然成了"关心国家民族的事的"人，所谓"能惧思者"，民族的悲剧的承担者了。当时的周作人关心的是中华民族的命运还是日本法西斯的命运？他不早就把自己拴在了日本法西斯的侵略战车上了吗？他所"惧思"的，不正是怕日本侵略者打不赢吗？借蔡琰的悲愤诗大谈"关心国家民族的事"这正是往自己脸上贴金。

周作人自我吹嘘之最，恐怕要数他的《秉烛后谈·序》②，文曰：

> 鄙人执笔为文已阅四十年，文章尚无成就，思想则可云已定。大致由草木虫鱼，窥知人类之事，未敢云嘉孺子而哀妇人，亦尝用心于此，结果但有畏天悯人，虑非世俗之所乐闻，故披中庸之衣，著平淡之裳，时作游行，此亦鄙人之消遣法也……

字面上说"未敢云嘉孺子而哀妇人"，但又说"亦尝用心于此"，结果自然有了"畏天悯人"、"非世俗之所乐闻"的崇高境界。"嘉孺子而哀妇人"，这一直是周作人的自我标榜，似乎他是最关心妇女儿童命运的。周作人降日前，他的这方面论说很得人望。但一降日，马脚露了出来，因为在日寇铁蹄蹂躏下，妇女、儿童受迫害最深，周作人"嘉

---

① 作于 1940 年 8 月，刊《新光》杂志，收入《药堂杂文》。
② 作于 1944 年 4 月 6 日，收入《立春以前》。

孺子而哀妇人"那一套全不中用了。一切美好的言说应该说都抵不过那些"强化治安"、"三光政策"的血腥。周作人的过人之处是他的"两重人格"和大言不惭。"强盗装正经",他完全做得出,一点也不寒碜。直至1944年4月,他还在大讲什么"嘉孺子而哀妇人",你能不佩服他的老脸厚皮吗?!

周作人降日期间,还曾大谈中国古典文化、古典文学,以此表示他是最大的爱国者,是民族文化传统的承继者。他的《中国的思想问题》等文,把中国的传统思想纳入"大东亚共荣圈",甚至为日本法西斯出谋划策,自不必说,另外一些文章,也充满了虚伪命题。

比如,所谓《中国文学上的两种思想》①,这是周作人应汪精卫之约在南京伪中央大学的讲演,周作人说:中国本来有两种绝然不同的思想,那便是"为君主的思想"和"为人民为天下的思想"。这两种思想,也反映在文学上。"为君主的思想"虽然"占大优势","很是蔓延",但是"终于扎不下深的根,凡是真正好的文学作品都不是属于这一路的",中国应该提倡和复兴的"应该是那一切为民为天下的思想"。周作人这两种思想的划分,本是老生常说,并无什么新意。然而,你总不能说它有什么不对。是啊,好的文学作品都是"为人民为天下"的呀!这样的好作品当然应该提倡和复兴呀!可是,你仔细一琢磨,不对了。周作人是在伪中央大学讲演,是汪精卫请来的贵客。那么,他的这一套言说是否变成了对伪政权、对汪精卫的歌功颂德呢?再一联想汪伪政权卖国求荣、为虎作伥的事实,什么"为人民为天下"不全都是骗人的鬼话吗?事实上,周作人口中的"为人民为天下",就是为日伪血腥统治粉饰太平,为皇军的"武运长久"大唱赞歌的。周作人所希望和要求的是天下太平,人民规规矩矩,俯首帖耳做"皇军"指挥刀下的良民、顺民。片冈铁兵之流的法西斯分子不明乎此,他们总要摆出一副征服者的姿态。周作人比他们不知要高明多少倍。在这次讲演之后,周作人在一帮汉奸文人的陪同下,畅游南京和苏州,饱览"太平盛世"的景象,大唱天下太平、民康物阜的赞歌,简直有些陶醉和忘形。比如,讲演次日上午,畅游玄武湖,他就曾赋诗一首:

---

① 北京《艺文杂志》第1卷第1号,1943年7月,收入《药堂杂文》。

一住金陵逾十日，笑谈哺啜破功夫；疲车羸马招摇过，为吃干丝到后湖。

这就是周作人酒足饭饱之后，"为人民为天下"的文学，也就是得意忘形的汉奸文学。他心中哪有一丝一毫的国家的残破和人民的苦难呢？讲演、赋诗之后，周作人功德圆满，向汪精卫辞行返平，汪赠"程仪"（旅费）六千元。腰里装着汪主席馈赠的六千元，"为人民为天下"的周作人心里便更踏实了。

南京讲演三数月后，周作人又写了一篇《汉文学的前途》①，大讲什么"汉文学的传统"就是"为人生的艺术"，就是对人生的"实际主义"。他说："将来新文学之伟大发展，其根基于中国固有的健全的思想者半，其有待于世界的新兴学问之培养者亦半。"又说："中国新文学不能孤立的生长……有自己的特性而又与世界相通流。"对中国新文学稍有常识的人都知道：周作人"五四"时期强调的"人的文学"、"平民的文学"，确乎都是倡导"为人生的艺术"的。然而，到了30年代，他的主张大变，曾大讲"言志"与"载道"，把所有主张"为人生"的文学都骂为"载道派"，以鲁迅为首的"左翼文学"是"新载道派"、以韩愈为代表的唐宋八大家是"老载道派"，都是要不得的"符咒文学"、"歌功颂德文学"。只有以他为代表的一部分非左翼才是"新言志派"，他们继承了历史上"公安派"的言志传统，开辟了中国新文学的源流。而今，在日伪统治下，周作人怎么又回到了"五四"，又大讲起"为人生的艺术"呢？这实在大有苦衷。关键还是把"为人生"与歌功颂德画上了等号。为沦陷区老百姓的"人生"是假，为日伪法西斯统治唱赞歌是真。而他的"为吃干丝到后湖"之类的诗歌和《苏州的回忆》②之类的粉饰太平的散文，也就是"为人生的艺术"的样板之作了。

还必须指出的是，周作人一边讲传统，一边讲"与世界相通流"、"世界的新兴学问之培养"，这里的"世界"，只不过是日本的代名词，

① 《艺文杂志》第1卷第3号，1943年9月，收入《药堂杂文》
② 《艺文杂志》第2卷第5期，1944年5月1日，收入《苦口甘口》。

说穿了还是他的"中日亲善"、"中日提携"。因为他已经多次喊出了"反英美"等口号，怎么与他们"相通流"呢？充其量，"相通流"的也只能是日本加上德国和意大利两个法西斯轴心国了。因为他自己说的很明白："东亚的文化是整个的，东亚的命运也是整个的。……现今最重要的是在事实上证明东亚人民共同的苦辛，在这苦辛同一上建立东亚团结的基本，共向着甘的方面突击去，这才有些希望。"①

在大讲文艺为人生的同时，周作人还曾大讲所谓"心理建设"，他说：

在不久以前曾写小文，说起现代中国心理建设很是切要，这有两个要点，一是伦理之自然化，一是道义之事功化。

所谓"伦理之自然化"，指的是人类的生存道德（伦理）既要高于"禽道"，即为"生物本能的崇高化或美化"，也不能"与自然违反"，人类以"君父之名"干的很多坏事，"如宗教战争，思想文字狱，人身买卖，宰白鸭与卖淫等，也都是生物界所未有的，可以说是落到禽道以下去了"。因此人类"应当根据了生物学人类学与文化史的知识，对于这类事情随时加以检讨，务要使得我们道德的理论与实际都保持水（平）线上的位置，既不可不及，也不可过而反于自然，以致再落到淤泥中去"②。

所谓"道义（有时写为'道谊'）之事功化"乃是对汉代董仲舒"正其谊不谋其利，名其道不计其功"的"纠正"，他提出：

道义必须见诸事功，才有价值，所谓为治不在多言，在实行如何耳，这是儒家的要义，离开功利没有仁义……要以道义为宗旨，去求到功利上的实现，以名誉生命为资材，去博得国家人民的福利，此为知识阶级最高之任务。此外如闭目静坐，高谈理性，或扬眉吐气，空说道德者，固全不足取，即握管著述，思以文字留赠后

① 见《草囤与茅屋》，收入《苦口甘口》。
② 《梦想之一》，作于 1944 年 2 月 5 日，收入《苦口甘口》。

人，作启蒙发聩之用，其用心最佳，抑亦不急之务，与傅君（青主）所谓驴鸣狗吠相去一间耳。①

周作人在这里讲的道理，虽不无偏激之处（如将文字著述比之为"驴鸣狗吠"），但从总体上说，确无什么不对。但他对沦陷区水深火热中的广大人民大讲这一套大道理目的何在呢？老百姓已经当了七八年的亡国奴，受尽了屈辱，不少人被日本法西斯夺去了生命，他们有心思听这种"自然化"、"事功化"的说教吗？周作人喋喋不休地讲这一套，是否不看对象，"对牛弹琴"？如果说周作人仅仅是在进行高深的学术探讨，意在将中国的传统伦理道德发扬光大，也显然不合时宜。对于亿万亡国奴来说，他们缺乏的难道是什么"伦理道德"的完善吗？他们能向日本侵略者要"伦理道德"吗？"伦理的自然化"、"道义之事功化"和他们有什么关系？身为大汉奸的周作人，到这般时候还大唱这种空洞虚浮的伦理道德高调，是否闲得无聊？撑得难受？

说得难听一点，周作人又在为日本法西斯粉饰太平或者曰"献征心策"了。周作人十分自觉自愿地将自己绑在日本法西斯的战车上，他的确为"大东亚圣战"倾注了全力，为日本占领者治国平天下，这是周作人最大的"事功"。他的高明处就在于所有"事功"都被他"儒"化了，即都完全符合儒家伦理道德，而这种伦理道德的最高政治表现就是施"仁政"。他说：

> 这人类的生存的道德之基本在中国即谓之仁，己之外有人，己亦在人中，儒与墨的思想差不多就包含在这里，平易健全，为其最大特色。②

周作人不止一次地引证孟子见梁惠王时的这样一段话：

> 五亩之宅，树之以桑，五十者可以衣帛矣。鸡豚狗彘之畜，无

---

① 《道义之事功化》，作于 1945 年 11 月 7 日，收入《知堂乙酉文编》。
② 《梦想之一》，作于 1944 年 2 月 5 日，收入《苦口甘口》。

失其时，七十者可以食肉矣。百亩之田，勿夺其时，数口之家可以
无饿矣。谨庠序之教，申之以孝悌之义，颁白者不负载于道路矣。
七十者衣帛食肉，黎民不饥不寒，然而不王者未之有也。

这很可以见出周作人的莫大苦心！周作人正是日本卵翼下的"现
代孟子"，他希望日本法西斯能效法当年的梁惠王，对中国老百姓施
"仁政"，让他们安居乐业，不饥不寒，不要以为周作人"痴人说梦"，
他是真心实意希望日本侵略者这样做的。至于日本侵略者不会听从周作
人的忠告（即"苦谏"），"三光政策"不会停止，那就是另一码事了。

需要补充的是，"伦理之自然化"、"道义之事功化"是周作人降日
期间的一个根本思想，其目的正是谋求日本占领者的长治久安。然而，
他的愿望没有（也不可能）实现，1945 年 8 月 15 日日寇无条件投降
了，周作人的一腔苦心白费了。此时，《道义的事功化》一文尚未成
文，明知前景不妙，周作人仍勉力将此文写成了。文成不到一月，他便
因汉奸罪被国民政府逮捕，送到北平炮局胡同监狱关押了。这未尝不是
对周作人"道义事功化"的莫大讽刺。

周作人"道义事功化"的失利，并不等于说他的理论探讨毫无价
值。根据冯友兰先生的"抽象继承法"，刨掉它的为日本侵略者效劳的
错误动机，作为一个思想理论课题，周作人的探讨还是颇有价值（甚
至是"普世价值"）的。任何世代、任何社会都有"伦理自然化"、
"道义事功化"的问题，也就是尊重自然规律和社会法则，对人民施仁
政，让人民不饥不寒，安居乐业的问题。

中国历史源远流长，政治史、思想史、伦理道德史都是十分复杂的
课题。先秦诸子、儒道法释，董仲舒、王仲任、程朱二王（宋明理
学）……这也远非周作人的强项。他也从来不是这些方面的专门学者。
然而，中国文史哲向不分家，他的深厚的家学渊源给了他"指点江山"
的必要条件，从先秦到清末，他几乎什么思想流派都涉及过，也都谈出
过一些堪称独到的见解（如认为王充、李贽、俞理初为中国思想史上
的"三灯"之类）。

他的"伦理自然化"、"道义事功化"的命题，也正有着雄厚的学
理素养作依据。自然，这一命题的含义，恐怕远比周作人的上述理解还

要深刻复杂得多——那就不在我们的论述范围之内了。

第十六节 周作人附逆期间散文中的佳品

如前所说，鉴于周作人降日期间心态的复杂性，卖国当汉奸之外，他也做了诸如营救李大钊子女以及另外一些抗日地下人员等好事，不可一笔抹杀，体现在散文写作上，也有同样的复杂性，周作人不可能每天都叫嚷"中日亲善"、"大东亚共荣圈"，他还有静下来做学问、写札记、怀亲友、抒情、言志、写景、叙事的一面，即周作人作为普通学者、文人、作家的一面。粗略统计：周作人降日期间有错误倾向的文章约占三分之一，而不沾错误倾向或虽沾错误倾向但比重很小的文章，还是占了绝大多数。其中，不乏让人赞美的佳品。

首先是那些有较多真情实感的记人、怀人之作，比如那篇最早悼念蔡元培先生的《记蔡孑民先生的事》。蔡元培先生不仅是北京大学的著名校长，也对周作人进北大教书、成名有举足轻重的知遇之恩。因此，蔡先生不幸病逝，不可能不引起周作人的悲哀和悼念。正如《记蔡孑民先生的事》文末所说："报载蔡先生三月五日以脑溢血卒于九龙，因写此小文以为纪念。"这篇文章并未写出蔡先生的音容笑貌，但却通过一两件事写出了蔡先生的为人和思想，弥足珍贵。比如文曰：

> 民六的夏天，北京闹过公民团，接着是督军团，张勋作他们的首领，率领辫子兵入京，我去访蔡先生，这时已是六月末，我问他行止如何，蔡先生答说，只要不复辟，我是不走的。查旧日记，这是六月十六日事，阅四日而复辟事起。这虽似一件小事，但是我很记得清楚，至今不忘，觉得他这种态度甚可佩服。蔡先生貌很谦和，办学主张古今中外兼容并包，可是其精神却又强毅，认定他所要做的事非至最后不肯放手，其不可及处即在于此。此外尽多有美德，但在我看来最可佩服的总要算是这锲而不舍的态度了。

文章概括蔡先生的思想、事业为"唯理主义"虽未必允当，但认为蔡先生主张思想自由、学术平等、男女平等、大学开放等，却很好彰明了蔡先生先进的办学理念。

《最后的十七日——钱玄同先生纪念》① 是又一篇怀人力作。钱玄同与周作人的关系非比一般，他们既同为留日同乡同学、章（太炎）门弟子，又是"五四"新文化运动的先锋。30 年代则是周作人文化沙龙苦雨斋的中坚分子。二人可以说是无话不谈的老朋友。对于周作人的意欲"出山"（即附逆），他曾极力劝阻。但周的态度暧昧则使他十分揪心。1939 年元旦周作人遇刺，既使钱氏为老朋友的安危担心，他也深恐周作人以此为下台阶真的"出山"了。他的担心果然变成了现实：元月 12 日，周作人不顾朋友们的劝阻，答应伪北大之请，担任了北大图书馆馆长，就任了第一个伪职。既受了周作人元旦被刺的惊吓，又担心周作人抵不住诱惑越陷越深，钱氏心脏病突发，住进法国医院便一病不治了。他的死，和周作人之"出山"实在大有关系，周氏也理当承担不可推卸的责任。《最后的十七日》虽然回避了要害，但他对钱的负疚和悼念还是真诚的。这篇悼文的写法和《记蔡孑民先生的事》正好相反：《记蔡》是高度概括，《十七日》则点点滴滴，就事论事，在一些平淡无奇的交往中写出钱氏的性格特点以及和作者的深厚情谊，文章照样是真挚感人的，文末云：

> 老朋友中间玄同和我见面时候最多，讲话也极不拘束而且多游戏，但他实在是我的畏友。……玄同平常不务苛求，有所忠告必以谅察为本，务为受者利益计，亦不泛泛徒为高论，我最觉得可感，虽或未能悉用而重违其意，恒自警惕，总期勿太使他失望也。今玄同往矣，恐遂无复有能规诫我者……

这段吞吞吐吐的话，可视为周作人对过世老朋友的忏悔，至于为什么"重违其意"，那就一言难尽了。

类似这样的怀人之作，还有诸如《孟心史》、《黄晦闻》、《怀废名》、《记杜逢辰君的事》、《佐藤女士的事》等，篇幅所限，无法一一分析了。

---

① 北平《实报》1939 年 5 月 26 日，收入《药味集》。

"五四"以来，周作人一直从事妇女与儿童问题的研究，并以"嘉孺子而哀妇人"自命。二三十年代他写了大量这方面的文章。这一时期，余脉未断，亦仍时有佳作，《女人骂街》[①] 大概是写得最好的一篇。从体裁上说，此文正是周作人最拿手的读书札记。文章开头便说：

> 阅《犊鼻山房小稿》，只有《东游笔记》二卷，记光绪辛巳壬午间从湖南至江苏浙江游居情况，不详作者姓氏，文章却颇可读。……十一月中有记事云：

> > 戊申，与寺僧负暄楼头，适邻有农人妇曝菜篱落间，遗失数把，疑人窃取之，坐门外鸡栖上骂移时，听其抑扬顿挫，备极行文之妙。初开口为饿鹰叫雪，嘴尖吭长，而言重语狠，直欲一句骂倒。久之意懒神疲，念艺圃辛勤，顾物伤惜，啧啧呶呶，且詈且诉，若惊犬之吠风，忽断忽续。旋有小儿唤娘吃饭，妇推门而起，将入却立，蓦地忿上心来，顿足大骂，声暴如雷，气急如火，如金鼓之末音，促节加厉，欲奋袂而起舞。余骇然回视，截然已止，箸响碗鸣，门掩户闭。僧曰，此妇当堕落。余曰，适读白乐天《琵琶行》与苏东坡《赤壁赋》终篇也。

30 年代曾有青年学者贬周作人为"文抄公"，说他之所谓散文一多半都是抄书，他自己的文章没有几句。周作人也曾辩解：抄哪一段，不抄哪一段，也颇费思量。诚哉斯言！从这里抄的这一段就很见他的眼力了。

然而，再有眼力，还是抄书而非写文，抄得好和写得好毕竟不是一码事。《女人骂街》之所以好，即不仅他抄得好，写得也好。抄书抄到这个份上，亦可谓登峰造极矣。说他写得好，主要是借题发挥得好，议论得入情入理。这一段"女人骂街"，使他看到了女人的"统治才能"即"政治天才"。骂得这样"井井有条，自成节奏"，竟出自一位村妇的"口占急就"，这种才能希腊哲人之徒比不上，中国十年寒窗的士大夫，"若仓卒相骂，便易失措，大抵只能大骂混账王八旦……两相比

---

① 《朔风》第 3 期，1939 年 1 月 10 日，收入《秉烛后谈》。

较，去之天壤"。从这里，周氏又引出了康熙初年陈廷灿《邮余闲记》中谈妇女的几段话、明末赵南星《笑赞》中郡人赵世杰半夜"打差别"①的笑话以至于李卓吾、俞理初为妇女鸣不平的名言。诚可谓旁征博引，妙趣横生，一段女人骂街引出了一大篇好文章，让人实不能不佩服作者的渊博与功力。

　　这一阶段周作人谈妇女儿童的文章甚多，诸如《女人三护》、《读〈列女传〉》、《女人轶事》、《女学一席话》、《女子与读书》、《女人的文章》、《女人的禁忌》等，举不胜举。这些文章，大多为短论，不过写得生动活泼，引人入胜。其中尤佳者为《女人的禁忌》。②顾名思义，文章谈的是女人的禁忌，禁忌，有些是民俗，有些是迷信，文中列举的"暗房"禁忌（即死人屋为"暗房"），吊唁者怕不吉利，只伸头致哀，不身进"暗房"。发展下来，又有了"红暗房"，即生孩子的产房和刚结婚的新房，乡下老太婆们照样不要进去。由这种迷信风俗，文章引出了关于男女的佛教神话（即佛教人生观）的一个生动例证，即《刘香宝卷》。卷云："男女之别，竟差五百劫之分，男为七宝金身，女为五漏之体。嫁了丈夫，一世被他拘管，百般苦乐由他做主。既成夫妇，必有生育之苦，难免血水触犯三光之罪。"结婚、生育在这里都变成了痛苦。这种痛苦，并不管丈夫对自己的态度如何。即使甚爱，也必痛苦。因为：

　　　　生育男女秽天地，血裙秽洗犯河神。生产时，血秽污，河边洗净，水煎茶，供佛神，罪孽非轻。对日光，晒血裙，罪见天神。三个月，血孩儿，秽触神明。

　　周作人概括这种理念为"对于生殖机能之敬畏"，颇见允当。由这种"敬畏"文章又引出了《圣经》中关于女人行经的训条，诸如"妇

――――――――――

　　① 原文为："郡人赵世杰半夜睡醒，语其妻曰，我梦中与他家妇女交会，不知妇女亦有此梦否？其妻曰男子妇人有甚差别。世杰遂将其妻打了一顿。至今留下俗语云：赵世杰夜半起来打差别。"

　　② 上海《天地》（苏青主编）第17期，1945年2月1日。

人怀孕生男孩，她就不洁净七天"，如若怀孕生女孩，"就不洁净两个七天"。因此，生了男孩，"在产血不洁之中要家居三十三天"，生了女孩，则要家居六十六天。在此期间，"不可摸圣物，也不可进入圣所"。她的一切行为、她所接触的一切事物，也都是不洁净了。文章还谈到了古书《燕郊集》以及西书《分娩闲话》等，对于生殖问题作了相当生动的分析和探讨。文章甚得益于周氏对妇女儿童问题的多年不断关注。其民俗学、文化人类学之类的价值似乎更超过了文章的文学价值。

日寇投降前夕，周作人写过一篇《无生老母的信息》[①]，比较难懂，值得一说。这篇文章引用了大量民间邪教（如白莲教等）的资料，用以说明这些邪教的宗教特色，其中的关键内容是关于人生未来成佛成仙的说教。而"无生老母"等，正是诸教中极有吸引力之一种也。按照此教，诸多人生苦难皆可找到消弭之法，只要有"无生老母"的保佑，"善男信女"是不难得到幸福的归宿的。《悟道心宗觉性宝卷》内之《盼望歌》云：

无生老母盼儿孙，传言寄信从费心，遍遍捎书拜上你，不肯回心找原根。

《销释收圆行觉宝卷》云：

无生母，在家乡，想起婴儿泪汪汪。传书寄信还家里，休在苦海只顾贪。归净土，赴灵山，母子相逢坐金莲。无生老母当阳坐，驾定一只大法船。单渡失乡儿和女，赴命归根早还原。

《销释真空扫心宝卷》云：

劝大众，早念佛，修行进步。无生母，龙华会，久等儿孙。叫声儿，叫声女，满眼垂泪。有双亲，叫破口，谁肯应承。

① 上海《杂志》第15期第4期，1945年7月1日，收入《知堂乙酉文编》。

　　总之，只要信无生老母之教，即可得到无生老母的祜持，就有苦尽甘来的一日。

　　周作人诚然历来关注民俗学，民间的宗教信仰是民俗学中的一个重要组成部分。在日寇投降前夕，周作人写出这篇《无生老母的信息》，难道仅仅是一种单纯的民俗学研究吗？有没有什么现实寓意呢？对此，钱理群《周作人传》中有如下的分析：

　　　　当他着意于探讨"无生老母的信息"，即从民间宗教信仰中探讨中国国民心理，却无意中也向世人透露了他自己内心隐蔽的"信息"。周作人不也是在人世的苦海中挣扎，而且同样没有出路？他原本是站在一旁"看戏"的，这场战争风暴却无情地把他推上"台"去，扮演一个历史的"丑角"……力不从心的表演使他经常感到身心的疲累、倦怠，而且时时丧"魂"落"魄"，即常有失根、流落之感。他是何等地渴望着"归根乡还元"，卸去一切外在的重负，还原一个自然的，也是自由的"自我"。呵，"无生母，在家乡，想起婴儿水汪汪。传出寄信还家里，休在苦海只是贪……"①

　　这段话，抓住了周作人"内心隐蔽的信息"，应该说是颇为鞭辟入里的。美中不足的是，周作人并非一只迷途的羔羊，他手上沾满了抗日军民的鲜血。这位历史的"丑角"坚持认为自己"大节无亏"，他从事的是"文化救国"的事业。警察临门抓捕，他都早有思想准备，一点也不恐慌。写作《无生老母的信息》时，日寇尚未投降，但整个二战形势对日本已十分不利，特别这年5月苏联红军攻克了柏林，希特勒已经毙命。尽管日本侵略者肯定严密封锁这些消息，但像周作人这样的大汉奸，未必没有"民间渠道"，他们的内心深处，恐怕像倒了五味瓶。因此，钱著抓取的周作人"内心隐蔽的信息"，就显得太单纯了一点，也太善良了一点。假如说"丧魂落魄"，那主要也是对日寇失败后自己的命运担心，即所谓对吉凶未卜的恐惧与焦虑。《无生老母的信息》之

---

　　① 《周作人传》，十月文艺出版社1990年版，第497页。

所以高明，所以显得费解，关键正在于他将这种恐惧与焦虑包裹得严严实实，表面上他似乎真的在谈邪教，谈民俗，一点也看不出他内心的波谲云诡。实际上，他的恐惧与焦虑早已力透纸背，向读者扑面而来了。"无生老母的信息"，传递的正是这样的周作人内心的信息。

周作人擅写花鸟鱼虫，30年代成为这方面的大家。降日以后，似乎缺少了这方面的闲情逸致，写得不多。但偶有所作，仍然精彩。如《蟋蟀之类》①云：

> 普通蟋蟀，通称蛐蛐，在野者乃是油胡卢，吾乡俗名油唧呤，若灶马又是别一种，《本草纲目》云，俗称灶鸡，吾乡称为灶壁鸡，谚云，臧螂灶壁鸡，一对好夫妻，是也。俗又名灶马为驼背臧螂，二者形体并不相近，惟因其均喜居灶边食残粒，故连及之，而灶马拱背甚高，乃呼为驼背，此则与蟋蟀大不相同者也。

一个蛐蛐，引出"三种小虫"，观察细微，文笔简洁，读来生动有趣，做到了知识性与趣味性的高度结合。《蟋蟀之类》甚短，加上"抄书"，不过千字耳。《蚯蚓》②则长至数千字，洋洋洒洒，成为"续草木虫鱼之一"，可以称之为"蚯蚓大全"了。

花鸟方面，有《杨梅》、《落花生》、《茨与莲》、《关于红姑娘》、《再谈禽言》等，《关于红姑娘》可谓最见功力。所谓"红姑娘"，并不是什么穿红衣服的女孩子，而是"一种野草的果实"，生得很好玩，是儿童所喜爱的东西。据说在《尔雅》中已经说及，但是普通称为酸浆，最初见于《本草》，陶隐居曾说明过它的形状，《本草衍义》里寇宗奭却讲得更详细一点，今引用于下：

> 酸浆，今天下皆有之，苗如天茄子，开小白花，结青壳，熟则深红，壳中子大如樱，亦红色，樱中复有细子，如落苏之子，食之有青草气。

---

① 《实报》1939年10月16日，收入《书房一角》。
② 1944年9月24日作，收入《立春以前》。

　　下面，又引出了明周宪王《救荒本草》、鲍山《野菜博录》、张心泰《宦海浮沉录》、吴其浚《植物名实图考》、富察敦崇《燕京岁时记》以及日本人的《本朝食鉴》、《和汉三才图会》等，全方位、多角度地写出了人们对酸浆（亦即红姑娘）的认识和描绘。旁征博引，汪洋恣肆，让人钦佩莫名。你可以说他抄书、炫耀，但这种博学以及以博学见长的小品文，不也正是对文坛的一种丰富吗?!

　　花鸟虫鱼之外，周作人还写了地方志一类的《禹迹寺》、民俗民风一类的《上坟船》、动物小品之类的《鼠数钱》、生活小品之类的《谈搔痒》、古代文化生活小品之类的《谈稞瓯》以及大量的文化、文艺批评，其中亦甚多佳作。但限于篇幅，只好割爱了。

第五章

周作人与"贰臣"

第十七节　周作人是汉奸,但不是"贰臣"

综上所述,周作不折不扣是一名大汉奸,是一名投靠日本法西斯、出卖中国人民利益的民族败类。周作人降日期间的所作所为,使人们自然联想到中国历朝历代的那些"贰臣"。广义说来,周作人自然有资格进入《贰臣传》。但稍为严格一点,则周作人并非"贰臣"。

"贰臣"者,必须先后在敌对双方称臣。比如汉代的李陵,本是汉将,兵败被俘,投降了匈奴,当了匈奴的官,自然成了"贰臣"。再如宋代的张弘范,明代的洪承畴、吴三桂等,都曾是本朝的大将,但却先后降元、降清,甚至"为王前驱",率领元军、清军长驱直入,消灭了南宋和南明,这当然也是不折不扣的"贰臣"。文人方面,南宋末年的皇裔赵孟頫,明朝末年的大臣、文人钱谦益等,也都是有名的"贰臣"。赵孟頫只不过是赵匡胤的十几代玄孙,是一名才华横溢的画家和诗人,并未在南宋王朝担任什么一官半职。他的仕元,似不应以"贰臣"目之。但由于他的宗族皇族身份,他的仕元就比一般"贰臣"更为惹人注目、更为"贰臣"之极了。

周作人和他们都不一样。在他1939年投降日寇之前,他从未做过中华民国的官,他始终是一名教员、教授、学者和文人,即所谓自由主义知识分子。这样的自由主义知识分子既然不是官,即使他当了日本人的大官,也无法称他是什么"贰臣"。

的确，这一点很重要。周作人一步登天当上大汉奸，做了华北日伪
政权的教育总署督办，这说明日本侵略者对他是多么信任！他的前任汤
尔和是个老亲日派，老政客，比周作人在政界有名得多。汤一死，日本
人马上决定任用周作人，这充分说明了周作人在日本人眼中的地位。我
一直怀疑：周作人 1934 年赴日，回国后，即由抗日成了媚日，大唱
"和平"高调，捧秦桧而贬岳飞，这里似乎有不可告人的秘密。周作人
如此之快地当上教育督办，与此大有关系。有些回忆录大讲国、共地下
人氏如何力挺周作人当督办，且用他抵制缪斌，似乎周作人之当督办乃
他们几位神秘人物幕后操纵的结果，这既是自我吹嘘，也是对历史的歪
曲，是根本无法相信的。①

更重要的是周作人为何如此热衷这个所谓教育督办。其中，关键的
一点是他的"中国必亡论"已经浸入骨髓，在他看来，中国亡定了，
中国必是日本的殖民地无疑了。因此，他当的官越大越好。他后来那么
肉麻地吹捧汪精卫，巴结汪精卫，原因也正在于此。周作人热衷于当大
汉奸，丢了督办就浑身不舒服，说明了他当汉奸的坚定性、自觉性、主
动性，这是对他自由主义知识分子、超然物外的文人、教授、学者桂冠
的彻底否定。知子莫如母，鲁瑞老太太此前一年说老二（作人）"自
私"②，这真是以小见大之言。周作人的自私不仅表现在生活琐事上，
也不仅表现在"二周失和"上，更根本的则是表现在政治上，在关乎
国家民族命运的大是大非上。凡民族罪人皆有极端自私的一面。汪精卫
如此，陈公博如此，周作人亦如此。平时说得天花乱坠，清高得不得
了，但一到自己的荣华富贵便全乱了套，变成了只知升官发财、庸俗得
不能再庸俗了的势利小人。什么清高、文雅便统统不翼而飞了。从
"五四"新文化运动的中坚，到 30 年代标榜自由主义的文人，到抗战
中的民族败类，周作人的表演相当充分。他的滑坡史告诉人们，切莫相
信那些所谓自由主义知识分子的桂冠和伪装；他们如果自私起来，那是
引车卖浆之徒的劳苦大众根本望尘莫及的。这样说，绝无一棍打八家之

---

① 这里主要指许宝騄（介君，俞平伯先生妻弟）先生《周作人出任华北教育督办伪职
的经过》一文，首发《团结报》1986 年 11 月 29 日，造成极大混乱。

② 见俞芳《谈谈周作人》，《鲁迅研究动态》1988 年第 6 期。

意，广大自由主义知识分子（如北大、清华的很多教授）都经受了抗日战争的血与火的考验，千里跋涉，历尽艰险，誓死不当亡国奴，表现了真正的自由主义知识分子的崇高灵魂与节操。这些人在民族危亡面前升华了，高大了，他们把自私心抛弃了，他们把民族利益放到了至高无上的地位。在他们这些周作人原来的同事、朋友面前，周作人不仅一下子变成了可怜的政治侏儒，也变成了自私自利的龌龊小人。

明确周作人是汉奸而非"贰臣"，还可以避免昧于历史的年轻人在"贰臣"一点上为之辩护。如前所说，有的年轻学者即曾经提出：

> 当时的中国社会如此黑暗落后，中国的政府如此腐败残忍，其失道寡助、败象已定，为什么要人们去为它守节？其实这话鲁迅也说过……①

为国民政府去"守节"，这就是不当汉奸。周作人为什么要去干这样的傻事呢？为国民政府"守节"，这就是不当"贰臣"。周作人根本不是国民政府的"贰臣"，人们大可不必就此大做文章了。至于说什么"这话鲁迅也说过"，那只是对鲁迅的莫须有的诬陷了。

第十八节　周作人和李陵

卢沟桥事变后，周作人已经做好了"出山"当汉奸的准备，但在给陶亢德的信中却放出一颗烟幕弹，要大家把他看成苏武而不要当成李陵②。事态的发展证明，别说冰天雪地中茹毛饮血、十八年拒不投降的苏武，就是兵败被俘、投降匈奴的李陵，他也远远不如。

《史记》中的李陵是这样的：他的爷爷是威震匈奴的"飞将军"李广，他成人后也被封为"骑都尉"：

---

① 陈思和：《关于周作人的传记》，《中国现代文学研究丛刊》1991 年第 3 期。董炳月在《周作人的"附逆"与文化观》一文中加以引述、支持。董文刊香港《二十一世纪》双月刊 1992 年 10 月号，总第 13 期。

② 《致陶亢德》，1937 年 9 月 20 日，《宇宙风》第 50 期，1937 年 11 月 1 日。

李陵既壮，选为建章监，监诸骑。善射，爱士卒。天子以为李氏世将，而使将八百骑。尝深入匈奴二千余里，过居延视地形，无所见虏而还。拜为骑都尉，将丹阳楚人五千人，教射酒泉、张掖以屯卫胡。

天汉二年秋，贰师将军李广利将三万骑，击匈奴右贤王于祁连、天山，而使陵将其射士步兵五千人出居延北可千余里，欲以分匈奴兵，毋令专走贰师也。

陵既至期还，而单于以兵八万围击陵军；陵军五千人，兵矢既尽，士死者过半，而所杀匈奴亦万余人；且行且战，连斗八日还，未到居延百余里，匈奴遮狭绝道，陵食乏而救兵不到，虏急击，招降陵，陵曰："无面目报陛下"。遂降匈奴。其兵尽没，余亡散得归汉者四百余人。

单于既得陵，素闻其家声，及战又壮，乃以其女妻陵而贵之；汉闻，族陵母妻子。自是之后，李氏名败而陇西之士居门下者皆用为耻焉。①

李陵的悲剧是一代名将的悲剧。兵败被围，内无粮草，外无援兵，只有两条路，非死即降，李陵选择了后一条。也许只是一念之差，但却永远成了历史的罪人。说来也不能不令人叹惋。难怪太史公笔下留情，说他"悛悛为鄙人，口不能道辞。及死之日，天下知与不知，皆为尽哀。彼其忠实心诚信于士大夫也？谚曰：'桃李不言，下自成蹊。'此言虽小，可以谕大也。"这一"留情"不要紧，得罪了"圣上"。汉武帝一声令下，将司马迁逮捕入狱，施以宫刑，让他蒙受了奇耻大辱。汉武帝这样惩治司马迁，表现了帝王的残忍和蛮横，当然是绝对错误的。然而，平心而论，他替李陵说的好话也的确过了头。李陵再英勇善战，但兵败投降且贵为匈奴"驸马"，这无论如何是违背中国人"宁为玉碎，不为瓦全"的宗旨的，是不可饶恕的，更是封建帝王不能容忍的。京剧《四郎探母》中的杨四郎，也是李陵式人物，但他改名换姓，隐瞒了真实身份，没有投降北国，而是"藏身"北国，这就和李陵有了

———————————

① 《史记·李将军列传》。

本质的区别。杨四郎的藏身是无可指责的，而李陵的投降则是不可饶恕的。

联系到周作人降日，与李陵当然有不同的特点和过程。但如前所说，1928 年以前周作人曾是激烈的反日派、抗日派，这一点和李陵的深入敌后，孤军奋战也不遑多让。后来的降日则与李陵大异——他是在认定中国必亡的理念下主动投降的。即使太史公再世，恐怕也不会为他说什么好话了。

第十九节　周作人和庾信

周作人和庾信可谓毫无关系，然一二"爱周者"却偏偏将庾信拉了出来，我们也只好顺势一说了。

庾、周倒是有一点很相同，即都曾是鼎鼎大名的文人、作家。周作人自不必说，庾信也是南北朝时期的一代翘楚。"文章辞令，盛为邺下所称"（见本传）。正因为他文名远播，在奉梁元帝萧绎之命出使西魏抵达长安不久，西魏攻克了江陵，杀了萧绎，他也被扣留长安了。西魏虽为"五胡"之一的鲜卑族政权，但却也爱惜人才，不仅不杀庾信，反而用高官厚禄加以笼络，庾信被提升为"骠骑大将军开府仪三司"，可以说是当朝一品。

然而，庾信生活得却很不愉快。一句话，他怀念故国江陵，也感念梁元帝的恩遇，他极想返回南国，而不愿当什么"骠骑大将军"。他的《拟咏怀》诗 27 首，形式上模仿阮籍，内容上正是自我身世的感叹。第三首云："倡家遭强娉，质子值仍留。自怜才智尽，空伤年鬓秋。"第四首云："寓卫非所寓，安齐独未安。雪泣悲去鲁，凄然忆相韩。"都抒发了对故国的思念。另外一些文句，如"古狱饶冤气，空亭多枉魂。天道或可问，微兮不忍言"，"楚歌饶恨曲，南风多死声，眼前一杯酒，谁论身后名"等，也都有明显的哀伤和愤懑。他甚至在有些诗句中，明显流露了对西魏（后改北周）统治者的不满，表达了强烈的"回南"情绪。比如："何时得云雨，复见翔寥廓。"（《和张侍中述怀》），"连盟反灭郑，仁义反亡徐；还思建邺水，终忆武昌鱼"（《奉和永丰殿下言志》之八）都很显然。《怨歌行》写远嫁长安的金陵女子

"回头望乡落泪，不知何处天边"，更显然是自喻了。他的代表作《哀江南赋》更是他的自传兼梁代兴亡史，历来为人们所称道。杜甫在《戏为六绝句》中曾写道，"庾信文章老更成，凌云健笔意纵横，"对庾信写于西魏、北周的晚年之作给予了高度评价。

这些简单的介绍告诉人们：第一，庾信是出使被扣，而被强迫做官，自己很不情愿。这和周作人的主动附逆，死心塌地，迥然不同。第二，庾信被扣长安的同时，他的故国梁便被西魏消灭，派遣他出使的梁元帝也被杀了。庾信已经没有了退路，想回也回不去了。周作人则是不离北平一步，甘心为日本人所用，也不可同日而语。第三，庾信虽然也写了一些内容不太健康的诗（如《和赵王看妓》）以及一些应制之作，但政治色彩淡漠，不像周作人那样不遗余力地歌颂日寇和汪精卫，更不像他那样鼓吹"大东亚圣战"、"三光政策"之类。

因此，从广义上说，庾信虽然也算一名"贰臣"，但历朝历代的人们都很体谅他的苦衷，"略迹原情"，根本不把他当"贰臣"看待，周作人是根本无法和他相比的。

第二十节 周作人和赵孟頫、张弘范

赵孟頫（字子昂）是元代文坛、艺坛的一大才人，诗画双绝，尤以画马著称。严格说来，他也不是什么"贰臣"，因为他只出任过元朝，在宋朝并未担任什么一官半职，但由于他的特殊身份——宋太祖赵匡胤的十五代玄孙，他的仕元似乎也比"贰臣"更"贰臣"了。

南宋是一个比北宋更加孱弱的王朝，从高宗赵构开始，一直是偏安江南，向金朝纳款称臣。所有的抗金派，诸如岳飞、韩世忠等，不是处死，便是流放。陆游、辛弃疾等则徒有凌云壮志，却一直沉沦下潦，不得施展。元在灭金之后，直捣南宋，南宋溃不成军，一败涂地，虽出了坚决抗元的民族英雄文天祥等，但大势已去，无法挽救南宋的灭亡。

元灭南宋过程中，杀人如麻，极其残忍。元朝建立后，实施严酷的民族歧视政策。人分四等：蒙古人、色目人、北人、南人。南人地位最低，根本不许在朝为官。对知识分子的压迫也甚于任何一朝："鞑法：一官二吏，三僧四道，五医六工，七猎八民，九儒十丐"（郑思肖《心史》），知识分子简直堕入了社会最底层。当时江南有庞大的知识分子遗民层，南宋皇裔赵孟頫正是其中的一员。遗憾的是，赵孟頫难耐寂寞，他不能像文天祥、郑思肖那样守节自持，拒绝与侵略者合作。在得到元朝的征召后，他急如星火地走马上任，充当了元朝异族统治者的高级奴才。他的春风得意遭到了江南遗民层的广大知识分子（包括他的本族兄弟）的唾弃，也就不难理解了。

张弘范是投降蒙古较早的宋朝将领之后，他深受忽必烈重用，曾率领元军，一直打到广东厓山，力迫大臣陆秀夫怀抱南宋幼主蹈海身亡。然后在厓山上刻字留念"张弘范灭宋于此"。他似乎成了顶天立地的大英雄。难怪后人在"张"之前加刻一"宋"字，使他的刻字变成了"宋张弘范灭宋于此"。活画了他的汉奸嘴脸。

毋庸讳言，北宋末年，南宋末年，乃至明末的统治者都是祸国殃民的败类，汉族人民没有义务为他们赴死、守节。然而，岳飞、文天祥、史可法等之所以可贵，乃因为他们代表了汉族人民的民族正气，表现了捍卫家园、抵抗侵略的壮志雄心。因此，张弘范之类的民族败类便不能不被牢牢地钉在历史的耻辱柱上。赵孟頫自然与张弘范不同，他没有"为王前驱"，甘当鹰犬。他是在元朝大定之后才去应招的。他的问题在有才无德，没有民族气节。

不难看出，周作人不仅与张弘范有异，与赵孟頫也很不相同，不妨说他罪不及张弘范而过大于赵孟頫。赵孟頫在他的任内多少还做了一些好事，不像周作人那样为"大东亚圣战"尽力尽心。当然，周作人也营救了几位抗日地下工作者，可惜和他的汉奸罪行太不成比例了。

第二十一节　周作人和清代"贰臣"

清代"贰臣"甚伙，据《清史列传》第二十八卷《贰臣传甲》和第二十九卷《贰臣传乙》[1] 所载，列入的"贰臣"共有 120 人之多（有个别重复），著名的武人洪承畴、祖大寿以及著名的文人钱谦益等都列入了。这部洋洋大观的《贰臣传》让人们感到：汉奸太多了，清

---

[1]　中华书局 1987 年版。

朝太会招降纳叛，而崇祯皇帝也太会"为渊驱鱼"了。没有如此众多的"贰臣"，清兵能入关吗？明朝能灭亡吗？历史不容假设，但事实上确实存在这个问题。《贰臣传》后还有 25 名以吴三桂为首的《逆臣传》，那也都是先做"贰臣"而后又叛清的。

很难拿周作人和清朝这一百多名"贰臣"开比，他谁都像，而又谁都不是。比如洪承畴、祖大寿等都是明代的抗清名将。如果崇祯不处死袁崇焕，他们未必会兵败，自然也是未必会投降的。这些人虽然降了清，但不能抹杀他们曾经抗清的历史。而这有点像周作人，周作人降日之前不也曾激烈攻击过日本帝国主义的疯狂侵略吗？这一点同样是不可抹杀的。投降之后，洪承畴带领清兵打到两广，为清朝建立了汗马功劳。这一点周作人也不遑多让，只不过主要是在文化、教育等方面效力罢了。洪承畴、祖大寿等自然不能不报怨、诅咒崇祯皇帝，这一点也颇像周作人。周作人对以蒋介石为首的国民政府毫无好感，他一再指责这个政府腐败无能，节节败退，他一再表示自己将固守北京苦雨斋，而不想万里跋涉去追随这个腐败政府。这也就是某些青年学者所说的不愿为国民政府"守节"。问题的复杂性在于：如果人们都像周作人那样，不仅国民政府要亡，整个中国人民也都非变成亡国奴不可。

在文官的"贰臣"中，周作人有点像钱谦益。《贰臣传》中的钱谦益是这样的：

　　　　钱谦益，江南常熟人。明万历三十八年一甲三名进士，授翰林院编修，天启元年，充浙江乡试正考官。……
　　　　本朝顺治二年五月，豫亲王多铎定江南，谦益迎降。寻至京候用。三年正月，命以礼部侍郎管秘书院事，充修《明史》副总裁……

由之可知，钱氏乃江南一大才人，亦南明的重要大臣。而清军一至，他便"迎降"了。所谓"迎降"，即主动送上门去，上表称臣，而没有丝毫的逼迫或被动。这有点像周作人，他留在北京不走，不就是等着日本皇军进城吗？他参加那个什么"更生中国文化建设座谈会"，虽然长袍马褂，文质彬彬，不正是一种"迎降"的姿态吗？钱玄同病逝前，曾明确劝阻他"出山"，但他竟充耳不闻，造成钱氏一病不起，他的"出山"的积极性不是很可以"媲美"钱谦益吗？

大概因为是主动"迎降"的缘故，清朝主子反而不大看得起这位江南才子。乾隆三十四年六月的《上谕》，简直把他骂了个狗血喷头：

> 钱谦益本是一有才无行之人，在前明时身跻贴仕。及本朝定鼎之初，率先投顺，洊陟列卿。大节有亏，实不足齿于人类。

这有点不公平：同为"贰臣"，"迎降"有功，何以变成了"不足齿于人类"呢？按照这一标准，那另外一百多名"贰臣"不统统要不得吗？更要命的是，乾隆皇帝把钱谦益的著作也彻底否定了：

> 今阅其所著《初学集》、《有学集》，荒诞悖谬，其中诋谤本朝之处，不一而足。夫钱谦益果终为明朝守死不变，即以笔墨腾谤，尚在情理之中；而伊既为本朝臣仆，岂得复以从前狂吠之语，列入集中？其意不过欲借此以掩其失节之羞，尤为可鄙可耻！钱谦益业已身死骨朽，姑免追究。但此等书籍，悖理犯义，岂可听其流传？必当早为销毁……

次年，在"御览"了《初学集》之后，乾隆又题了"御诗"一首：

> 平生谈节义，两姓事君王。进退都无据，文章哪有光？真堪覆酒瓮，屡见咏香囊。末路逃禅去，原为孟八郎。

乾隆一声令下，将钱某列入《贰臣传》乙编，以示与甲编中洪承畴等之"差等"，"俾斧钺凛然，合于《春秋》之义焉"。

众所周知，乾隆时的"文字狱"达到了登峰造极的程度。乾隆上述对《初学集》、《有学集》的斥责，"文字狱"的味道便很浓郁。钱谦益有多大胆？归附"本朝"之后还敢"诋谤本朝"？是否"欲加之罪，何患无辞"？

周作人比钱谦益幸运，他未遇乾隆，没见"上谕"，著作未被"销毁"。然而，他也遭到过疯狂法西斯分子片冈铁兵的攻击，并给他扣上了"反动老作家"的大帽子。这说明"贰臣"真不好当，即使没有"上谕"，"小鬼"也很难缠。片冈铁兵正是那些法西斯小鬼的代表。虽然以自己的老谋深算，周作人打了一场胜利的"自我保卫战"，击败了片冈铁兵，保住了自己的《贰臣传》"甲编"的地位。但是，多少也吓出了一身冷汗——他当时大概很自然地想到了钱谦益吧？

第二十二节　周作人与"贰臣"杂论

　　"贰臣"也好，"附逆"也罢，都不是什么理论问题，而只是一种社会实践，或曰"行为艺术"。较为复杂的是，每个"贰臣"的出现，都有他自己独特的原因和背景，需要作出具体的认定和分析，而大量"贰臣"涌现之后，也逼着人们去进行综合的考察与比较。对这种复杂的社会历史现象，已经有人去进行探讨。这里，也准备提供一点粗浅的认识。

一、关于"贰臣"与社会生产力发展

　　人们形容一个朝代将亡有一句习惯用语："气数已尽"。何谓气数？即所谓国运。何谓国运？实际上就是一个国家、一个朝代的综合国力。几乎每个王朝的末年，都一无例外的碰上气数已尽的问题。远的不说，宋朝和明朝就再明显不过。宋徽宗之所以成为亡国之君并被金兵掳走，的确并非偶然。他一天到晚花天酒地，歌舞升平，又重用奸臣，横征暴敛，弄得民不聊生，揭竿而起，出现了宋江、方腊等大规模的农民起义。已经失去人心、风雨飘摇的"大宋"，怎么禁得住金兵的凌厉攻势？它不灭亡谁灭亡？

　　南宋可谓更甚。宋高宗赵构苟安杭州，歌舞升平，甘心割地纳款，当金朝的儿皇帝。岳飞、韩世忠之类的抗金派，早被他处死的处死，流放的流放了。比金兵更为强大的元兵一来，它怎能不土崩瓦解呢？明朝何尝不如此？崇祯皇帝昏庸误国，连袁崇焕这样的抗清英雄他也要"剥皮"处死，他怎能不众叛亲离？李自成怎能不直捣北京？他怎能不吊死煤山？清兵怎能不长驱直入？

既然如此，如何评价那些"贰臣"呢？他们的叛变投敌是否具有了先天的合理性？他们是否变成了推动历史前进的动力？答案只能是否定的。从魏晋南北朝算起，匈奴、鲜卑、羯、氐、羌（即所谓"五胡"）等族当时都是处在奴隶制社会阶段的游牧民族，生产力水平比封建农耕社会的魏晋差得很远，但它们的骑兵甚为骁勇，所向无敌。他们利用西晋的内乱乘虚而入，夺取了天下。但他们又无力统一，只能各据一方，形成所谓"五胡乱华"的混乱局面。这种混乱局面，不仅给原本比较安定富庶的汉族人民造成了极大灾害，也给汉族社会较高的生产力造成严重破坏。凡五胡统治地区，生产力水平较他们统治前皆有所下降。这不是推动历史的前进，而是拖历史前进的后腿，使社会发展倒退或停滞。与此同时，五胡统治者往往肆意掠夺财物和妇女，从而使社会秩序更形混乱，也严重加剧了社会冲突和矛盾。

辽、金、元、清历数百年侵扰，乃至灭亡。南北宋和明朝的历史基本上也应作如是观。金灭北宋，造成了中原地区的赤地千里，民不聊生。元灭南宋，统一中国，也没给中国社会的发展带来任何好处。清灭明，经历了一场血腥的大屠杀。到了所谓"康乾盛世"，又大兴"文字狱"，造成文化事业的大倒退。晚清以慈禧太后为代表的罪恶统治，则将中国拖入了半封建半殖民地的深渊，割地赔款，备受欺凌。历史表明：明代中叶中国的资本主义萌芽正在苗壮成长，清兵入关将这萌芽彻底摧毁了。既然落后游牧民族的入侵大大破坏了中国的生产力，为虎作伥，"为王前驱"的"贰臣"们怎么会具有先天的合理性？怎么会变成推动中国历史前进的动力呢？

那么，周作人的"附逆"呢？日本经过明治维新，成了远较中国先进的资本主义社会。日本的侵华会不会不同于"五胡乱华"，不同于辽、金、元、清对宋、明的侵略呢？这的确曾经是日本侵略者的侵略理论之一，他们拉出"救世主"的姿态，要"救援"中国人民出"地狱"。然而，事实给了这种侵略理论一记响亮的耳光。甲午战争后，日本夺走了中国的领土台湾，情况如何？日本侵略者只知道残酷的统治和疯狂地掠夺，甚至搞什么"皇民化运动"，连中国话也不许台湾老百姓说了。至于什么发展生产力，根本谈不到。日本人也在台湾建了一些军工厂、以生产侵略中国用的枪炮子弹，这叫发展生产力吗？日本侵略者规定，这些工厂只许招收一些干粗活的华工，一律不许招收华人工程师及技术人员。他们的先进科技对华人是绝对保密的。从侵占台湾开始，日本侵华政策的重要一条便是"以华制华，以战养战"。拿中国无偿的人力物力去征服、统治更多的中国土地和人民。因此，日本侵华的掠夺性和野蛮性也就超过了所有帝国主义国家。日本的疯狂侵华不仅杀戮了数千万中国人，也大大破坏、阻挠了中国生产力的发展。其破坏程度较之辽、金、元、清，可谓有过之而无不及。

汪精卫伪政权（包括伪华北政务委员会）之所以应彻底否定，就因为他们助纣为虐，成了日本帝国主义侵略、灭亡中国的帮凶。周作人之所以不可饶恕，也正因为他在汪伪政府中充当了一个重要角色，成了帮凶之帮凶。如果真的像周作人鼓吹的那样"中日亲善"、"大东亚圣战"获胜，中国人民便真的万劫不复了。

二、关于"贰臣"与本朝（国）的昏庸腐败

有一种理论认为，"贰臣"大都是本朝、本国的昏庸腐败造成的，不宜苛责。

不能说这种理论一点道理没有，政府昏庸腐败的确容易出"贰臣"。政治清明，国泰民安，人才得到重用，像贞观之治那样的开明盛世，人们何必跑到落后、偏远的"北国"去当什么"贰臣"？但这只是问题的一个方面，还有不容忽视的另一面。即作为个人必须为国家、民族负责的一面，也就是个人节操的一面。中国儒家历来讲求"达则兼善天下，穷则独善其身"。政治昏庸，社会黑暗，奸臣当道，你又无力改变之，只好退避三舍，独善其身，远离朝政，甚至隐居山野。道家讲求清静无为，不关心政治，但也讲求修身养性，不能干坏事。至于释家，更是出家当和尚，不食人间烟火了。不过有一点儒、道、释三家似乎走到了一起，即皆反对做坏事，反对助纣为虐，更反对投敌叛变，出卖国家民族的利益，一旦出现这样的人物，大家皆以"小人"、"畜生"目之。所谓"贰臣"，在人们心目中正是"小人"、"畜生"之最，是罪不容诛的。

每个民族、每个社会、每个国家都有自己的道德标准和人格理想。

中国古人遵循的自然是儒家的"修身、齐家、治国、平天下",即所谓
"达则兼善天下"。在这一过程中,要时时做到"富贵不能淫、贫贱不
能移、威武不能屈"。即使没有发达而只能"独善其身",这些道德信
条仍然如影随形,指导自己的立身行事。这就是说,即使时运再不济,
你也不能投敌叛变,去当什么"贰臣"。如果面临死亡考验,那也只能
"杀身成仁,舍生取义",比如大诗人苏轼,遭遇北宋那样的昏庸政治,
怀才不遇,多次被贬,应该说最有资格去当"贰臣"。但他当了吗?这
是绝对不会的。投敌叛变当"贰臣",这是正直之士所不齿的。南宋宰
相秦桧并非无才,但他追随宋高宗杀害岳飞,通敌纳款,出卖汉民族利
益,结果是遭到世人永远的唾骂。这种所谓"内奸",正是留在本朝、
本国的"贰臣",尤为恶劣、危险。

那些战败被俘,投降敌人,当了"贰臣"的武将,也照样让人无
法原谅。京剧有一出《洪母骂畴》,反映的正是广大人民对汉奸的仇恨
和鄙视。自古以来中国人一直讲求"宁为玉碎,不为瓦全",作"贰
臣"、"汉奸"而苟活,甚至像张弘范那样以当大汉奸而炫耀,是无法
不被广大人民唾弃的。

如果说"五胡之乱"、辽、金、元、清与汉族政权的争斗后来都变
成了中华民族内部的历史纷争,那么,日本帝国主义的侵华则绝对是外
国人对中华民族的侵犯,是最严格意义上的侵略行为。日本帝国主义的
野心就是将中国变成它的殖民地,永远统治下去。这种狼子野心早已被
广大中国人民所识破,汉、满、蒙、回、藏……各族人民都不愿当亡国
奴,都与侵略者势不两立。然而,他们总算豢养了一部分汉奸、"贰
臣",汪精卫、陈公博、周佛海以至周作人等纷纷出现了,这也正是
这些汉奸卖国贼尤其不容于国人的原因。周作人之所以尤其让人鄙视
与气愤者亦正在此。以蒋介石为代表的国民政府诚然腐败,但它总算
给逼上了抗日的前线,周作人再拿它说事儿,拿它为自己辩护便无法
成立了。

三、关于"贰臣"与封建礼教

在第二章《"周作人文化救国论"透析》中,曾经谈到过气节与礼
教的关系,这里有必要加以重申。

马克思主义认为，在任何一个时代，统治阶级的思想都是占统治地位的思想（《德意志意识形态》）。中国封建社会的"三纲五常"即不能不是当时的统治思想。"君为臣纲，父为子纲，夫为妻纲"之类不能不成为普遍的道德信条。所谓"忠烈"、所谓"节操"往往也不能不带上浓郁的封建色彩。比如爱国与忠君往往纠缠在一起。岳飞抗金，不能说没有忠君色彩。文天祥抗元，也不能说没有忠君色彩。同样的，史可法抗清，也不能说没有忠君色彩。而且，假如不以"忠君"（往往用"勤王"之名）相号召，便往往不能发展、壮大自己的武装力量，以达到抗击外国侵略者的目的。在这里，"忠君"与"爱国"已经难解难分了。指责岳飞、文天祥、史可法等民族英雄有忠君思想，说他们不值得尊敬，这正是中了辽、金、元、清等入侵者的诡计。可以说，只要"忠君"和"爱国"联系在一起，这里的"忠君"便只是一个护符，"爱国"则是实质，也便立于不败之地了。反言之，"忠君"不和"爱国"联结，那便是必须彻底否定的封建礼教了。

具体到抗日战争来说，即使那些壮烈牺牲的国军抗日将领，也不能说他们仅仅忠于蒋介石个人，而应该看成民族英雄，看成中华民族的优秀代表。汪精卫、周作人之流的汉奸卖国贼也就无法以"不为蒋介石守节"为自己开脱了。

"富贵不能淫，贫贱不能移，威武不能屈"的高风亮节，更不能以什么封建礼教目之。所有"贰臣"和汉奸，都是贪生怕死、羡慕荣华富贵之徒，即使战败投降，也是不可原谅的。为了民族大义而死，便死得重于泰山，贪生怕死，投降苟活，便是轻于鸿毛的行尸走肉。包括周作人在内的所有汉奸、"贰臣"便都是出卖民族、毫无气节的胆小鬼，他们被钉在历史的耻辱柱上，是毫不足怪的。

还有一种理论，说什么"贰臣"不"贰臣"，乃是不同的价值选择，不应该厚此薄彼。这是公然为卖国投敌开脱，根本无法成立。价值选择有一个前提，即不能违背国家民族的根本利益，广义而言，任何犯罪也都是一种价值选择（比如偷、抢、诈骗、强奸等）。但它们触犯了刑律，便无法被允许了。"贰臣"，汉奸也是一种犯罪，即通敌罪、危害本国罪。这种价值选择怎能被认可呢？

四、关于"贰臣"与"大汉族主义"

有人说："要跳出大汉族主义的理论误区和情感错觉"，"破除封建法统的夷夏观念"，要"承认个人多元的价值选择"，要顺应"中国近古以来多民族共同主政且以少数民族称帝为主要形式的社会特征"①。这就是赤裸裸地为"贰臣"开脱了。

"大汉族主义"当然要"跳出"，因为它不尊重少数民族的利益和人格，对他们施以残酷的民族压迫。然而，汉民族和少数民族间的战争，是非曲直比较复杂，不能一股脑儿归之于"大汉族主义"。比如西汉和匈奴的多年战争，多因匈奴统治者侵扰西汉边疆而引起，西汉打的是"卫国战争"，不好说是什么"大汉族主义"。相反，汉元帝还打发昭君和番，是很注意和匈奴息兵友好的。同样地，唐太宗派出文成公主入藏，也是以"和"为贵的。当然，在战争中互有杀伐，亦多有防卫过当之处。具体到"五胡"之乱和辽、金、元、清之侵宋、侵明而言，根本连"大汉族主义"的影子也没有了。五代后晋石敬瑭将燕云十六州割让给契丹，自己甘当儿皇帝，这是"大汉族主义"吗？北宋屡弱，一再向辽割地纳款，这是"大汉族主义"吗？金一举灭了北宋，掳走了宋徽宗、宋钦宗两个皇帝，南宋高宗也一再向他们纳款、输诚、求和、甘为儿皇帝，这是"大汉族主义"吗？至于元灭南宋、清灭明并先后统一中国，建立了少数民族称帝的中央政权，这就更与"大汉族主义"风马牛不相及了。所以，拿批判"大汉族主义"为"贰臣"辩护，实在是适得其反。"贰臣"忘记民族仇恨，甘心卖身投靠异族，其品格低下在此，而不是什么"大汉族主义"将他们抹了黑。

再说，所谓"贰臣"者，也并非汉族给那些投降派的恶谥，而是异民族统治者颁给他们的"荣誉称号"。《清史列传》将洪承畴等人列入《贰臣传甲》只是表示他们乃汉族降将、降臣。以与满族大将、大臣相区别，并无贬义。将钱谦益等归入《贰臣传乙》以与《贰臣传甲》相区别，这才有了贬义。但没有把钱谦益等收入吴三桂等的《逆臣传》，说明还是区别对待的。无论如何，异族统治者将降将、降臣列入《贰臣传》这是

① 赵维江：《赵孟頫与管道升》，中华书局 2004 年版，第 228—229 页。

他们的自由。即使有所褒贬，也无法由"大汉族主义"负责了。

因此，为张扬"贰臣"而大骂"大汉族主义"，只能说是看错了对象。"贰臣"既然非"大汉族主义"所封，亦非"大汉族主义"所贬，他们的是非功过只能由他们投靠的异族主子去评价了。自然，汉族广大人民对他们也有自己的看法，这就很难说是什么"大汉族主义的理论误区和情感错觉"了。

所谓"破除封建法统的夷夏观念"，不就是"破除大汉族主义"的同义语吗？所谓"承认个人多元的价值选择"，不就是承认当"贰臣"、做汉奸的自由吗？所谓要照应"以少数民族称帝为主要形式的社会特征"，不就是要广大汉族人民在残酷的异族统治面前三呼万岁、俯首称臣吗？从理论上说，这都是统统无法成立的。元亡于明，清亡于民国，这就是最好的历史回答。即使异族统治上百年甚至数百年，只要它实施民族压迫，祸国殃民，早晚要被推翻。因此，那些拒不投降，坚决抵抗的民族英雄（如岳飞、文天祥、史可法等）是可歌可泣的，他们代表了民族正气，他们不愧为个人节操的典范。那些归隐山林，甚至逃至海外的"遗民"也是高尚可敬的，他们虽无力抗争，但不"为五斗米折腰"去侍候异族统治者，品格同样是伟大的。在他们面前，赵孟頫、张弘范、洪承畴、祖大寿、钱谦益、汪精卫、周作人等就只能愧死了。

但是，赵孟頫也当了很长时间的"遗民"，是后来由人向世祖忽必烈推荐，他才不得不出山了。这就多少有点情有可原了。他对自己的仕元，也知道有违传统的道德节操，晚年曾赋诗一首云：

> 齿豁童头六十三，一生事事总堪惭。唯余笔砚情犹在，留于人间作笑谈。

这也就很难得了。至于他仕元前后在诗画艺术上的造诣，更不容否定了。

同理，清朝统治稳固后，很多遗民放弃山林，接受征召，年轻士子应科举考试，出将入相，这就与张弘范、洪承畴、钱谦益辈大不相同了。

下　卷

文豪硕儒周作人

第六章

周作人论中国古代文化

第二十三节　周作人论儒家文化

从"五四"至抗日战争前（1919—1936 年），周作人主要是一位文学革命家、社会批评家和散文小品作家，对中国的古代文化涉及不多。1927 年初，他曾写过一篇短文《读孟子》[①]，是针对直隶省（即今河北）规定"尊孔读经"的感想，谈到了孟子的"民本主义"思想，也引证了孟子关于"民本主义"的几句名言，以作为对孙传芳等北洋军阀的"劝诫"。

大约八年之后，周作人又听到了南方甚高的尊孔读经之声，于是又写了篇《〈论语〉小记》[②]，谈了一些新的感想。他说自己从小读《论语》，已经有了四十年。如今重读一遍，印象是"平淡无奇"四字，而且"切实"、"空虚"各半。"切实的""多是做人处世的道理，不说鬼神，不说灵魂，不言性与天道"，"不能作天经地义的教条，更没有什么政治哲学的精义，可以治国平天下"，以此观之，也就有点儿"空虚"了。这些具体感情，皆可以慧心独具目之。

抛开这些零星感悟不算，周作人从学理上谈论儒家的文章，大概应

---

① 收入《谈虎集》。
② 《水星》第一卷第 4 期，1935 年 1 月 10 日，收入《苦茶随笔》。

数 1936 年 12 月的《谈儒家——明珠抄（十二）》一文①。文章写道：

> 中国儒教徒把佛老并称曰二氏，排斥为异端，这是很可笑的。
> 据我看来，道儒法三家原只是一气化三清，是一个人的可能的三样
> 态度，略有消极积极之分，却不是绝对对立的门户……

具体说来，关心国事的一般人，态度往往是儒家的。"略为消极一
点，觉得国事无可为，人生多忧患，便退一步愿以不才得终天年，入于
道家，如《论语》所记的隐逸是也。又或积极起来，挺身出来办
事……一定非严格的法治不可，那就入于法家了。"因此，在周作人看
来，儒道法三家本是一起的，不必"妄分门户"。"儒教徒"之所以要
"妄分门户"，无非是要"统制思想，定于一尊"。至于佛教，那是正儿
八经的"宗教"，和所谓的"儒教"是不同的。凡宗教则一定有一个理
想的天国，很像社会主义的理想的社会（不过一在天上，一在地下）。
为了理想，宗教信徒和社会主义的信徒可以"勇猛精进"大可佩服，
所谓的"儒教徒"是根本做不到的。

周作人这样地贬低"儒教徒"，不能不说太过分了。不管叫儒家还
是儒教，不管是叫"儒徒"还是"儒教徒"，儒教（家）中都不缺乏
那种"勇猛精进"大可佩服的人物。如前所说，"达则兼善天下"者，
可以像范仲淹形容的那样"先天下之忧而忧，后天下之乐而乐"，为自
己的政治理想"勇猛精进"，鞠躬尽瘁。为了政治理想，可以抛头颅，
洒热血，甚至英勇献身。特别在异族入侵时，可以做到壮烈牺牲。即使
那些"独善其身"者，他们那种"出于污泥而不染"的高洁，也让人
无比崇敬。

从点滴感想走向学理探讨，这已经是周作人附逆之后的事情了。既
然中国必败，日本必胜，就有必要找到一种可以征服中国人心的思想。
让大家衷心悦服，以便长治久安。日本方面宣扬的"中日亲善"、"大
东亚共荣圈"之类，当然是总的纲领，但要征服中国人心，还要让它
们高度"中国化"。这时，周作人想到了儒家，特别是儒家的仁政思

---

① 《世界日报》1936 年 12 月 4 日，收入《秉烛谈》。

想，1940 年初，周作人写了一篇《汉文学的传统》，① 表面上是谈文学，实际上是谈中国古已有之的"中心思想"，亦即儒家思想。文曰：

> 汉文学里所有的中国思想是一种常识的，实际的，姑称之曰人生主义，这实即古来的儒家思想。

而这种被周作人称为"人生主义"的儒家思想，实即人们常说的"人本主义"思想，或曰"仁政"思想。周氏引了《孟子》卷四《离娄下》的这样一段话：

> 禹稷当平世，三过其门而不入，孔子贤之。颜子当乱世，居于陋巷，一箪食，一瓢饮，人不堪其忧，颜子不改其乐，孔子贤之。孟子曰，"禹稷颜回同道。禹思天下有溺者，由己溺之也；稷思天下有饥者，由己饥之也，是以如是其急也。禹稷颜子易地则皆然"。

这种刻苦奉公、全心全意拯救人民于水火的精神，正是儒家所倡导的"仁政"的指导思想，禹、稷、颜回正是光辉的"仁政"典范（颜回正是禹稷的后继者）。

正是在《汉文学的传统》的基础上，两年之后，周作人写出了那篇引起了轩然大波的《中国的思想问题》②，对"仁政"思想作了更透辟的阐述。他指出：儒家的"仁政"思想就是中国固有的"中心思想"，也就是"以孔孟为代表，禹稷为模范的那儒家思想"。他不仅再次引用了《离娄下》的那段话，并且增引了《孟子·梁惠王上》的这样一段话：

> 五亩之宅，树之以桑，五十者可以衣帛矣。鸡豚狗彘之畜，无失其时，七十者可以食肉矣。百亩之田，勿夺其时，数口之家，可

---

① 《中国文艺》第 2 卷第 3 期，1940 年 3 月 27 日，收入《药堂杂文》。
② 《中和月刊》第 1 卷第 4 期，1942 年 11 月 18 日，收入《药堂杂文》。

以无饥矣。谨庠序之教，申之以孝悌之义，颁白者不负戴于道路矣。七十者衣帛食肉，黎民不饥不寒，然而不王者，未之有也。

这段话描绘了"仁政"乐园的美好图景，周作人希望将它融入"大东亚共荣圈"中，以求得日本在华的长治久安。周作人的这种"良苦用心"，不可能为日本法西斯所接纳，因为他们要用"三光政策"、"亡国灭种"来征服中国，怎么可能让中国人安居乐业呢？周作人向日本主子献这种"征心策"，表明了他的迂腐的书生气，也表明他对日本帝国主义还是太过"亲善"了。按照片冈铁兵之流的逻辑，日本侵略者完全可以将周作人"法办"。但周作人毕竟是不可多得的大汉奸，日本侵略者不能不给周作人面子、放他一马。

然而，平心而论，周作人关于"仁政"思想的论述，抛开他为日本侵略者献策的历史背景，就文论文，是符合儒家的思想实际的，是可以"抽象继承"的。

为了充分论证"仁政"思想的正确性，周氏旁征博引，除了上举的《孟子》，还引了清代学者阮元的《论语论仁论》和焦循《易余龠录》卷十二中的一段，依次为：

> 盖士庶人之仁见于宗族乡党，天子诸侯卿大夫之仁见于国家臣民，同一相人偶之道，是必人与人相偶而仁乃见也。（阮）

> 先君子尝曰：人生不过饮食男女，非饮食无以生，非男女无以生生。唯我欲生，人亦欲生，我欲生生，人亦欲生生，孟之好货好色之说尽之矣。不必屏去我之所生，我之所生生，但不可忘人之所生，人之所生生。（焦）

阮文论述了"仁"的不同范畴，焦文则从饮食男女论证了"仁"的普适性，具有强烈的人权主义色彩。多年之后，在《知堂回想录》[①]中，周作人光顾了炫耀自己被片冈铁兵攻击为"反动老作家"的"光

---

① 香港三育图书文具公司 1974 年版。此处引文见第 587 页。

荣"，对他笔下的"仁政"思想却轻轻带过了：

> 那篇文章（按指《中国的思想问题》）是我照例的鼓吹原始儒
> 家思想的东西，但写的时候却别有一种动机，便是想阻止那时伪新
> 民会的树立中心思想，配合大东亚新秩序的叫嚣……

当时周作人正在教育督办任上，干得正欢，也兼任了伪新民会的副
会长。他的文章正是为了"配合大东亚新秩序的叫嚣"，怎么变成了
"阻止"呢？周氏也太会拿历史开玩笑了。

《中国的思想问题》之后，周作人写了又一篇重要的说儒家的文
章，这便是那篇众说纷纭的《道义之事功化》。① 这是一篇翻案文章，
针对的是汉代大儒董仲舒的这样两句话："正其谊不谋其利，名其道
不计其功。"他说："中国须有两大改革，一是伦理之自然化，二是
道义之事功化。"又说："道义必须见诸事功，才有价值……离开功
利没有仁义。"知识阶级"要以道义为宗旨，去求到功利上的实现，
以名誉生命为资材，去博得国家人民的福利，此为知识阶级最高之任
务"。

此文开篇于日寇投降前夕，而完成于日寇投降数月之后。作者写这
篇文章的目的何在？难道仅仅是为了驳斥一千年前的董仲舒吗？即使驳
了董仲舒，又有什么现实针对性呢？如前所说，在1935年顷鼓吹"和
比战难"、"秦桧比岳飞好"时，周氏给岳飞、文天祥、史可法安的罪
名便是"失败的英雄"，只有一腔热血而毫无事功便是"失败的英雄"。
事到1945年日寇投降前后，似乎也很难说仍是对岳飞等民族英雄的清
算了。眼下我手头有对此文的如下三种解释，一是止庵的《关于〈知
堂乙酉文编〉》，文曰：

> 《知堂乙酉文编》中一九四五年之作，与《过去的工作》风格
> 相当，"古怪题目"如《无生老母的消息》，正经文章如《道义之

---

① 写成于1945年11月7日，收入《知堂乙酉文编》。

事功化》，都颇具分量。①

颇具什么"分量"？语焉不详矣。后来，在止庵的《周作人传》②中，引了周作人《道义之事功化》中的这样一段话："现在须得有一种真正的思想革命，从中国本身出发，清算封建思想，同时与世界趋势相应，建起民主思想来的那么一种运动。上边所说道义之事功化本是小问题，但根底还是在那里，必须把中国思想重新估价，首先勾销君臣主奴的伦理观念，改立民主的国家人民的关系，再将礼教名分等旧意义加以修正，这才可以通行。"

然后说："这些话与提出道义之事功化本身，均自我辩解之意；然而，必须把中国思想重新估价，的确是自《祖先崇拜》、《思想革命》起头的反抗礼教思想的核心所在。"

钱理群在他的《周作人传》③ 中着重分析了周作人撰写《道义之事功化》等文时的"活思想"，颇有"诛心之论"。他说：

> 尽管周作人自身民族意识已经淡化，但作为中国知识分子，周作人却又不能不承受中国源深流长的爱国主义、民族主义传统的强大心理压力。按照这一传统，周作人与敌人合作的历史只能是屈辱的、不光荣的罪恶的堆砌，周作人在心灵深处越是拒绝这一历史评价，越是不能摆脱它所造成的阴影，越是需要用另一种评价，来与之抗衡，以取得心理的某种补偿或平衡，这"另一种评价"在当时的历史条件下，只能由自己来做，但直接的自我辩解又是周作人所不愿为的。就在这样复杂、微妙连周作人自己也未必明确意识到的心理背景下，他终于求助于"伦理的自然化"与"道义的事功化"这类传统的道德观念，评价标准，以此来解释、说明、评价自己的一切作为，周作人于是塑造出了一个新的"自我"形象。④

① 收入《知堂乙酉文编》。
② 山东画报出版社 2009 年版。
③ 十月文艺出版社 1990 年版。
④ 钱理群：《周作人传》，十月文艺出版社 1990 年版，第 482—483 页。

　　说简单一点，也就是用"伦理之自然化"、"道义之事功化"等对儒家人生信条的重新理解，来为自己的依附日本侵略者辩护。

　　在《周作人年谱》①中，张菊香、张铁荣的看法与钱氏是十分相近的，他们说"这也可视为他对自己沦陷期间出任伪职的理论上的辩解"。

　　辩解、煞费苦心而又不无拙劣的辩解，大概与周作人的写作意图相去不会太远。在给中共领导人的信中，他曾反复申说自己出任伪职是要为教育、文化出点力，违背民族、国家则是不曾想的。他当的明明是日伪华北政务委员会的教育督办，推行的是日本侵略者所批准的奴化教育，准备培养的也正是日本侵略者所需要的奴才。这本身便背叛了中华民族的最大利益，还有什么"道义"、什么"事功"可言呢？怎么还可以堂而皇之地写成什么《道义之事功化》呢？正因为周作人的"事功"不符合中华民族的"道义"，因此他才被监押、审讯，判了十年有期徒刑。如果不念他确有保护李大钊子女及几位地下抗日人员的功劳，中华人民共和国政府怎么会不再追究他的刑事责任，而把他养起来，每月给他200元（后改400元）人民币，让他翻译希腊和日本文学呢？让人不无吃惊的是，中共领导人士要他写的《悔过书》，他始终未能完卷，因此，他至死都是中华人民共和国的一名"黑户"，至死都没有选举权和被选举权。这在中华人民共和国开国史上，未尝不可称得一桩奇闻。

　　《道义之事功化》一文，周作人自称为《梦想之二》，《梦想之一》则写于1944年2月②，

　　文曰：

　　　　现代中国心理建设有两个要点，一是伦理之自然化，一是道义之事功化。……人类生存的道德之基本在中国即谓之仁，己之外有人，己亦在人中……我们没有力量来改正道德，可是不可没有正当的认识与判断……现在的中国人特别是青年最要紧的也是第一救出自己来，得救的人多起来了，随后就有救别人的可能。

---

① 天津人民出版社 2000 年版。

② ①《求是月刊》第 1 卷第 1 号，1942 年 3 月 1 日，收入《苦口甘口》。

较之《梦想之二》，这个《梦想之一》更加虚无缥缈，不着边际。什么"救出自己"再"救别人"都是什么含义？是当汉奸还是不当汉奸？抗日还是不抗日？毕竟是"梦想"，真有点儿痴人说梦的味道。

第二十四节　周作人论离经叛道

周作人论儒、论仁、论道义、论事功都十分牵强，因为他本身并非儒者，更非仁者，他笔下的道义、事功都有自己的难言之隐。从"五四"以来，他的社会形象始终是一个"反儒者"，即离经叛道者。他的降日，也正好违背了一贯的儒家人生信条，他附逆前写的那些鼓吹离经叛道的文字，倒是更有价值，更加值得重视。这里我们不能不首先想到那篇《关于俞理初》①。此文从自己切身阅读俞理初的《癸巳类稿》《癸巳存稿》的感觉写起，旁及王立中编的《俞理初（正燮）年谱》、齐学裘著《见闻随笔》卷二十四中之《俞理初》、戴醇士著《习苦斋笔记》中之《俞正燮》、李慈铭《越缦堂日记》中的有关条目以及蔡元培《中国伦理学史》中的有关论述，大致梳理了有清一代学人对俞理初的分析评价，特别突出的是俞氏反对封建礼教，"好为妇人出脱"的特点。俞氏之《节妇说》、《贞女说》、《妒非女人恶德论》等离经叛道之论皆有涉及。周作人在引证之后曰："李纯客这里所说的话我觉得很中肯……至于好为妇人出脱，越缦老人虽然说得有点开玩笑的样子，在我以为正是他的一特色，没有别人及得的地方。"周氏又特别肯定了蔡元培先生对俞理初"认识人权"，力主"男女平等"的高见。认为俞氏生当嘉庆、道光间"而能直言如此，不得不说是智勇之士"。正因为俞理初勇敢地反对封建礼教，结果是遭到礼教正统派的多次打击，屡试不第，有些主考官根本不看他的考卷，便把他除名了。

除了《关于俞理初》一文，周作人还写有《俞理初说荠书》、《俞理初的诙谐》等文，进一步阐发俞理初的精神风貌和性格特征。而由俞理初上溯，周作人又找到了两位离经叛道的人物，这便是东汉《论衡》的著者王充（仲任）和明代《焚书》的著者李贽（卓吾）。他说：

---

① 《宇宙风》第33期，1937年1月16日，收入《秉烛谈》。

中国的思想本来有为民与为君两派，一直并存着，为民的思想可以孟子所说的话为代表……"民为贵，社稷次之，君为轻"。为君的思想可以三纲为代表……"君为臣纲，父为子纲，夫为妻纲"……经过秦皇汉帝的威福，思想的恶化是不可免的事……不但建立了神圣的君权，也把父与夫提出来与君相并，于是臣民与子女与妻都落在奴隶的地位，不只是事实上如此，尤其是道德思想上确定了根基，二千年也翻不过身来……必须把中国思想重新估价，首先勾消君臣主奴的伦理观念，改立民主的国家人民的关系……中国这派革命思想势力不旺盛，但来源也颇远，孟子不必说了，王充在东汉虚妄迷信盛行的时代，以怀疑的精神作《论衡》，虽然对于伦理道德不曾说及，而那种偶像破坏的精神与力量却是极大，给思想界开了一个透气的孔，这可以算是第一个思想革命家。中间隔了千余年，到明末出了一位李贽通称李卓吾，写了一部《藏书》，以平等自由的眼光，评论古来史上的人物，对于君臣夫妇两纲加以小打击，如说武则天卓文君冯道都很不错，可说是近代很难得的明透见解，可是他被御史参奏惑乱人心，严拿治罪，死在监狱内，王仲任也被后世守正之士斥不孝……第三个是清代的俞正燮，他有好些文章都是替女人说话，幸而没有遇到什么灾难。上下千八百年，总算出了三位大人物，我们中国亦足以自豪了。①

周作人不止一次地将王仲任、李卓吾、俞正燮三人称之为中国思想史上的"三灯"②，给以高度评价。这一评价，也正可视之为周作人离经叛道思想的集中概括。

综观周作人的离经叛道思想，可以大致概括为这样几个方面：一是主张思想自由，反对"定于一尊"，反对那些压制不同意见的"道学家"、"道德家"、假道学、伪道学。他特别推崇王充《论衡》中的《问孔》对联：

---

① 写成于 1945 年 11 月 7 日，收入《知堂乙酉文编》。
② 《俞理永论莠书》，《风雨谈》第 3 期，收入《药堂杂文》。

苟有不晓解之问，造难孔子，何伤于义？

诚有传圣业之志，伐孔子之说，何逆于礼？

"五四"时期他极力反对尊孔读经，亦基于此。在《杂文的路》①
一文中，他有过十分透彻的阐发：

> 中国过去思想上的毛病是定于一尊，一尊以外的固是倒霉，而
> 这定为正宗的思想也自就萎缩，失去其固有的生命，成为泥塑木雕
> 的偶像。现在的挽救方法便在于对症下药，解除定于一尊的办
> 法……
>
> 中国向来被称为异端，为正宗的人士所排斥者，有两类思想，
> 一是杨墨，一是二氏（按指老庄）。古时候有孟韩二公竭力嚷嚷过
> ……其实异端之是否那么要不得，谁也说不清……焦理堂在《论
> 语通释》中说得好："各有所当，何可以一端概之。……人道经纬
> 万端，规矩无所不贯。"

反对"定于一尊"和强调儒家的"中心思想"未始没有牴牾，首
肯孟子的"民本思想"，又斥责他的排斥异端，似乎也有矛盾。然而，
一部思想史本来就是错综复杂的。何况周氏本人只是点到为止，而并未
深入进去呢？他能倡导离经叛道，反对"定于一尊"这就已经难能可
贵了。

周作人主张离经叛道的第二方面表现在"疾虚妄"，倡导"人情物
理"，对于传统儒学中那些不符合自然规律的愚昧旧说，加以戳穿，纳
入"伦理之自然化"。三是为妇女儿童呼吁，反对"夫为妻纲"之类的
封建道德，主张男女平等。特别在性道德方面，怒斥男尊女卑的"七
出"、"守寡"甚至"守望门寡"等吃人道德。他甚至写了《娼女礼
赞》一文，猛攻封建的戕害妇女的旧道德。在谈到明末散文时，周作
人曾说：

---

① 《杂文的路》，《读书》第 1 卷第 1 期，1945 年 12 月，收入《立春之前》。

明末这些散文，我们这里称之曰近代散文，虽然已是三百年前，其思想精神却是新的。这就是李卓吾的一点非圣无法气之留遗，说得简单一点，不承认权威，疾虚妄，重情理，这也就是现代精神。现代新文学如无此精神也是不能生长的。①

这也正是对中国古代离经叛道的思想的概括。

第二十五节　周作人论"思想文字狱"

离经叛道，在封建社会不是说着玩的，它是要付出惨重代价的。首先面临的自然是那些封建卫道者的反对和诬陷。比如对李贽，礼部给事中张问达便在给万历皇帝的奏折中给他安上了这样的罪名：

> 李贽壮岁为官，晚年削发。近又刻《藏书》、《焚书》、《卓吾大德》等书，流行海内，惑乱人心。以吕不韦李园为智谋，以李斯为才力，以冯道为吏隐，以卓文君为善择佳偶，以司马光论桑弘羊欺武帝为可笑，以秦始皇为千古一帝，以孔子之是非为不足据。狂诞悖戾未易枚举，刺谬不经，不可不毁。尤可恨者，寄居麻城，肆行不苟，与无良辈游庵院，挟妓女，白昼同浴。勾引士人妻女入庵讲法，至有携衾枕而宿庵观者，一境如狂。又作《观音问》一书，所谓观音者皆士人妻女也。后生小子喜其猖狂放肆，相率煽惑，至于明劫人财，强搂人妇，同于禽兽而不之恤。……望敕礼部檄行通州地方官将李贽解发原籍治罪，仍檄行两畿各省，将贽刊行诸书并搜简其家未刻者尽行烧毁，毋令贻乱后日，世道幸甚。②

这道奏折，可以说半是捏造（如"游庵院"、"挟妓女"之类）半是诬陷（即那些所谓思想罪），根本无法成立。然而，这道陷李贽于不

---

① 《关于近代散文》，作于1945年7月27日，收入《知堂乙酉文编》。
② 《谈文字狱》，《宇宙风》第41期，1937年5月16日，收入《秉烛后谈》。

义的奏疏，在没有任何调查核实的情况下，皇帝老儿马上便颁下了这样的"御批"：

> 李贽敢倡乱道，惑世诬民，便令厂卫五城严拿治罪。其书籍已刻未刻者令所在官司尽搜烧毁，不许存留。如有徒党曲庇私藏，该科及有司访参奏来并治罪。

一声令下，李卓吾便被逮捕法办，押至北京。不到一月，李卓吾便自刎狱中以示抗议了。

李案确乎为再典型不过的"思想文字狱"案。所谓那些思想罪，也完全都是正常的思想、观点。何罪之有？但竟可被诬为"惑乱人心"，而皇上老儿大笔一挥，也就"严拿治罪"了。已经七十六岁高龄的李卓吾便只好以死抗议了。李卓吾案在中国的"思想文字狱"模式中起了极其重要的承上启下的作用，也开了有清一代大搞"思想文字狱"统治的先河。因此，周作人对李卓吾"思想文字狱"案的分析，也就有了极为精辟的经典意义。《谈文字狱》和鲁迅的《病后杂谈之余》、《买〈小学大全〉记》① 等文交相辉映，给中国的近现代学术思想史以浓墨重彩。

周作人文的另一亮点是不仅写出了"思想文字狱"的残酷、愚昧，也写出当世或后世学者对它的完全不同的态度，对于李卓吾的冤案，当时便有人提出异议，最早的质疑者为马敬所，他在《李温陵外纪》、《答张又玄书》等文中皆态度鲜明地为李卓吾辩诬。他说：

> 先生视死生平等，视死之顺信平等，视一死之后人之疑生平等。且不刎于初系病苦之日而刎于病苏之后，不刎于事变初发圣怒难测之日，而刎于群喙尽歇事体渐平之后，此真不可思议。其偈有云：志士不忘在沟壑，勇士不忘丧其元。先生故用此见成头巾语，障却天下万世人眼睛，具佛眼者可令此老瞒过耶？②

---

① 皆收入《且介亭杂文》，《鲁迅全集》第 6 卷，人民文学出版社 1981 年版。

② 马敬所：《答张又玄书》。

　　马敬所的意思很明显，李卓吾无罪，因此以死来抗争。在他之后，为李继续鸣不平者则有焦弱侯、袁小修、陶石墨，钱牧斋等，可谓代不乏人。直到周作人为文时，更出现了容肇祖的《李卓吾评传》，朱维之的《李卓吾论》以及日本学者铃木虎雄的《李卓吾年谱》等。

　　但是，一些维护正统的学者，也往往习而不察，人云亦云地说李卓吾的坏话。周作人点出了著名学者顾炎武，并摘出了他在《日知录》卷十八"李贽"条的评述：

　　　　愚按自古以来小人之无忌惮而敢于叛圣人者莫甚于李贽，然虽奉严旨而其书之行于人间自若也。

　　一斥李贽为"小人"之最，二恨其书烧之未尽，充分表现了赞成"思想文字狱"的错误立场。难怪周作人对之评论曰：

　　　　奇哉亭林先生乃赞成思想文字狱，以烧书为唯一的卫道手段乎，只可惜还是在流行，此事盖须至乾隆大禁毁明季遗书而亭林之愿望始满足耳。不佞于顾君的学问岂敢菲薄，不过说他没有什么思想，而且那种正统派的态度是要不得的东西，只能为圣王效驱除之用而已。不佞非不喜《日知录》者，而读之每每作恶中辍，即有因此种恶浊空气混杂其中故也。[①]

　　为了给李卓吾彻底辩诬，《谈文字狱》引出了李卓吾《答耿中丞书》、《童心说》以及《答以女人学道为短见书》等篇中的数段精辟论述，与张问达的诬告相对照，了了分明。下面是《答以女人学道为短见书》（《焚书》卷二）中的一段：

　　　　故谓人有男女则可，谓见有男女岂可乎，谓见有长短则可，谓男子之见尽长，女人之见尽短，又岂可乎？设使女人其身而男子其

────────────

①　《妇人之笑》作于 1939 年 12 月，收入《秉烛谈》。

见，乐闻正论而知俗语之不足听，乐学出世而知浮世之不足恋，则恐当世男子视之皆当羞愧流汗不敢出声矣。此盖孔圣人所以周流天下，欲庶几一遇而不可得者，今反视之为短见之人，不亦冤乎，冤不冤与此人何与，但恐旁观者丑耳。

李卓吾这种立论之明达，至今亦不失其时代意义，真是何罪之有耶？透过李氏本文，更可见"思想文字狱"的残忍、荒谬了。

周作人将"思想文字狱"追溯到孔子杀少正卯，认为这"是以思想杀人"的较早的一例，而杨恽之狱则是"以文字杀人"的例。二者影响甚大，成了古代文字狱的代表，"同样的冤枉，同样的暴虐"。对于这种"以文字杀人的文字狱"，周氏进行了这样的概括：

> 盖普通以文字杀人的文字狱，其罪名大都是诽谤，虽然犯上作乱，大逆不道，加上好些好听的名称，却总盖不过事实，这只是暴君因被骂或疑心如此而发怒耳，明眼人终自知道，若以思想杀人的文字狱则罪在离经叛道，非圣无法，一般人觉得都被反对在内，皆欲得而甘心，是不但暴君欲杀，暴民亦附议者也。为犯匹夫之怒而被杀，后世犹有怜之者，为大众所杀则终了矣。

"以思想杀人的文字狱"比"以文字杀人的文字狱"更可怕，因为它让被陷害、屈杀者得罪礼教，得罪大众，成为众矢之的，以致永世不得翻身。在所有思想文字狱中，周作人又从政治与宗教两个方面加以区分，后者甚至威力更大，"西洋的巫蛊与神圣裁判"之类往往比暴君的草菅人命影响更大。

周氏认为康熙年代的那些"大逆不道"案，皆为"文字狱"案而非"思想狱"案，因为统治太久，谁也不敢"菲薄圣人"了。而三百年前明万历三十年（1602 年）的李卓吾案，才是一桩典型的"思想狱"案。

在《笑赞》[①] 一文中，周作人再次对文字狱进行了揭发。他说：

---

① 作于 1945 年 1 月 20 日，收入《立春以前》。

> 以文字罪人，最是中国史上污点之一，刘𬀩之诬六一，舒亶之
> 劾东坡，世所共弃，岂可阳奉阴违，斤斤以此裁量人。

对于日本的文字狱与西方的文字狱，周作人也留下了精辟的文字。比如他认为欧洲的思想文字狱多为"宗教狱"，且多与巫术合为一体。① 而日本的文字狱则简直比中国的文字狱更可怕、更残酷了。

第二十六节　周作人论"载道"与"言志"

早在 1917 年、1918 年，周作人便在北大开出了欧洲文学史课程，为西洋文学的介绍和北大课程的建设作出了贡献。以周氏的家学渊源和深厚功力，他也完全有条件开出中国文学史课程。但是，这却始终不是周作人的兴趣所在。在他漫长的一生中，不是没写过诸如《汉文学的传统》、《六朝散文》、《谈谈诗经》、《韩退之与桐城派》之类的涉及中国文学史的文章，他的《中国新文学的源流》也可以视为新旧文学的断代传承史。然而，这些文章在他的整个文集中毕竟微乎其微。如前所说，他关心的儒家思想、离经叛道、思想文字狱种种问题，在涉及文学史的领域内，他感兴趣的也是"载道"与"言志"等牵涉文艺思想的问题。周作人毕竟是一名文艺理论家而非文学史家。

用"载道"与"言志"二者的对峙与融合，看待整个中国文学史，这大概是周作人的发明创造。问题的提出，乃在辅仁大学所作的《中国新文学的源流》② 的讲演。讲演有云：

> 文学最先是混在宗教之内的，后来因为性质不同分化了出来。
> 分出之后，在文学的领域内马上又有了两种不同的潮流：
> （甲）诗言志——言志派

---

① 参见《秉烛谈·赋得猫——猫与巫术》等文。

② 原为 1932 年春在辅仁大学的讲演，经学生邓恭三（广铭）记录整理，周作人审定后 1932 年 9 月由北京人文书局出版。

（乙）文以载道——载道派……

有些人以为单是言志未免太无聊，于是便主张以文学为工具，再借这工具将另外的更重要的东西——"道"，表现出来。

这两种潮流的起伏，便造成了中国的文学史。

这种"两分法"，问题甚多。所谓"诗言志"，说的是《诗经》——中国古代第一部诗歌总集的艺术特色，即所谓"情动于中而形于言，言之不足，故嗟叹之；嗟叹之不足，故咏歌之；咏歌之不足，不知手之舞之，足之蹈之也"。（《诗大序》）。那么"文以载道"呢？它指何而言？与《诗经》同时出现的"文"是《春秋》、《左传》、《国语》等。这些"文"，都"载道"吗？它们和《诗》的"言志"构成了截然不同的流派吗？显然不能这样说，《春秋》等皆史传，并非单纯意义上的文学，也不可能和"言志"对着干，来"载道"。实际上，文"载道"一词的出现也和"诗言志"不是一个年代，韩愈、柳宗元等是提倡"文以载道"的，但他们的"载道"并非排斥"言志"。他们的文章更几乎篇篇言志。到北宋，"文以载道"正式在理学家周敦颐笔下出现。① 较之"诗言志"，晚了千余年。因此，用这样两个时间悬殊的提法来划分文学史上的流派，就很不相称、很不科学了。

其次，"诗言志"和"文以载道"也不是一个范畴，"诗言志"谈的是诗歌创作，指诗歌要表达诗人的情感，不要无病呻吟。而"文以载道"则是指文章要表达一定的道理。道理和情感可以是相关的、统一的，也可以是毫无关系的。"文以载道"，不构成"诗言志"的对立面。

说穿了，用"诗言志"和"文以载道"来划分文学流派，只能是为我所用地概括某种文学现象。周作人当时所以心血来潮地拉出"文以载道"来和"诗言志"相提并论，正出于他自己的感慨和需要。当时，左翼文坛在上海兴起，鲁迅成了"左联"盟主，而"普罗文学"（即无产阶级革命文学）成了最时髦的文学口号。对此，周作人十分反感，他与得意门生废名、俞平伯、江绍原等构成了一个"京派"圈子，

① 《周濂溪集·卷六·通书·文辞》。韩愈婿李汉有"文者贯道之气义"一语（见《昌黎先生集》庶几近之)"。

不断地对"左翼"文学、对鲁迅发起攻击和嘲讽。周氏称"左翼文学"为"祭器文学",亦即歌功颂德的载道文学。而他们自己所写的小品文等则为"言志"文学,他们也就是"言志派"。《中国新文学的源流》所以开宗名义揭橥了"言志派"和"载道派",把它上升为中国文学发展的"规律",正是为了肯定自己的文学史地位,而否定"左翼"文学的历史地位。

毋庸赘言,"左翼"文学确乎有不少"左倾幼稚病",无产阶级革命文学(或曰大众文学)的口号,也确乎远离了中国的社会现实,照搬了苏联的口号。就此而言,周作人等"京派"文人乃至"新月派",对它的指责与批评,都具有一定的合理性,并不可一笔抹杀。然而,自封为"言志派",把"左翼"贬之为"载道派",却绝对无法成立。

鲁迅说得好:"无产阶级文学是无产阶级解放斗争的一翼","中国的无产阶级革命文学在今天和明天之交发生,在诬蔑和压迫之中滋长,终于在最黑暗里,用我们的同志的鲜血写出了第一篇文章。……无产阶级革命文学却仍然滋长,因为这是属于革命的广大劳苦群众的,大众存在一日,壮大一日,无产阶级革命文学也就滋长一日。"① 这种"革命的劳苦大众的文学",有着最广泛的群众基础,试问"革命的劳苦大众",千千万万的劳苦大众,能砍尽杀绝吗?而这种劳苦大众的歌唱、劳苦大众的颂歌能窒息湮灭吗?事实证明,鲁迅的预言十多年后便得到了兑现,中国无产阶级劳苦大众成了国家的主人,血写的无产阶级革命文学的第一章,发展成了新中国文艺的主流。而在它的萌芽之日,周作人和它的三五弟子竟骂它为"祭器文学"、为"大摆设",是什么"文以载道"的反对"诗言志"的文学逆流,真不知这些清高的"言志派"言的是什么"志"?真不知他们错到哪里去了。"左翼文学"既然是第一步,当然是幼稚的,不成熟的,自然也是可以批评的。然而,把它贬之为"载道派",一棍子打死,这却绝对不能成立。这里,我们不由得想起鲁迅为"左联"五烈士之一白莽(殷夫)的遗诗《孩儿塔》所写的序言:

---

① 语见《对于左翼作家联盟的意见》和《中国无产阶级革命文学和前驱的血》,均收入《二心集》,《鲁迅全集》第 4 卷,人民文学出版社 1981 年版。

这《孩儿塔》的出世并非要和现在一般的诗人争一日之长，是有别一种意义在。这是东方的微光，是林中的响箭，是冬末的萌芽，是进军的第一步，是对于前驱者的爱的大纛，也是对于摧残者的憎的丰碑，一切所谓圆熟简练，静穆幽远之作，都无须来作比方，因为这诗属于别一世界。①

这是一种什么样的气魄和境界？与之相比，周作人的"载道派"的指责岂不太滑稽、太可笑了吗？

有必要补充一点的是，周作人的"志"范围太狭小，似乎只有他在"苦雨斋"中侍候花鸟虫鱼，抄古书，写小品，才叫"言志"，无产阶级的战斗讴歌都不叫"言志"，这难道不是对"言志"的垄断吗？孔老夫子还主张各言其志，为什么到了周作人笔下，"志"就成了自己或少数人的专利品，人民大众反而无"志"可言了呢？周作人这种贵族老爷式的态度也和鲁迅与人民大众融为一体的态度形成了鲜明对照。

抛开对"左翼文学"的误解不谈，就文学史而言，周作人的"言志派"与"载道派"的划分如何呢？严格说来，也是无法成立的，因为文学史上很难找到纯"言志"、不"载道"的"言志派"，也很难找到纯"载道"，不"言志"的"载道派"，"言志"和"载道"往往是难解难分的。在绝大多数情况下，"志"就是"道"，"道"也就是"志"，即使有些标榜不"载道"只"言志"的"言志派"，他们的"志"中之"道"也十分明显。"道"，实际即作品的思想内容。毫无思想内容的作品岂不变成了无病呻吟？无病呻吟能称之为"言志派"？"言志派"能答应吗？即使像李商隐的那些扑朔迷离的朦胧诗，不是也可以找到诗人的情感和意绪吗？不是也不能说是什么无病呻吟吗？因此，用"言志派"和"载道派"来概括文学发展史也只能说是此路不通。就在《中国新文学的源流》的讲演半年之后，在给俞平伯的散文集《杂拌儿之二》写的《序》中，周作人说："以此为志，言志固佳，

---

① 《白莽作〈孩儿塔〉序》，收入《且介亭杂文末编》，《鲁迅全集》第6卷。

以此为道，载道亦复何碍。"① "志"、"道"合二为一，"言志"与"载道"高度融汇了。数年之后，周作人又作出了新的修正：

> 载自己的道亦是言志，言他人之志即是载道。②

说得愈来愈合情理，但"言志"和"载道"的界限也几乎被取消了。

只有在一种意义上，周作人的"言志派"与"载道派"的划分是有意义的，那便是"道"特指封建礼教，"三纲五常"，所谓"载道派"亦即封建正统派或曰封建复古派。反对封建礼教的"言志派"当然和这种"载道派"势不两立了。周作人找了一位封建正统派的代表人物，这便是"文起八代之衰而道济天下之溺"的唐宋八大家之首的韩愈，在《谈韩文》、《说韩退之与桐城派》等数十篇文章中，周作人对韩愈大施挞伐。其中有些观点，很值得重视。下面是他对韩愈的总体评价：

> 我对于韩退之整个的觉得不喜欢，器识文章都无可取，他可以算是古今读书人的模型，而中国的事情有许多却就坏在这班读书人手里。他们只会做文章，谈道德，虚骄顽固，而又鄙陋势利，虽然不能成大奸雄闹大乱子，而营营扰扰最是害事。讲到韩文我压根儿不能懂得他的好处。……至多是那送董邵南或李愿序还可一读，却总是看旧戏似的印象。不但论品概退之不及陶公，便是文章也何尝有一篇可以与《孟嘉传》相比。……但见其装腔作势，搔首弄姿而已，正是策士之文也。③

可以说否定得相当彻底，一是否定他无"器识"，"谈道统"，即所

---

①　收入《杂拌儿之二》，开明书店 1933 年版。

②　《汉文学的前途》，收入《药堂杂文》。

③　《谈韩退之与桐城派》，又题为《厂甸之二》，《人间世》第 21 期，1935 年 2 月 5 日，收入《苦茶随笔》。

谓封建卫道者；二是否定他无"品概"，甚至"虚骄顽固，而又鄙陋势利"；三是否定他的文章，"但见其装腔作势，搔首弄姿而已"。

类似这样的话，在他涉韩的那几十篇文章中在在多有。比如"言行不一致的一派，可以说起于韩愈……至今遂成为载道派的正宗了"①。又如："究之此文（指《送孟东野序》）微涉纤巧附会，本非上乘文字……韩退之留赠后人有两种恶劣影响，一是道，一是文……（其道）为后世在朝以及在野的法西斯所喜欢……有害于思想的自由发展"②。再如："（《原道》）盖效孟子之嚬，而不知孟子之本为东施之嚬，并不美观也。孟子的文章我已经觉得有点太鲜甜……韩退之则尤其做作，摇头顿足的作态。完全是滥八股腔调，读之欲呕……中国散文则自韩退之被定为道与文之正统以后，也就渐以堕落……"③

对于中国文学史稍有常识的人都不难看出，周作人对韩愈的上述评价，片面、荒谬到了什么程度！韩愈不是圣人，当然有他的缺点与错误。他的"道"，确乎有封建正统的一面，有排斥佛老的一面。然而，他所处的是一个过分推崇佛老的时代，皇帝带头推崇佛老的时代。因此，韩愈的谏迎"佛骨"，便成了一大罪状，一下子由京城被贬到了瘴疠之乡广东潮阳，即所谓"一封朝奏九重天，夕贬潮阳路八千"是也。因此，韩愈的推崇儒家正统，便有了积极的时代意义，不可以一笔抹杀，更谈不上什么为"法西斯所喜欢"。韩愈在文章中多次揭露权贵，做不平之鸣。皇帝和权贵都很不喜欢他，他多次被贬，沉沦下潦，"法西斯"者流怎么会喜欢他？

韩愈的"文起八代之衰"，针对的是骈文的铺天盖地，那是一种华而不实、空洞无物的不良文风，主张要回复古文的朴实、扎实、厚实。这更是一个正确的文学主张和文学运动，对中国散文的发展产生了十分积极的作用，唐宋八大家在中国散文史上的地位还值得怀疑吗？"文起八代之衰"之后的散文不是更健康、更宏丽了吗？周作人先生不喜韩文，这不能勉强。任何人都可以有自己的艺术趣味和艺术好尚。正像周

---

① 《文章的放荡》，写于 1935 年 9 月 5 日，收入《苦竹杂记》。
② 《谈韩文》，《世界日报》1936 年 12 月 2 日，收入《秉烛谈》。
③ 《文学史的教训》，写于 1945 年 1 月 12 日，收入《立春以前》。

氏兄弟讨厌京剧那样，周作人当然可以不喜欢韩愈的文章。但是，"欲加之罪，何患无辞"便不好了。什么"装腔作势，搔首弄姿"，什么"八股腔调，读之欲呕"，这都是从何说起？

周作人的大肆否定韩愈，实在为中国文学史所不容，幸亏他没有写成《中国文学史》之类的著作，否则，真不知又要制造多少无知和谎言了。遍观很多《中国文学史》，韩愈之被人喜爱和肯定，大概有这样一些理由：

（1）韩愈、柳宗元的"古文运动"，实际上是一场文学革新运动，它反对骈文的装腔作势和空疏文风，大力提倡先秦西汉散文质朴流畅的优良传统，功勋卓著，而韩愈正是这一文学运动杰出的组织者和领导者。

（2）韩愈不仅是"古文运动"的优秀组织领导者，也是"古文"写作的优秀实践者，他的数百篇"古文"，熔叙事、说理、抒情于一炉，创立了言之有物、不平则鸣的新文风。他被公认为唐代最为杰出的散文家之一。他的许多名篇（诸如《张中丞传后叙》、《柳子厚墓志铭》、《祭十二郎文》、《祭鳄鱼文》、《送董邵南序》、《送孟东野序》、《送李愿入盘谷序》、《说马篇》、《获麟解》、《进学解》、《师说》、《原道》、《原毁》，等等）都早已成为朗朗上口的不朽名篇。

（3）文章内容丰富，体裁众多，摇曳多姿，生动活泼，极富创造精神。韩文不愧为宏伟壮观的汪洋大海。

（4）韩愈文章鲜明生动，准确精练，句法灵活，词汇丰富，是古代一位卓越的语言大师。他创造的许多精辟语句，早已千年流传，成了中国语言的瑰宝。诸如"俯首帖耳"、"摇尾乞怜"、"熟视无睹"、"贪多务得"、"细大不捐"、"同工异曲"、"刮垢磨光"、"垂头丧气"、"蝇营狗苟"、"面目可憎"、"举手投足之劳"，等等，至今还含香带露，生活在现代汉语的世界中。

（5）直言敢谏，品德高洁，一再被贬，但却一再为民请命，"冒犯权贵和圣颜"。特别他的宽民徭役疏和谏迎佛骨表，更表现了峥峥硬骨。

总而言之，在这些卓越贡献和高风亮节面前，他的那点封建正统思想，又算得了什么呢？要求韩愈这样封建社会的士大夫没有正统思想，是否太苛求古人、太不宽厚呢？①

在致一位香港朋友的信中，晚年周作人曾借《青年必读书》的答卷，批评鲁迅唱"高调"、"立异鸣高，故意的与别人拗一调"②。而他对韩愈的批评与谩骂，更是"高调"中的"高调"，荒谬绝伦的"拗调"了。

之所以如此，并非周作人缺乏知人之明，更不能说他没有读懂韩愈的著作。一个根本原因还在他要树所谓"言志派"要打倒所谓"载道派"，而韩愈正好撞到了他的枪口上。与其说周作人故意与韩愈过不去，不如说他要与"桐城派"过不去，他要树他的"新文学的源流"——公安竟陵派。醉翁之意不在酒，而在山水之间也。

---

① 请参见刘大杰《中国文学发展史》（中华书局上海编辑所 1936 年版）和韦凤娟、陶文鹏、石昌渝合著《新编中国文学史》（人民教育出版社 1989 年版）。

② 《致鲍耀明》，1966 年 2 月 19 日，收入《周作人、鲍耀明通信集》，河南大学出版社 2004 年版。

第七章

周作人论中国新文学的源流

第二十七节　关于"辅仁五讲"

在《中国新文学的源流·小引》中，周作人这样说：

> 本年三四月间沈兼士先生来叫我到辅仁大学去讲演。说话本来非我所长，况且又是学术讲演的性质，更使我觉得为难，但是沈先生是我十多年的老朋友，实在也不好推辞，所以硬起头皮去讲了几次，所讲的题目从头就没有定好，仿佛只是什么关于新文学的什么之类，既未编讲义，也没有写出纲领来，只信口开河地说下去就完了。①

这是周作人的谦虚，哪里是什么"信口开河"，完全经过了深思熟虑。整个讲演共分五次：第一次讲"关于文学之诸问题"，是对文学常识的一次系统介绍，以便为下面的讲演作地儿；第二次讲"中国文学的变迁"，追溯中国文学史，描画"言志派"、"载道派"发展变化的轨迹，突出介绍公安、竟陵派；第三次讲"清代文学的反动（上）——八股文"；第四次讲"清代文学的反动（下）——桐城派古文"，由之

---

① 收入《苦雨斋序跋文》时改称《序》。

说明"五四"新文学所以破土而出的原因；第五次正面讲"文学革命运动"本身的兴起和经过。可以说衔接紧凑，布置周密，若非胸有成竹是根本讲不来的。这五讲，充分说明了周作人对中国文学史的深厚造诣。而作为"五四"新文学运动的参加者，他对新文学的发生、发展、成就和体会便多有别人所不及的诸多体会。应该说，"辅仁五讲"是周作人的一次"闪亮登场"，是他的一次"学术辉煌"，也是他大谈文学史的空前绝后的一次。

"五讲"确乎无讲稿，但也确乎有很详细的提纲。正因为如此，学生邓恭三（广铭）君的笔记稿他稍为过目，未加改动便正式出版了。邓先生后来成了著名的历史学家，看来年轻时对文学也是颇有兴趣的。否则《稼轩年谱》、《稼轩词》一类的专著也不会轻易写出来。

第二十八节　一部自具特点的中国新文学史论

作为"五四"文学健将，周作人最有资格以过来人的身份谈论"五四"文学的源流和特点。最早谈论"五四"文学的是胡适，他的《最近五十年中国之文学》（以下简称《五十年》）① 之最后一节，正是谈论"五四"新文学的。《五十年》之后，赵景深的《中国文学小史》②、陈子展的《最近三十年中国文学史》等相继出版，在《五十年》的基础上有所增益。这些著作的相继出版，不可能不引起周作人的关注。从 1929 年起，朱自清（佩弦）在清华大学开设了"中国新文学研究"课程，周作人自然也不会不知道。这些著作和课程，构成了"辅仁五讲"的酵素。但是，"辅仁五讲"的决定性动因，恐怕还是当时的文学现状、文艺动态，特别是"左翼文艺"（即"普罗文学"）的兴盛所带来的刺激。

自 1928 年"革命文学"论争至 1930 年左翼作家联盟成立、鲁迅成

---

① 《胡适文存》第 2 卷，上海泰东书局 1924 年版。
② 赵景深：《中国文学小史》，上海大光书局 1926 年版。

为事实上的"左联"盟主，周作人甚为气恼。这倒并非因为冯乃超等
在文章中大骂过他的"趣味文学"，关键是他根本反对"左翼"的那一
套。尤其令他反感的是鲁迅，在他看来，鲁迅为"青年领袖欲"所驱
使，一味"趋时"，赶浪头，虽然混了个"文坛盟主"，但什么也写不
出来了，十分可悲、可气。他在悼念徐志摩的文章中不点名地讽刺鲁
迅："挑着一副担子，前面是一筐子尼采，后面是一篮子马克思。"
鲁迅批评以他为代表的"小品文"为"小摆设"，和伟大的时代不相
称，这尤使他愤恨。他痛骂鲁迅及左翼之作为"大摆设"，为"祭
器"，为"载道派"，是他所不屑为的。他已经在不少篇文章中表达
过这些观点和情绪，《中国新文学的源流》则是这种观点和情绪的集
中爆发。就此而言，"辅仁五讲"，有极强的现实针对性。好在这些
观点和情绪都是通过他对中国文学特别新文学的认识而发，是对是错
都对我们大有助益。"辅仁五讲"毕竟是一部自具特点的中国新文学
史论。

　　"论"什么？论"源流"，所以印行时周作人为这"五讲"加了个
标题：《中国新文学的源流》。胡适、赵景深、陈子展等的论著也都谈
到了新文学的源流。比如胡适认为从汉魏六朝的乐府，到明清的白话小
说，皆可视为"五四"新文学的源头，它们都可视之为"当时的国语
文学"，而且是"第一流的活文学"。赵景深之书的前34节都是讲的古
典文学，最后一节（35节）才讲新文学，正体现"源远流长"。在末
一节，也谈到了日本"白桦派"和俄国契诃夫对一些新小说家的影响。
陈子展更明确认为："五四"文学革命不是偶然而有的，也不是全然由
几个人凭空捏造起来的，自有其历史的时代的意义。该书列举了"五
四"文学革命的"四大原因"，第一是"文学发展上自然的趋势"，第
二是"外来文学的刺激"，第三是"思想革命的影响"，第四是"国语
教育的需要"。前两个原因讲的都是新文学的源头，一为中国自身的古
典文学，一为来自异域的"外国"（特别西洋）文学。周作人的《中国
新文学的源流》，不是新文学史，它的可贵正在于不去人云亦云地描述
新文学的发生、发展，而是提出了自己的独特见解，阐发了自己的独特
见解。

　　周作人的独特见解便是：中国新文学是明末公安派文学的延续，它

的最大特点是"独抒性灵，不拘格套"和"信腕信口，皆成律度"。他说：

> 对于这复古的风气，揭了反叛的旗帜的，是公安派和竟陵派。公安派的主要人物是三袁，即袁宗道、袁宏道、袁中道三人，他们是万历朝的人物，约当西历十六世纪之末至十七世纪之初。因为他们是湖北公安县人，所以有了公安派的名称，他们的主张很简单，可以说和胡适之先生的主张差不多。所不同的，那时是十六世纪，利玛窦还没有来中国，所以缺乏西洋思想。假如从现代胡适之先生的主张里减去他所受到的西洋的影响，科学、哲学、文学以及思想各方面的，那便是公安派的思想和主张了。而他们对于中国文学变迁的看法，较诸现代谈文学的人或者还更要清楚一点。理论和文学都很对很好，可惜他们的运气不好，到清朝他们的著作便都成为禁书了。他们的运动也给乾嘉学者所打倒了。

周作人这样推崇公安派，当然不是偶然的。如前所说，这是他的离经叛道思想决定的。他不是认为王充、李贽、俞正燮三人是中国思想界的"三灯"吗？而"公安派"正是直接受到了李贽的影响。在"公安派"之前，曾经出现过高唱复古的"前后七子"，正是继承韩愈等唐宋八大家传统的所谓"文以载道"派，即周作人所要扫荡的对象。而"公安派"正是旗帜鲜明地反对"前后七子"，主张"独抒性灵"，即"言志派"，这正是周作人遍觅不得的。这一派的出现，使周作人的"言志派"与"载道派"水火不容的历史有了新的证明，正好作为"五四"新文学的前奏，或者成了"五四"新文学与中国古典文学之间的再好不过的桥梁。

"公安派"的"运气不好"，使这座桥梁成了"断桥"，清代的八股文和"桐城派"以排山倒海之势，将"公安派"挤到了历史的阴暗角落，奄奄一息。到了"五四"，以胡适为代表的文学革命家们才翻江倒海，打倒了"桐城谬种"，"选学妖孽"，驱逐了文言，改成了白话。在周氏看来，胡适之接通了"断桥"，"公安派"直接迈向了"五四"新文学，"公安派"和胡适之几乎可以画等号，他们较胡适之所缺者，

不过是"西洋思想",因此,从胡适那里减去这种"西洋思想","公安派"和胡适之也就一而二、二而一了。周作人说:

> 其时胡适之尚在美国,他由美国向《新青年》投稿,便提出了文学革命的意见。但那时的意见还很简单,只是想将文体改变一下,不用文言而用白话,别的再没有高深的道理。……其后钱玄同、刘半农参加进去,"文学运动"、"白话文学"等等旗帜口号才明显地提了出来。接着又有了胡适之的"八不主义",也即是复活了明末公安派的"独抒性灵,不拘格套"和"信腕信口,皆成律度"的主张。只不过又加多了西洋的科学哲学各方面的思想,遂使两次运动多少有些不同了,而在根本方向上,则仍无多大差异处……

岂止此也,"公安派"对于中国文学变迁的看法,"较诸现代谈文学的人或者还更要清楚一点"。

"公安派"久矣作古,他们会不会感念周作人的"抬举",已无由对证。胡适之也久矣作古,他会不会首肯周作人的观点,也已无法对证。但在周文发表当年,胡适之并未表示异议,说明他可能在总体上并不反对周作人的论断。既然他认为从汉魏六朝的乐府至明清的白话小说都可视为"五四"新文学的源头,那么,说"公安派"也是"五四"新文学的源头之一,又有何不可呢?所以,从总体上说,周作人的论断并不让人费解和惊异。

问题在于周作人的话说得有点"绝对",反而把胡适之的"桥梁"作用"化解"了。"公安派"和新文学充其量是一种发展、传承关系,二者是不可简单取代的。用白话代替文言也好,"八不主义"也罢,都有新的时代、社会背景,离开这种背景,简单画等号,不能不陷入形式主义的泥潭,似乎公安派比胡适之更高明了。在"五四"当时,周作人即提出了"思想革命"的主张,对文学革命的口号做了重要补充。在"五讲"中,周氏似乎把这一口号忘了。事实上,胡适之等是十分推崇周氏的这一主张的。

第二十九节 "五讲"对八股文、
"桐城派"的讨伐

周作人所以推崇公安派，一个重要原因是为了讨伐"桐城派"。早在"五四"当年，便有了"桐城谬种，选学妖孽"的口号，视"桐城派"为新文学的拦路虎。在"五讲"中，周作人对此做了深入的论证和阐发。

在周氏那里，"桐城派"与"八股文"是难兄难弟，均是中国文学发展道路上的逆流，也都是"清代文学的反动"，只不过八股文是皇家开科取士的"制艺"，而"桐城派"则是"文以载道"的民间学者团体而已。周作人说：

> 八股文是以形式为主，而以发挥圣贤之道为内容的。桐城派的古文是以形式和思想并重的……八股文和桐城派的古文很相近……桐城派是以散文作八股的……
>
> 八股文之所以造成，大部分是由于民间的风气使然，并不是专因为某个皇帝特别提倡八股的缘故……
>
> 八股文中的声调也是一件很主要的成分。这大概是和中国的戏剧有关系的事……只要调子好，规矩不错，有时一点意思也没有，都可以的……
>
> 八股和试帖诗都一样，其来源一为朝廷的考试，一为汉字的形状特别，而另一则为中国的戏剧。其时代可以说自宋朝即已开始，无非到清朝才集其大成罢了。

周作人幼年参加过科举考试，算是写过八股文的过来人。加之他对八股文的深入研究，他不愧为难得的八股文专家之一。他对八股文的那些举发和嘲笑，不仅他的晚辈做不出，即使他的很多同辈人也只是知其然而不知其所以然的。

然而，周作人把八股文与中国戏剧挂上钩，把中国戏剧说成为八股文的来源之一，恐怕就很难成立了。周氏兄弟不喜欢京剧（鲁迅喜欢"社戏"——即绍兴的地方戏），周作人尤甚。"五四"时期，他曾经说过：中国戏是"野蛮的"，"凡中国戏上的精华，在野蛮民族的戏中，无不全备"，"中国旧戏无有存在之价值"，"中国旧戏有害世道人心"。中国旧戏无非"淫杀"、"皇帝"、"鬼神"、"愚昧"四类，换言之即为"房中"、"武力"、"复辟"、"灵学"，"可称作儒道二派思想的结晶"。因此，他讨厌京戏，"青衣的忸怩，小生的尖声，小丑的白鼻子，大面的嚷叫，我皆不喜"①。这应该说是一种可怕的偏见。这种"虚无主义"的偏见无法反映中国戏剧的真实。而将这种偏见引入八股文的研究，将八股文这种皇家的宠儿与中国戏剧这种来自民间的艺术混为一谈，当成它的来源之一，这就谬以千里了。由之"延烧"至"桐城派"，说"桐城派"的讲究声韵，正是和八股文一脉相通，这就更是错上加错了。

关于桐城派，周作人画了这样一张表：

```
左传——史记——韩愈——归有光——方苞
         柳宗元
         欧阳修
         三　苏
         王安石
         曾　巩
```

周作人解释说：

从此可以看得出，他们还是承接着唐宋八大家的系统下来的：上承左马，而以唐朝的韩愈为主，将明代的归有光加入，再下来就是方苞，不过在他们和唐宋八大家之间，也有很不相同的地方：唐宋八大家虽主张"文以载道"，但其着重点，犹在于古文方面，只不过想将所谓"道"这东西放进文章里去作为内容罢了，所以他们还只是文人。桐城派诸人则不仅是文人，而且也兼作了"道学家"。……因而有"学行继程朱之后，文章在韩欧之间"的志愿。他们以为"文即是道"，二者并不可分离，这样的主张和八股文是很接近的，而且方苞也就是一位很好的八股文作家……

---

① 《论中国旧戏之应废》，《新青年》第 5 卷第 4 号，1919 年 8 月。

他们不自认是文学家，而是集义理，考据，词章，三方面之大成的。……

在文词方面，他们还提出了所谓"桐城义法"……第一，文章必须"有关圣道"，方苞说："非阐道翼教，有关人伦风化不苟作"。姚鼐也说过同样的话……第二，文要雅正……另外还有一种莫名其妙的东西……是他们主张文章内要有"神理气味，格律声色"八种东西……

复古，卫道，开倒车，这就是桐城派的反动性所在，然而，周作人对桐城派也说了几句好话：

不过，和明代前后七子的假古董相比，我以为桐城派倒有可取处的。至少他们的文章比较那些假古董为通顺，有几篇还带些文学意味。而且平淡简单，含蓄而有余味，在这些地方，桐城派的文章，有时比唐宋八大家的还好。

平心而论，周作人的这几句"好话"，倒颇能反映桐城派的真实。既然如此，他对桐城派的那些"讨伐"是否还能成立呢？既然桐城派的文章并不全坏，有的还很好（"通顺"、"带些文学意味"、"平淡简单，含蓄而有余味"），这不正好可作为"五四"新文学的"源头"和借鉴之一吗？怎可以把它和八股文一样，一棍子打死呢？

尤为欠妥的是，1935年初，周作人又写了《谈韩退之与桐城派》①一文，对"桐城派"的挞伐又升级了。在大骂韩愈之余，周氏将桐城派之文统统打成了"策士"之文，是"乱世之音"的制造者，一律斥之为"八股宗的古文"。这就大大的自相矛盾了。

第三十节 《中国新文学的源流》引起的反响

《中国新文学的源流》一经出版，便引起了颇为热烈的反响。最早写

---

① 《人间世》第21期，1935年2月5日，收入《苦茶随笔》。

文评介的，乃是二十二岁的清华学子钱钟书。他的书评《中国新文学的源流》①，发表在周著出版仅仅两月之后，实在是反应迅速而才华出众。文章用了个笔名：中书君——大概是对周作人这样的前辈表示谦恭吧。

中书君同意周作人说"公安派"是文学革命的意见，也同意说这一文学运动在"趋向上和主张上"和"五四"新文学"不期而合"。然而，他却明确不同意说"五四"新文学仅有"公安派"这一个源头。他说：

> 民国的文学革命运动，溯流穷源，不仅止于公安竟陵二派；推而上之，像韩柳革初唐的命，欧梅革西昆的命，同是一条线下来的。因为他们对于当时矫揉做作的形式文学都不满意，而趋向于自我表现……公安竟陵的革命，不幸中之大幸，竟没有成功，所以才能留下无穷去后之思，使富有思古之幽情如周先生也者，旷世相感起来。

这就匡正了周作人对"公安派"的偏爱。把"五四"新文学的源头仅仅归之于"公安派"，这无论如何解释，都是太褊狭了。

对于所谓"载道"与"言志"，中书君也明确不同意周作人的说法。他说：

> 周先生根据"文以载道"、"诗以言志"来分派，不无可以斟酌的地方，并且包含着传统的文学批评上一个很大的问题。"诗以言志"和"文以载道"在传统的文学批评上，似乎不是两个格格不相容的命题，有如周先生和其他批评家所想者。……"文以载道"的"文"字，通常只是指"古文"或散文而言，并不是用来涵盖一切近世所谓"文学"；而"道"字无论依照《文心雕龙·原道》篇作为自然的现象解释，或依照唐宋以来的习惯而释为抽象的"理"。"道"这个东西，是有客观的存在的；而"诗"呢，便不同了。诗本来是"古文"之余事，品类较低，目的仅在于发表主观的感情——"言志"，没有"文"那样大的使命。所以我们对于客观的"道"只能"载"，对于主观的感情便能"诗者持也"

---

① 《新月》月刊第 4 卷第 4 期，1932 年 11 月，署名中书君。

地把它"持"起来。这两种态度的分歧，在我看来，不无片面的真理；而且它们在传统的文学批评上，原是并行不背的，无所谓两"派"。所以许多讲"载道"的文人，做起诗来，往往"抒写性灵"，与他们平时的"文境"绝然不同，就由于这个道理。

中书君的上述理解，显然更符合中国文学史、思想史的实际，从而纠正了周作人的绝对化、简单化的弊病。

中书君尤为不同意周作人对公安派的溢美，他说：

> 公安派在理论上比较有发挥。但周先生因此而谓公安派持论比民国文学革命家，如胡适先生，圆满得多，这也许是一种立异恐怖！公安派的论据断无胡适先生那样的周密；而袁中郎许多矛盾的议论，周先生又不肯引出来。

中书君引了袁中郎的许多自相矛盾之处，限于篇幅，这里无法一一具引，但"立异恐怖"一语，也足以表现他对周氏不恰当抬高公安派的极度不满了。

文学史家、文学批评家陈子展也激烈批评了周氏，在《不要再上知堂老人的当》①一文中，他写道："在五四运动时代的胡先生怕不曾想到什么公安派竟陵派那类劳什子罢。"他认为周氏是有意"抬出公安派，压落胡适之"，所谓"明末的新文学运动"，只能是知堂老人的"杜撰"。

六十年后，新文学史家黄修己在《中国新文学史编纂史》②中为周作人的讲演立了专节，他指出：周作人"从文学风格上寻找新文学与传统的关系"，是很有启发性的，只是"可质疑处甚多"。

他说：

> 周氏称中国文学发展的规律是言志、载道两股潮流的更迭，究竟是什么力量推动着各时代文学向着相反的方向转变，是丝毫没有

---

① 《新语林》第 3 卷第 2 期。
② 北京大学出版社 1995 年版。

说明的。为什么会有"五四"新文学的产生，以前一些著作，如陈子展的书，已有相当的解释，周氏都不涉及；似乎只是因为"载道派"已经统治了一段时间，现在该返回"言志派"去了。因此，周氏的理论中又有明显的循环论的特征。新文学与公安、竟陵派比较，他认为"只不过又加多了西洋的科学哲学各方面的思想，遂使两次运动多少有些不同了，而在根本方向上，则仍无多大差异处，可以说不承认历史的进步，甚至还倒退了"。因为公安派作家"对于中国文学变迁的看法，较诸现代谈文学的人，或者还要更清楚一点"。那么提倡白话文呢。总是明人所没有的吧，周作人竟以为"现在的用白话的主张也只是从明末诸人的主张内生出来的……"这样，连提倡明代所没有的白话文，也不是新鲜事了，历史便只在"言志"、"载道"的圈圈内转过来转过去。

再说把整个新文学归之于言志派，以"言志"为新文学的基本观念，也是不科学的。周作人举出了胡适、冰心、徐志摩、俞平伯、废名等例子，不能概括新文学创作的主要面貌。丢了最有代表性的鲁迅、郭沫若等，丢了新文学中风格多样的许多作家、流派，这样得出的结论必有严重的片面性。退一步，即使新文学可归入言志派，则其所继承者，也绝不应止于公安、竟陵派。即周氏自己列出文学史上许多各言志派，应该对新文学都会有所影响，因而均应是新文学的历史源流，不可一概弃之不顾。

黄氏概括周氏的观点为"历史循环论"，而"历史循环论"本身便是一个不科学、反科学的错误理论。

第三十一节　《中国新文学的源流》引出的教训

20 世纪 30 年代的周作人，主要是一位散文作家和教授，学者，而不是一位文学史家。文学史家之外的作家、教授、学者，只要有丰富的文学史知识，都可以讲文学史、写文学史，周作人学富五车，正是具备了这种条件。《中国新文学的源流》也正是这种情况下的产物。因为学富五车，往往有自己独特的见解和感悟，《源流》正是如此。"载道"、

"言志"毕竟是中国文学史上的不同流派，以之划分中国文学史，也不失为一种分类方法。对于两派的分析论述，也有不少的精辟之处，这是首先应该肯定的。

　　然而，文学史毕竟是历史科学的一支，除了学富五车之外，它还要求有历史的头脑与科学的见解。三家村的穷秀才可以倒背四书五经，但他写不出什么文学史。写文学史必须有宏大的历史眼光，能透过纷纭复杂的文学现象看出文学发展的规律。比如，鲁迅一方面是一位优秀的小说家，另一方面也是一位优秀的小说史家。他的《中国小说史略》不仅是一本填补空白的拓荒之作，至今其许多论述还不断被人们所引用和认可。周作人也曾经在北大等校讲授过欧洲文学史课程，他的《欧洲文学史》① 是第一本中国人写的欧洲文学史。但他对中国文学史没下过这样的大工夫。他读书虽多，但偏重于笔记野史之类，他对中国文学史缺乏系统的了解，更没有下过分析钻研的工夫。正因为如此，他的《源流》便显得捉襟见肘，无法反映中国文学史波澜壮阔的真实面貌。而"载道"、"言志"之分，更显得牵强附会，无法成立。正如中书君所说，中国文学史不乏"载道"之文和"言志"之诗，但却没有什么一味"载道"的"载道派"和一味"言志"的"言志派"，更没有两派对立的文学史。周氏把"公安派"和"桐城派"拉来作为文学史上对立的代表，也就无法成立。

　　文学史因为是一门独立的科学，它便要求有严密的科学性，不可以主观随意。《源流》用"历史循环论"解释中国文学史固然不对，即使不用历史循环论，仅仅就现象谈，也无法概括中国文学发展的主要规律。《源流》只能说是对中国文学史的一些杂感，无法上升为"史"。"载道"、"言志"之说也只能说是一些零星的感悟。作为零珠碎玉，未尝不好，但上升到文学史的高度，便显得不足甚至悖谬了。

　　科学是理性的而不是感性的，它要求冷峻而不是热烈。文学史家是科学家而不是诗人，他必须保持清醒的头脑，而不能感情冲动。爱而知其恶，憎而知其善，这才是文学史家的座右铭。对此，周作人差距太大了。他往往用个人好恶解释文学现象，爱之举上天，恶之捺入地，结果

---

① 商务印书馆 1918 年 10 月版。

当然不能反映真实。他对韩愈贬得太过分，对桐城派贬得太过分，而对公安派又捧得太过分了。这都不是文学史家之所当为。

文学史既然是历史，当然要有历史的、发展的眼光。"五四"新文学产生于 20 世纪初叶，较之"公安派"晚了数百年。它的"新"，"公安派"不可能都有；如果它连公安派还不如，它还叫什么"五四"新文学？《源流》一再强调"五四"新文学和公安派的一致性，甚至抬"公安派"而贬"五四"新文学，这都是史家之大忌，是缺乏说服力的，当然也是无法成立的。

文学史家既然是科学家，他当然必须是公正的判官，而不能有偏爱或偏恶。而周氏在《源流》中的爱恶恰恰太鲜明。爱之（如"公安派"）欲其生，恶之（如韩愈，如桐城派）欲其死，这都不可能成为真正的"史"。

尤为严重的是，文学史不可以搞"影射"，"影射"史学不可能是真正的科学。而《源流》恰恰有明显的影射。他之所以对"公安派"含情脉脉，是因为他把自己和自己的几位得意弟子看成了"公安派"的传人；而他之所以恨韩愈、恨"桐城派"、恨"文以载道"，也是因为他恨"左翼文学"、恨鲁迅，把他们当成"新载道派"、"新韩愈"——这就把文学史研究引入歧途了。

冰冻三尺，绝非一日之寒，周作人的《中国新文学的源流》绝非一时即兴之作，而是多年凝聚、积累的结果，早在 1926 年，在《陶庵梦忆序》中①，他即强调了张岱等明末散文家的"现代的气息"，说"明清有些名士派的文章，觉得与现代文的情趣几乎一致"。而 1928 年冬在《燕知草·跋》②中，则云："中国新散文的源流我看是公安派与英国的小品两者所合成，而现在中国情形又似乎正是明季的样子。"在《杂拌儿·跋》③中又说"现代的文学——现在只就散文说——与明代的有些相像"。两年后，在为沈启无编选的《近代散文抄》写的

---

① 写于 1926 年，收入俞平伯编校的《陶庵梦忆》，又收入《苦雨斋序跋文》，天马书社 1934 年 3 月版。

② 写于 1928 年 11 月 22 日，收入《燕知章》，又收入《苦雨斋序跋文》。

③ 写于 1928 年 5 月 16 日，收入《杂拌儿》，又收入《苦雨斋序跋文》。

《序》① 中，则正式提出了"载道"、"言志"相对立的文学规律：

> 集团的"文以载道"与个人的"诗言志"两种口号成了敌对，在文学进了后期以后，这新旧势力还永远相搏，酿了过去的许多五花八门的文学运动。在朝廷强盛，政权统一的时代，载道主义一定占势力，文学大盛，统是平伯所谓"大的高的正的"，可是又就"差不多总是一堆垃圾，读之昏昏欲睡"的东西，一到了颓废的时代，皇帝祖师等等要人没有多大力量了，处士横议，百家争鸣，正统家大叹其人心不古，可是我们觉得许多新思想好文章都在这个时代发生，这自然因为我们是诗言志派的……不过在载道派看来这实在是左道旁门，殊堪痛恨……

特别值得注意的是，周氏本来讲的是明季，但讲着讲着却走了神，把当时的文坛当成了明季，而他及其几个得意门生（平伯、启无等）也就成了当世"言志派"的代表，而那些"大的高的正的"正是"载道派"的"垃圾"了。这里所说，可以视之为"中国新文学的源流"的草稿———一份有点忘乎所以的草稿。

而在《近代散文抄新序》② 中，上述论点又得到了重申和加强。周氏说"中国讲本国的文学批评或文学史的，向来不大看重或者简直抹杀明季公安竟陵两派文章，偶尔提及，也总根据日本和清朝的那种官话加以轻蔑的批语……他们不知道公安竟陵是那时的一种新文学运动，公安竟陵一路的文是新文学的文章，现今的新散文实在还沿着这个统系……"

周作人一而再、再而三地大讲公安竟陵派，大讲他们和现代新文学的传承关系。到辅仁大学系统地讲一番公安竟陵派，系统地讲一番中国新文学的源流，岂不是再好不过的良机吗?! 有人说的好："所有的历史都是现代史。"周作人讲公安竟陵，讲桐城八股，讲的也都是现代文学史。

---

① 写于1930年9月21日，收入《近代散文抄》，又收入《苦雨斋序跋文》。
② 写于1932年9月6日，收入《近代散文抄》，又收入《苦雨斋序跋文》。

第八章

周作人与"京派"

第三十二节　从"语丝派"到"京派"

在周作人 1924 年的日记中，有这样的记载：

> 十一月二日，下午到市场开成北楼，同玄同伏园小峰川岛绍原颉刚诸人，议出小周刊事，定名曰语丝，大约十七日出版，晚八时散。

这可以说是"语丝社"的成立会，出席者加上缺席者鲁迅，也就是"语丝社"的主要成员了。为什么叫《语丝》？周作人有这样的解释：

> 至于刊物的名字的来源，是从一本什么人的诗集中得来，这并不是原来有那样的一句话，乃是随便用手指一个字，分两次指出，恰巧似懂非懂的还可以用，就请疑古玄同照样的写了。周刊的发刊词是由我所拟的……①

---

① 《知堂回想录》第 147 节《语丝的成立》，香港三育图书文具公司 1974 年版，第 449 页。

为什么要办这样一个刊物？主要是孙伏园的撺掇。他在《晨报副刊》受到了刘勉之辈的排挤，编好的鲁迅的《我的失恋》被人乘他外出撤掉了。为出这口恶气，决意要办一份属于自己的刊物，说自己要说的话，发自己要发的文。但被排挤只是表面现象，深层原因还在不同的思想、观点之争。以鲁迅、周作人为代表的这部分文化人要说话，就要有自己的阵地，就要办一份报纸或刊物。它可以叫"语丝"，也可以叫别的名字，但它就是编辑同人说话、发文的地方。而《语丝》一经出版，"语丝派"也就成立了，它成了 20 年代中国思想文化界的一个重要流派。鲁迅曾撰有《我和语丝的始终》① 一文，对此有很精当的说明：

> 语丝的固定的投稿者，至多便只剩了五六人，但同时也在不意中显了一种特色，任意而谈，无所顾忌，要催促新的产生，对于有害于新的旧物，则竭力加以排击，——但应该产生怎样的新，却并无明白的表示，而一到觉得有些危险之际，也还是故意隐约其词。陈源教授痛斥语丝派的时候，说我们不敢直骂军阀，而偏和握笔的名人为难，便由于这一点。但是，叱吧儿狗险于叱狗主人，我们其实也知道的，所以隐约其词者，不过要使走狗嗅得，跑去献功时，必须详加说明，比较地费些力气，不能直截痛快，就得好处而已。

在《知堂回想录》中，周作人引了上面这段话，并说"这一节话很能说明《语丝》杂文的一方面的特色"。周氏兄弟当时虽然在家务中反目，但在《语丝》中却密切配合，成了《语丝》实际的主编与灵魂。《语丝》时代的周作人，和鲁迅一样，不愧为一名坚决抨击封建旧势力、恶势力的思想斗士，直至 1927 年以蒋介石为代表的新军阀残酷屠杀革命青年，周作人还发出了愤怒的抗议。当时，蔡元培、胡适等人都成了屠杀革命青年的支持者，周作人曾为文狠狠讽刺、斥责了他们。针对胡适大谈人力车不文明却对清党大屠杀避而不谈，周作人写了《人

---

① 收入《三闲集》，《鲁迅全集》第 4 卷，人民文学出版社 1981 年版。

力车与斩决》① 一文，发出了愤怒的质疑和谴责：

> 江浙党狱的内容我们不得而知，杂志上传闻的罗织与拷打或者
> 是"共党"的造谣，但杀人之多总是确实的了。以我贫弱的记忆
> 所及，青天白日报记者二名与逃兵一同斩决，清党委员到甬斩决共
> 党二名，上海枪决五名，姓名不宣布，又枪决十名内有共党六名，
> 广州捕共党一百十二人，其中十三名即枪决，清法着实不少，枪毙
> 之外还有斩首，不知胡先生以为文明否？

在《致荣甫信》② 中，他更直斥"清党"的"杀人"如麻和"白
色恐怖"："要不要清党，我们局外人无从说起，但是那种割鸡似地杀
人的残虐手段我总不敢赞成：白色恐怖绝不会比赤色的更好"。直至 10
月中旬，在《功臣》③ 等文中，他仍在斥责"清党"的残酷与荒唐，
指出"共党之死者固不少，而无辜被害的尤多"。而在这种血腥的大屠
杀中，"土豪劣绅乃相率入党"，因而"党即以清而转浊，政治军事均
以不振，北伐事业转为一场春梦"。周作人的上述愤怒声讨和清醒认
识，简直不亚于当时许多被杀或"漏网"的共产党人。

然而，"白色恐怖"愈来愈逼近了北京。10 月 22 日，《语丝》被
迫停刊，转至上海出版，周作人不再担任编辑。1928 年 6 月，"国民
军"进驻北京，国民政府宣布"统一告成"。"清党"之风也逼近了古
都。茶楼酒肆贴满了"莫谈国事"的告示，无形的威压似乎大过了
"张大帅"（作霖）统治时期。这种威压，确乎对周作人起到了警告作
用。在一封信中，他坦白地承认：

> 我在去年年底便已省悟，生在此刻现在的中国最好还是如
> 《官场现形记》里所说的"多磕头少说话"，至少也须"莫谈国

① 刊《语丝》第 140 期，1927 年 7 月 16 日，收入《谈虎集》。
② 刊《语丝》第 141 期，1927 年 7 月 23 日。
③ 《功臣》，刊《语丝》第 142 期，1927 年 7 月 30 日。收入《周作人散文全集》第 5
卷。

事"，不然就容易被人家指为赤化或是欧化，一样地都不大稳当，所以我决心不再谈时事……从今年起改为隐逸，食粟而已……①

是年冬，他的著名的《闭户读书论》② 便破门而出了：

　　此刻现在，无论在相信唯物或者有鬼论者都是一个危险时期。除非你是在做官，你对于现实的中国一定会有好些不满或是不平。这些不满和不平积在你的心里，正如噎隔患者肚里的"痞块"一样，你如没有法子把它除掉，总有一天会断送你的生命……我看，苟全性命于乱世是第一要紧……我想了一天才算想到了一个方法，这就是"闭户读书"。……宜趁现在不甚适宜于说话做事的时候，关起门来努力读书，翻开故纸，与活人对照，死书就变成活书，可以得道，可以养生，岂不懿欤？

周作人说到做到，他从此除教书上课外，闭居八道湾苦雨斋中，于"故纸"堆中"养生"、"得道"，悠哉游哉，"语丝"斗士变成"苦雨斋主"了。也正是这间"苦雨斋"，吸引了一批他的同学、同事、朋友和学生，成了北京西北城的一座文艺沙龙，成了北京"京派"文人的大本营之一。

第三十三节　"苦雨斋"中的老京派

"京派"、"海派"本为一戏曲概念，"京派"指那些曾为皇家供奉的谭鑫培至梅兰芳的京剧名家；而"海派"则指勃兴于上海的汪笑侬等京剧改革派、新派。起初，"海派"很为"京派"瞧不起，认为是左道旁门，不值一哂。但"海派"广收博采，充满活力，轰动大上海，后来连"京派"也不敢歧视，而只好互相包容、互相吸收了。文学上本无"京"、"海"之分，包括以上海为大本营的鸳鸯蝴蝶派（鸳蝴

---

①　《新年通信——致衣萍》，《语丝》第4卷第8期，1928年2月4日。

②　收入《永日集》。

派）也并未被视为"海派"，而是被认为应予扫荡的旧文学沉滓，文学上不应有它们的位置。1926 年周作人曾写过一篇《上海气》，收入《谈龙集》，说上海文化是"买办流氓与妓女的文化"，话说得很难听，但并未冠"海派"字样。"海派"文学字样的始作俑者很可能是沈从文先生，1933 年 10 月在他主编的《大公报·文艺副刊》上，他发表了《文学者的态度》一文，文曰：

> 一群玩票白相文学作家……在上海寄居于书店、报馆、官办的杂志，在北京则寄生于大学、中学以及种种教育机关中。

这类人虽附庸风雅，实际上却与平庸为缘。沈文虽拉一部分北京人"陪绑"，实际上矛头所向是上海的那些"玩票白相文学作家"。这不能不引起敏感的上海作家的关注，一个月后，苏汶（即杜衡）即在同年 12 月 1 日出版的《现代》杂志上发表了《文人在上海》一文，向沈文发起了反击。他说："居留在上海的文人，便时常被不居留在上海的文人带着某种恶意称为'海派'……其恶意的程度，大概也不下于在平剧界中所流行的。它的含义方面极多，大概的讲，是有着爱钱，商业化，以至于作品的低劣，人格的卑下这种意味。"紧接着，沈从文又发表了《论"海派"》、《关于海派》等文，加以申说与辩解。

这场争论，引起了鲁迅的注意。有感而发，他也写出了《"京派"与"海派"》一文。他说：

> 北京是明清的帝都，上海乃各国之租界，帝都多官，租界多商，所以文人之在京者近官，在海者近商，近官者在使官得名，近商者在使商获利，而自己也赖以糊口。要言之，不过"京派"是官的帮闲，"海派"则是商的帮忙而已。①

鲁迅的上述概括，适用于"幕僚文人"和"买办文人"，却不适用

---

① 参见杨义《京派文学与海派文学》，上海三联书店 2007 年版。沈、杜、鲁等文皆见本人全集、文集，恕不一一注出。

于广大自由主义的文人。二三十年代中，北京聚集了大量文人，而恰恰不包括那些"幕僚文人"。此间的"京派"文人，大致分头活动在四个文艺沙龙中。一是以陈源为代表的《现代评论》派沙龙，包括陈源、徐志摩、胡适、凌叔华等；二是以沈从文为代表的《大公报·文艺副刊》沙龙，包括沈从文、朱光潜、杨振声、萧乾等；三是以林徽因为代表的东城北总布胡同沙龙，包括林徽因、梁思成、徐志摩、金岳霖等；第四个便是以周作人为代表的"苦雨斋"沙龙了，包括周作人、钱玄同、刘半农、"三沈"（沈士远、沈尹默、沈兼士）、"二马"（马幼渔、马廉）、张凤举、徐祖正、江绍原、俞平伯、沈启无、废名等。其中江绍原之前，皆可谓之"苦雨斋中的老京派"；江绍原之下，便都是"苦雨斋中的新京派"了。

一、周作人与钱玄同、刘半农

周作人与钱玄同、刘半农同为"五四"骁将，30年代也同为"苦雨斋"中的灵魂人物。钱、刘并未介入"二周失和"，但他们晚年皆与鲁迅疏远而与周作人亲近，关键是思想的差距越来越大了。钱玄同喜欢说大话、空话，如说什么"人过四十便应自杀，要不就枪毙"。而他到了四十岁并未自杀，还活得好好的。鲁迅以打油诗讽喻之："作法不自毙，悠然过四十。"1929年鲁迅返京探母期间，曾往孔德学校看书。钱玄同推门进去，显然是想与鲁迅叙旧的。然而，缺乏坦诚，话不投机，竟问鲁迅"还是用三个字的名片？"鲁迅则冷冷地回答："我从来不用两个字的。"钱氏便无言以对，尴尬退出了。鲁迅在给许广平的信上说他"唠叨有加，肥胖如故"，印象甚为不佳。但"肥胖如故"是鲁迅眼见，"唠叨有加"则是得之传闻。平心而论，对于这位当年力劝自己写小说的金心异君，鲁迅似乎应该客气一点，何必那么"冷"呢？然而，鲁迅就是鲁迅，他早已讨厌了这位老朋友，你让他再强颜欢笑，虚与委蛇，已是办不到了。另外，鲁迅当然知道钱氏乃"苦雨斋"的主客，他之冷言相拒，良有以也。

鲁迅对钱氏的要求也许太高。钱氏"五四"后退入书斋，失去了当年英气，诚可惋惜；但他一直是一名正直的文字学家，未干过任何坏事。相反，在李大钊烈士下葬、保护李大钊子女等方面，他和周作人、沈尹默等都是做过大量工作的。有鉴于此，何必对他拒之千里呢？

在抗日战争中，钱氏大节也极好。他所在的北师大迁往西安，他因心脏病未能随行。但他严拒伪聘，不为日本人做事，也一再表示绝不"污伪命"。并把名字改成"钱夏"。他的高尚气节曾得到国民政府的"褒扬令"，老朋友、老同事、著名语言学家黎锦熙先生也说他"在北京沦陷后，洁身自好，保持了民族气节"。① 他不仅自己"不污伪命"，还曾一再劝阻周作人"出山"当汉奸。他的猝死，也正和周作人的"将污伪命"有关。

钱玄同是著名的书法家之一，他的次子钱三强则是著名的核物理学家。"老子英雄儿好汉"，钱氏父子可谓当之无愧。有趣的是，他的亲侄子（和他同龄）钱稻孙，却和周作人一起当了汉奸。真是世事难料呵！

刘半农很不幸，1934 年在绥远搞方言调查时，染上了回归热，不幸病殁。他死后，鲁迅写了《忆刘半农君》②，表达深深的哀悼之情。文曰：

> 他活泼，勇敢，很打了几次大仗。譬如吧，答王敬轩的双簧信，"她"字和"牠"字的创造，就都是的。这两件，现在看起来，自然是琐屑的很，但那是十多年前，单是提倡新式标点，就会有一大群人"若丧考妣"，恨不得"食肉寝皮"的时候……
>
> 但半农的活泼，有时颇近于草率，勇敢也有失无谋的地方。但是要商量袭击敌人的时候，他还是好伙伴……

针对某些人嫌他"浅"，鲁迅说："不错，半农确是浅。但他的浅，却如一条清溪，澄澈见底……"

中国历来有"谀墓"的陋习，对死者只许说好，不许说坏。鲁迅则反是，他是坚持有好说好，有坏说坏的。在悼文中，他对刘半农也做

---

① 见黎锦熙《钱玄同先生传》，收入吴奔星遗著《钱玄同研究》，江苏古籍出版社 1990年版。

② 《青年界》月刊第 6 卷第 3 期，收入《花边文学》，《鲁迅全集》第 5 卷，人民文学出版社 1981 年版。

了尖锐的批评：

> 近几年，半农渐渐地据了要津，我也渐渐地更将他忘却；但从报章上看见他禁称"蜜斯"之类，却很起了反感：我以为这些事情是不必半农来做的。从去年来，又看见他不断的做打油诗，弄烂古文，回想先前的交情，也往往不免长叹……
>
> 现在他死去了，我对于他的感情，和他生时也并无变化。我爱十年前的半农，而憎恶他的近几年。这憎恶是朋友的憎恶，因为我希望他常是十年前的半农，他的为战士，即使"浅"吧，却于中国更为有益。我愿以愤火照出他的战绩，免使一群陷沙鬼将他先前的光荣和死尸一同拖入烂泥的深渊。

鲁迅的这篇悼文，大大地激怒了周作人。两个月后，他写出了《半农纪念》①，发出了咬牙切齿的詈骂声："漫云一死恩仇泯，海上微闻有笑声。空向刀山长作揖，阿旁牛首太狰狞。"鲁迅的悼念，变成了"笑声"，鲁迅本人也变成了狰狞可怕的阿旁牛首那样的厉鬼。这大概是"二周失和"后周作人咒骂鲁迅的"巅峰"之作。周作人何以如此火冒三丈，对自己的胞兄这样恶语相向呢？恐怕关键原因在于这样两点：一是鲁迅批评半农"做打油诗，弄烂古文"正击中了周作人的要害，他难免恨之入骨；二是他以为鲁迅骂他为"陷沙鬼"，当然要用"阿旁牛首"回敬了。不客气地说，周作人对于自己的胞兄未免太恶毒了。

二、"三沈"与"二马"

沈氏三兄弟（沈士远、沈尹默、沈兼士）与马氏兄弟（马幼渔、马廉）都是浙江人，也都是"二周"的老朋友。"二周失和"后，仍是"二周"的老朋友。但由于1926年8月鲁迅离京南下，他们和周作人的交往自然就多过鲁迅了。周作人在《知堂回想录》中曾用三节写此"三沈"、"二马"，正说明他们的关系。

沈氏三兄弟中，著名的是老二沈尹默和老三沈兼士。沈尹默是著名

---

① 《人间世》第18期，1934年12月20日，收入《苦茶随笔》。

新诗人，又是著名书法家，沈兼士则是"二周"的章门同学，曾在东京一起听章氏讲《说文解字》，后来也成了古文字学家。沈尹默号称"鬼谷子"，足智多谋，让李大钊之子李葆华藏在周家再赴日本，便是他的高招。大革命后他进入仕途，当上了河北省教育厅长，一时颇为人诟病。但在抗战期间，保持民族气节，并曾在诗中劝阻周作人出山。30年代移居上海时，仍与鲁迅保持了友谊。

沈兼士请周作人"辅仁五讲"，应该说很讲情谊。此外他也并无对不住周作人处。抗战期间，他成了地下国民党人，与周作人分道扬镳了。在西安他遇到林语堂时，曾谴责周之降日卖国行为。但在1946年周作人被关押期间，他曾牵头与俞平伯等教授联合递状营救周作人。1947年因病去世，周作人尚在狱中。不知为什么，周作人在《知堂回想录》中，对这位老朋友很不客气："（沈）终于因同乡朱家骅的关系，给国民党做教育的特务工作，胜利以后匆遽死去。"似乎沈不该"做教育的特务工作"，死了活该。其实沈做的是抗日工作，不是新中国成立后意义上的国民党特务，这一点，周作人何尝不知？沈兼士带头营救他，他出狱后也应是很快知道了。在书中他这样对待老朋友，很有些"不够朋友"。关键恐怕仍是他的"督办心态"使然。

"二马"中马幼渔，名裕藻，在九名兄弟中行二，是老北大。北大南迁时，校长蒋梦麟委托他和周作人、孟森、冯汉叔四人留京维护校产，虽难有作为，但他并无变节行为，与周作人形成鲜明对照。不幸的是身体不好，孟森去世后不久，他也病故了。马廉字隅卿，行九，是兄弟中小老弟，小说史家。1932年鲁迅返京探母时，曾托他到辅仁看小说史料，相当友好。不幸于1935年春在课堂患脑溢血而死，十分可惜。

三、徐耀辰与张凤举

1924年6月11日鲁迅日记写道：

> 下午往八道湾宅取书及什器，比进西厢，启孟及其妻突出骂詈殴打，又以电话招重久及张凤举、徐耀辰来，其妻向之述我罪状，多秽语，凡捏造未圆处，则启孟救正之，然终取书、器而出。

　　这里的重久，即羽太重久，是羽太信子之弟。周作人夫妇电话招之来为自己撑腰，应该说很自然。但同时招来张凤举、徐耀辰，这就颇令人费解了。莫非要家庭纠纷社会化？这和周作人所持"不辩解"的态度似乎很矛盾。张、徐二人何以会应招前来？是前来撑腰还是劝架？二人师出无名。难怪鲁迅一语"我们周家的事你们不要管！"他们便知难而退了。但他们由作人夫妇招之即来，当不难看出他们与其关系之深。这和他们都曾留学日本大概不无关系。

　　徐耀辰，本名徐祖正，江苏昆山人，生于 1895 年，与周作人同岁。留日期间曾与郭沫若相识并参加创造社，返国后在北大任教，与创造社不再有什么联系，却与周作人关系密切起来。张凤举名黄，又字正璜，亦生于 1895 年，后留学日本，1921 年回国后，亦在北大等校任教。他的结识周作人，乃出自沈氏兄弟的引见，是年 8 月 26 日，他和沈士远、尹默一起去西山碧云寺看望病中的周作人。周作人是日日记云："士远、尹默偕张凤举（黄）来访。"

　　从艺术才华与文字功力上看，似乎张凤举优于徐耀辰。1925 年张写过一篇《鲁迅先生》的长篇论文，甚有见地，至今为人称道。拙著《鲁迅研究史》上卷①亦曾详加介绍。徐祖正文章虽多，但却缺乏力度与创见，似乎影响不大。1926 年，周作人、徐祖正等合出刊物《骆驼》，自己的书斋亦名曰"骆驼书屋"，二人关系进一步深化。但鲁迅对他未加歧视，1927 年曾嘱学生韦素园将一本《坟》转交徐祖正。但1930 年徐氏又和周氏、废名等合办《骆驼草》，废名等并在上面恶意攻击鲁迅，则引起了鲁迅的不快。

　　徐、张二人在学术上皆显庞杂，"学无专攻"，渐被忘却。抗战期间，徐祖正虽与周作人关系密切，但并无卖国投敌，周作人被捕后，他也参与了营救工作。1957 年"反右派"扩大化，他在北大被打成了"右派"，二十年后方得平反，可谓饱受折磨。1978 年平反不久也就病逝了。张凤举后来在学坛消失，据云去了法国，但其行踪人皆不详，似乎"人间蒸发"了。据孙郁《周作人左右》②一书介绍，在北京档案

　　①　陕西人民出版社 1986 年版。

　　②　见该书第 32 页，贵州人民出版社 2009 年版。

馆中，他的名下有"汉奸"字样，真欤？伪欤？一时难以查考了。

第三十四节 "苦雨斋"中的新京派

一、周作人与江绍源

1933 年 3 月 7 日，周作人给江绍原写去了这样一封信：

> 绍原兄：
>
> 手札奉悉。蔡胡分家竟如尊料，大有意思，蔡公此刻盖在 3rd party 手中，牵而往"东"（面南立），而胡公则仍"独立"也。观蔡公近数年"言行"，深感到所谓晚节之不易保守，即为"鲁"公之高升为普罗首领，近又闻将刊行情书集，则几乎丧失理性矣。今日《世界日报》宣称北大迁汴，吾辈书匠居然得到古物之后而南渡，亦大幸也。匆匆。
>
> 知堂（"煅药庐"印），三，七。①

信中的"胡公"指胡适，"蔡公"指蔡元培，"鲁公"指鲁迅，一封信涉及了三位新文化名人，而且皆有尖锐评语，这很可以说明，周作人与江氏推心置腹的程度。尤其对他的胞兄鲁迅，竟然以"几乎丧失理性"评之，更见周作人很了解江氏对鲁迅的态度。其实，江氏对鲁迅总的来说还是尊重的，他未必完全赞同周氏的上述评语。但在对普罗文学的态度上，周江二人的确是比较接近的。

严格来说，江绍源不能说是周作人的学生。

他出生于 1898 年，论年龄可以有师生之分，但他是一位留学美国的哲学博士，未有从周作人求学之机。他与周作人结识时已是北大的青年教师了。这当然不排斥他去听周作人的课并执弟子之礼。

江绍原在美国学的是宗教，但他的学术兴趣在民俗学（文化人类学）。他最早向周作人请教的，就是民俗学的问题，他的主要学术著作（如《发须爪》、《中国礼俗迷信》等）也都是民俗学方面的著作。周

---

① 收入《周作人散文全集》第 6 卷，广西师范大学出版社 2009 年版。

作人对江绍原的民俗学研究全力支持，评价颇高。他在《发须爪》的《序》中写道：

> 这两年来，绍原和我玩弄一点笔墨游戏，起手发表《礼部文件》，当初只是说"闲话"，后来却弄假成真。绍原的《礼部文件》逐渐成为礼教之研究……这实在是很可喜的……
>
> 我觉得绍原的研究对于彰明好些中国礼教之迷信的起源，有益于学术以外，还能给予青年一种重大的暗示，养成明白的头脑，以反抗现代的复古的反动，有更为实际的功用。我以前曾劝告青年可以拿一本文法或几何与爱人共读，作为暑假的消遣，现在同样的毫不踌躇地加添这一小本关于发须爪的迷信——礼教之研究的第一卷，作为青年必读书之一，依照了我个人的嗜好。①

江绍原并非一味研究民俗，他对社会现实也有十分关心的一面。他厌恶当时的政治，也反对中医、京剧、流行歌曲等，特别对中医，主张坚决"打倒"，情绪相当偏激，可以说不亚于周氏兄弟。他在给周作人的一封信中曾经这样写道：

> 有人自动愿意给我装一个无线电收音机，但我因所能收得的不外乎梅兰芳唱的天女散花，黎明晖小妹妹的毛毛雨，浙江诸伟人的反赤演说，和女同志用假官话广播的省务会议报告——所以情愿不装。②

可见其态度之决绝。

二、周作人与俞平伯

1945 年 12 月 6 日，周作人因汉奸罪被国民政府逮捕，关押在北平炮局胡同监狱，面临被审判治罪的局面。本月底，周作人的学生、知

---

① 收入《苦雨斋序跋文》，天马书店 1934 年版。
② 写于 1929 年 2 月 26 日，收入《江绍原、周作人书信集》，北新书局 1936 年版。

交、著名学者俞平伯给远在美国的国民政府驻美大使胡适写去了一封情辞恳切的求援信，恳求胡适以自己的政治影响，设法营救周作人。①

信中，俞氏首先进行了自责："以其初被伪命，平同在一城，不能出切直之谏言，尼其沾裳濡足之厄于万一，深愧友直，心疚如何，人之不能相及亦远矣。"自责之后，便对周之降日进行了辩解："其躬膺伪府显要，非违已明，曲为之讳者固非，若谓其中毫无委曲困难，殆亦未是也。"因为周氏"对敌人屡有消极之支撑"，"当日知堂不出，觊觎文教班首者，以平所闻，即有二三人，皆奸伪也"。那么，周作人算不算"奸伪"呢？俞氏认为非也："若知堂之受职，伪则有之矣，可即谓奸乎？"俞氏认为非也："名为显宦，实犹书生……在昔为北平教育界挡箭之牌，而今日翻成清议集矢之的，窃私心痛之。"俞氏认为逮捕、关押周氏是冤枉的："如今之赏罚，岂为至当？以一书生而荷重咎，亦不得谓之不冤。"因此，俞氏援引古例，恳求胡适出面，营救周作人，洗其不白之冤，赦其无罪，"使就秉烛之余光，遂其未竟之著译"。他恭维胡适"片言九鼎"，"高义可风"，不仅"佳话可传"之文坛也。为了打动胡适，俞氏拉"左翼作家"出来陪绑，说什么"左翼作家久嫉苦茶，今日更当有词可借"，故先生更当伸手施救也。

不难看出，这封求救信曲为周作人辩，根本不承认周作人有罪，只不过"伪而不奸"，"挡箭牌一面"耳。按照此信，周作人不仅无罪，反而有功，乃"文化救国者"也。所有这些观点，如前所驳，都错得不能再错。正因为如此，胡适虽然身居要津，一言九鼎，但也无法将周作人捞出监牢，周还只能被判十年徒刑。

虽然未达到营救周作人的目的，但俞氏与周氏的深情厚谊却跃然纸上，不乏感人之处。最大的感人之处在于虽然政治上糊涂，但却不忘师恩，俞氏乃书生之见，是书生的糊涂，是不计个人得失的糊涂，是可气而又可谅的糊涂。同为周作人的学生，傅斯年便大义凛然，坚决主张对周绳之以法，毫不姑息。这是政治家的坚定，政治家的是非分明。较之傅斯年，俞平伯相差十万八千里，简直是云泥之别。但我们不能用傅斯年的标准要求俞平伯，更不能用俞平伯的标准要求傅斯年。俞平伯是一

---

① 　收入《胡适来往书信选》下卷，中华书局 1980 年版。

名糊涂书生，他的信的可爱处正在这种糊涂。因此，有识之士不会赞成他的这封错得不能再错的信，但却引不起什么讨厌和愤怒，人们唯一正确的态度只能是谅解。

俞氏和周氏何以有如此深厚的情谊？原因也有多方面，关键是志趣相投。周作人的散文风格和人生情趣，俞氏皆心心相印。周作人的一些文学观点（比如对公安派的推崇，对"左翼"文学的排斥等）俞氏也都赞成。俞平伯与陈寅恪、叶圣陶、朱自清等都有很深的友谊，但他最佩服的是周作人。他的书（诸如《杂拌儿》之一、之二，《燕知草》、《陶庵梦忆》等）几乎每一本都让周作人写序，周作人给他的信他当成文物裱糊珍藏，大概他连周作人的字也当成难得的书法了。周作人是章太炎的弟子。章太炎则是俞曲园（樾）的弟子，而俞曲园则是俞平伯的曾祖父。周作人一再赞扬俞曲园的《春在堂杂文》，大概这也不失为一条友谊的纽带吧。

俞氏在信中向另一老师胡适自责自己未有对周氏"附逆"进行劝阻，这是否虚伪？恐怕不能这样看。他是许宝骙的姐丈，而许氏积极活动让周氏当"教育督办"，这个态度，当时恐怕也正是俞氏的态度。他怎么可能对周进行劝阻？但现在，周作人被捕了，坐监了，很可能被重判了，这时的他怎能不自责？这也算一种历史进步吧！

三、周作人与废名

在江绍原、俞平伯、废名、沈启无这"四大弟子"中，周作人最亲密的不是俞平伯，而是废名。

废名，本名冯文炳，湖北黄梅人，著名诗人和小说家。他和周作人的师生之谊，带上了较多的政治色彩。废名曾追随周作人激烈攻击"左翼"文学，特别是攻击鲁迅。在《骆驼草》[①] 创刊号上，他以武丁之名写了《评中国自由运动大同盟宣言》一文，大骂鲁迅、郁达夫"丧心病狂"。他说：

---

① 1930年5月2日创刊，周作人实际主持，由废名出面，主要撰稿人有徐祖正、俞平伯、梁遇春、徐玉诺等。共出26期。

新近见由郁达夫鲁迅领衔的《中国自由运动大同盟宣言》，真是不图诸位之丧心病狂一至于此。……我看一看文章，看一看名字，看来看去看不清他们到底躲在哪一个"阶级"！可同情的是"不自由之痛苦真达到极点！"而且也到底是"现在统治之下"、"达于极点"，与以前军阀时代未可同日而宣言，"一切群众组织，未经委派整理，便遭封禁"了。……"坚决为自由而斗争"，然而放心，秀才从来是不造反的，所以秦皇帝下逐客令，然而李斯有谏阻之书，文士立功，也由来久矣。

《中国自由运动大同盟宣言》是鲁迅、郁达夫等自由主义作家向蒋介石政府要自由的宣言，反对的是任意查禁图书杂志，甚至任意杀害诗人、作家。这有什么不对？为什么是"丧心病狂"？莫非不"宣言"，听任他们封禁和虐杀就心志正常了吗？废名骂郁达夫、鲁迅"丧心病狂"，让人感到莫名其妙，不可理解。

两年之后，在《周作人散文钞序》[①] 中，废名又将二周兄弟作了这样的比较：

鲁迅先生与岂明先生重要的不同之点，我以为也正就在一个历史的态度。鲁迅有他的明智，但还是感情的成分多，有时还流于意气，好比他曾极端地痛恨"东方文明"，甚至于叫人不要读中国书，即此一点已不免是中国人的脾气；他未曾整个地去观察文明，他对于西方的希腊似鲜有所得，同时对于古代思想家也缺少理解……岂明先生讲欧洲文明必溯到希腊去，对于希伯来，日本，印度，中国的儒家与老庄，都能以艺术的态度去理解它，其融会贯通之处见于文章……感情最能隐蔽真理。

"感情最能障蔽真理"，说得太好了！废名这一大段话正可谓"感情隐蔽真理"的代表作。他这样捧周贬鲁，在中国现代文坛很有"开创性"，以前即使有此倾向者，也无人说得这样露骨。周作人有一个

---

① 收入《周作人散文钞》，开明书店 1932 年版。

"历史的态度",而鲁迅只知道感情用事,甚至还"流于意气","未曾整个地去观察文明",不仅对希腊"鲜有所得",对中国古代的思想家"也缺少理解"。一句话,鲁迅对中外文明都不懂。而他举出的唯一论据,又不过是鲁迅故意反对青年多读中国书的那份《答卷》。这份《答卷》已经经过了不少人的歪曲,废名在这里不过是拾人牙慧。但为了说明鲁迅"痛恨东方文明",废名也不避嫌了。废名这样肆无忌惮地糟蹋鲁迅,以吹捧周作人,也不怕别人说他太偏激,太"感情用事",太不实事求是。他敢于把这些话写入《周作人散文钞序》,说明他的这偏激片面之词很得周作人欣赏,这恐怕也正是他的感情支撑。周作人让人这样吹捧自己而去任意贬低在多方面帮助、提携过自己的胞兄,未免也太有点"感情用事",得意忘形了。

后来在周作人的卖国投敌当汉奸一事上,废名的观点和议论就尤为出圈,尤为大胆了。他这样说:

> 知堂老简直是第一个爱国的人,他有火一般的愤恨,他愤恨别人不爱国,不过饰之以理智的冷静罢了……他只重事功(这或者是他的错误!)故他不喜欢说天下后世,倒是求有益于国家民族。①

废名的上述"高论",并非发表在周作人庭审之前(那时,他是可以任意为周作人辩护的),而是发表在周作人被判十年有期徒刑之后。周作人的汉奸罪已经认定,没有新的证据是不可能推翻了。然而,废名不需要证据,他仅仅大嘴一张,周作人便由汉奸卖国贼变成了"第一个爱国的人",而且"愤恨别人不爱国",他"是求有益于国家民族"。这种罔顾事实的信口开河,就能够为周作人翻案,让他由汉奸卖国贼变成"爱国者"吗?怎么可能!废名的这种态度,是《水浒传》上那位大名鼎鼎的泼皮牛二的态度,也就是颠倒黑白、蛮不讲理的态度。废名作为一名优秀的乡土小说家,一到周作人的附逆问题上,怎么就变得这样不可理喻了呢?要说"丧心病狂",这恐怕很典型。我们不妨拿废名的上述高论与俞平伯致胡适信稍加比较,就不难看出头脑的清浊与品德

---

① 《莫须有先生坐飞机以后·一天的事情》,《文学杂志》第2卷第11期,1948年4月。

的高下了。

可悲的是，废名的周作人是"第一个爱国的人"的齐天怪论，他还一再宣扬、夸大，真是振振有词。比如，在《我怎样读论语》① 一文中，他又写道：

> 因为国家的命运不好，他寂寞地忠于自己的见地，故与群众相反，这是信。敌寇当前，他还想救人，还想替国家有所保存，这是仁。这个人现在在狱中，他是如何的"忍辱"（这是他生平所喜欢的菩萨六度之一），他向着国家的法律说话是如何的有礼。

群众爱国，周作人卖国，却变成了"信"；敌寇当前，他贪生怕死，当汉奸，却变成了"还想救人，还想替国家有所保存"，即所谓"仁"。又"信"又"仁"，周作人多么高尚、伟大呀！这不是在明目张胆地美化汉奸卖国贼、诬蔑广大抗日军民吗?! 很怪，废名先生躲日寇躲到了穷乡僻壤，与周作人一度失去了联系，让他写出了《怀废名》②，为什么废名先生不学一学老师的"信"和"仁"，和老师一起去"信"和"仁"呢？大概他的"信"、"仁"论只能是骗骗别人，他自己也并不相信吧！

四、周作人与沈启无

号称周作人四大弟子之一的沈启无，追随周作人一起当了汉奸；但又在片冈铁兵骂周作人事件中扮演了"同谋者"的角色，以致被周作人革出"教门"，汉奸生涯极其暗淡。周作人的"破门声明"③ 是这样写的：

> 沈杨即沈启无，系鄙人旧日受业弟子，相从有年。近来言动不

---

① 《民国日报·文艺》1948 年 6 月 28 日。

② 《古今》第 20、21 号合刊，1943 年 4 月 16 日，收入《药堂杂文》，新民印书馆 1944年版。

③ 《中华日报》1944 年 3 月 23 日，收入《周作人散文全集》第 10 卷。

逊，肆行攻击，应即声明破门，断绝一切公私关系，详细事情如有
必要再行发表。

周作人启，三月十五日。

关系何以发展到此等地步？说来倒也话长。在周作人的"四大弟
子"中，沈启无颇不同于其他三位。其他三位与周氏可谓亦师亦友，
关系是平等的。沈启无则不然，他与周氏的关系似乎是主从的，甚至是
主奴的。俞平伯、废名都是著名作家，自不待言。江绍原也是有独特造
诣的著名学者。"谈笑有鸿儒，往来无白丁"，俞、废、江都可谓周氏
座上的"鸿儒"，而沈启无却无此档次，他只是追随老师、言听计从的
一名老学生。周作人要抬举公安竟陵派，让他编选公安竟陵派的散文集
子，他便不遗余力，广为搜罗，编成了《近代散文抄》。这本书周作人
当然大为称赞，以至于先后为之写了两个《序》。然而，光这一个选
本，无论如何也上升不到亦师亦友的高度，沈启无还只能是一名俯首听
命的老学生，1939 年元旦，沈启无去给老师拜年，恰好赶上了"刺周"
事件，沈启无赶紧站起来对"刺客"说"我是客人"，结果还是受了轻
伤。对此，周作人并未介怀，"下水"后照样委以重任（北大中文系主
任等）。1942 年应汪精卫之约南京讲演，苏州游览，沈启无夫妇皆得随
行。照理说，沈氏是不应背叛老师的。

但是，问题的复杂性在于：奴才虽然忠于主人，但如遇到更有钱有
势、对自己更信任、更赏识的主人时，则往往会"跳槽"，投靠新的主
人。沈启无之背叛周作人，似乎正是基于这种状况。日本"文学报国
会"作家林房雄氏（战前的日本左翼作家）来北平访问，遭到周作人
等的冷遇（周嫌他档次太低），却得到了沈启无的热情接待和欢迎。双
方的具体接触不详，但在林房雄返日后召集的"大东亚文学者大会"
上，林房雄的好友、亦战前左翼作家的片冈铁兵发表了长篇讲话，暗称
周作人为中国的"反动老作家"，称周的《中国的思想问题》是与"大
东亚共荣圈"思想唱反调。而林房雄、沈启无都参加了这次大会。周
作人闻讯后，自然怒不可遏。他一方面给"文学报国会"的久米局长
写信，要求片冈铁兵道歉，一方面即发表了《破门声明》，将沈启无逐
出了教门。周作人认定"沈启无背叛了自己，他成了片冈铁兵的同

谋"。

　　胳膊扭不过大腿。片冈铁兵抵不过受日本军方支持和宠爱的周作人，被迫作了极不情愿的"道歉"。这一下殃及池鱼，沈启无在北平就再也混不下去了。任何党派和个人痛恨的都是叛徒，我们也就无法说周作人太狠或沈启无太惨了。

　　尽管谈不上亦师亦友，但《破门声明》前的师生关系确实是融洽的。我们看周作人写给沈氏的那些信件，就不难看出周氏对沈氏是如何喜欢和信任。特别是那两篇《近代散文抄序》，周氏简直手舞足蹈，不乏传人矣。不妨摘抄两段：

　　　　启无的这个工作是很有意思的，但难得受人家的理解和报酬。……启无选集前代的小品文，给学子当作明灯，可以照见来源去路，不但是在自己很有趣味，也是对于别人很有利益的事情，不过在载道派看来这实在是左道旁门，殊堪痛恨，启无的这本文选其能免于覆瓿之厄乎，未可知也。但总之也没有什么关系。是为序。（录自《近代散文抄序》）

　　　　启无编刊这部散文抄，有益于中国学术文艺上的地方很多……启无的这部书的确是"实为德便"。在近来两三年内启无利用北平各图书馆和私人所藏明人文集，精密选择，录成两卷，各家菁华悉萃于此，不但便于阅读，而且使难得的古籍，久湮的妙文，有一部分通行于世，寒畯亦得有共赏的机会，其功德岂浅鲜哉。（录自《近代散文抄新序》）①

　　沈启无被革出教门后，被迫去南方投靠胡兰成，在《大楚报》当胡的助手。但他眼看胡兰成丢下新婚（实乃同居）的张爱玲又姘上了17岁的小护士周德训，便出言劝阻，结果把胡氏也得罪了。

　　新中国成立后，沈启无在大学任教，据说颇受学生欢迎。但在历次政治运动中连连挨整，在"文革"中死去，晚景甚为凄凉。

---

　　①　均收入《苦雨斋序跋文》，天马书店1934年版。

第三十五节　"苦雨斋"与其他京派沙龙

苦雨斋不是孤立的，它与其他几个京派沙龙也都有或多或少的联系。联系最少的大概是林徽因沙龙，联系的纽带只有一位徐志摩。联系最多的是以沈从文、朱光潜为代表的《大公报·文艺副刊》沙龙。

早在《雨天的书》出版后，朱光潜便写了评论，盛赞周氏的文章风格：

> 这书的特质，第一是清，第二是冷，第三是简洁，你在雨天拿这本书看过，把雨所生的感情和书所生的感情相比较，你大概寻不出分别……生在中国这个时代，实在难望能够从容镇静地做出平和冲淡的文章来……周先生而外，很难找得第二个人能够做得清淡的小品文字。①

30年代朱氏在《文艺心理学》等论著中大讲陶渊明如何"浑身是静穆，所以他伟大"，遭到鲁迅的驳斥。而在涉及陶渊明的一系列文章中，周氏显然是支持朱氏的。1938年2月9日周作人"下水"后，诗人何其芳为文谴责，而朱氏则为周氏辩护，说什么"消息有误"，其心情是可以理解的。

30年代初沈从文主编《大公报·文艺副刊》，周作人成了主要撰稿人之一，发文不下数十篇，且大多为篇幅较长者。像《重刊〈袁中郎集〉序》等有较大争议的文章，都是经沈氏之手发出的。沈氏曾以"炯之"之名为文攻击文人间的论争，认为无异于"狗咬狗"，让人看热闹。而周氏在文章中也支持了沈氏的观点。

以陈源为代表的《现代评论》派沙龙，本来是"二周"的对立面。但在鲁迅离京南下后，情况发生了变化，周作人摒弃前嫌，弥合了与陈源等人的裂痕，特别让《真谈虎集》胎死腹中，尤获《现代评论》派之好评。通过胡适与徐志摩，周氏基本上与《现代评论》派结成了统

---

① 《一般》第1卷第3期，1926年11月5日。

一战线。特别由于反"左翼"、反鲁迅的一致，这些京派与南方的新月派已经浑然一体，构成了南北一体的、强有力的"左联"反对派，鉴于下面将有《周氏与"左联"》专章论述，这里只好从略了。

第九章

周作人与"左联"

第三十六节　周作人与"左翼文学"的交恶

"左翼文学"（普罗文学、无产阶级革命文学）兴起在 1928 年，周作人与"左翼文学"的交恶也在 1928 年，起因是冯乃超的《艺术与社会生活》一文，文曰：

> 鲁迅这位老先生——若许我用文学的表现——是常从幽暗的酒家的楼头，醉眼陶然地眺望窗外的人生。世人称许他的好处，只是圆熟的手法一样，然而，他不常追怀过去的昔日，追悼没落的封建情绪，结局他反映的只是社会变革期中的落伍后的悲哀，无聊赖地跟他弟弟说几句人道主义的美丽的说话。隐遁主义!①

冯文是后期创造社向鲁迅发难的文章，他们把鲁迅当成了自己提倡无产阶级革命文学的绊脚石，立意要踢开他。他们当时并未把周作人放在眼里，只是在讨伐鲁迅时顺便捎带了他一下。而这一"捎带"，与其说是批评，不如说是表扬。说鲁迅"无聊赖"，并不等于说周作人"无聊赖"；"跟他弟弟说几句人道主义的美丽的说话"，这岂非更在表扬周作

---

① 《文化批判》创刊号，1928 年 1 月。

人提倡人道主义？至于"隐遁主义！"一语说的也是鲁迅而非周作人。
然而，冯文的语气、态度、方法、观点都是周作人所不能赞成的。他们
把鲁迅当成绊脚石，这时的周作人怎能同意，说鲁迅只会"无聊赖地"
追随他鼓吹"人道主义"，这又多么荒唐？当时的周作人虽然只在冷眼
旁观，但他对后期创造社的上述做法是十分反感的。后期创造社在上海
的种种姿态，周作人都无法赞赏。特别他们把文学当成一种"运动"
来推进，名之曰"无产阶级革命文学运动"，这更是周作人断难接受
的。他早就说过：

> 我是不相信群众的，群众就只是暴君与顺民的平均罢了……凡
> 以群众为根据的一切主义与运动我也就不能不否认。①

他甚至说："我自己是不信仰群众的，与共产党无政府党不能做
同道。"②

"无产阶级革命文学运动"正是一种"以群众为根据的……主义与
运动"，也是在他的"否认"之列。何况中国的"普罗文学运动"乃从
日本贩卖而来，而日本的"普罗文学运动"周作人也压根儿并不赞赏
呢？周作人是日本文学翻译家与研究家，他喜欢翻译的是夏目漱石、森
鸥外、永井荷风等写实派或浪漫派以及武者小路实笃等"白桦派"、
"新村派"，对日本的"普罗文学运动"，他甚至连一个字都未提及，他
是根本反对这种"以群众为根据的……主义与运动"的。

正当后期创造社大张旗鼓发动"普罗文学运动"之际，周作人兜
头泼来了这样一桶冷水：

> 借问为何而放爆竹？则求升官发财也。间放者为谁？则士商农
> 工，即所谓第三第四阶级，中国之四民全体是也。
>
> 中国人总喜欢看样，我们于是有第三第四阶级的名称了。但事
> 实上中国有"有产"与"无产"这两类，而其思想感情实无差别，

---

① 《北沟沿通信》，作于 1926 年 11 月 6 日，收入《谈虎集》。

② 《〈谈虎集〉后记》，《北新》第 2 卷第 6 期，1928 年 1 月 16 日，收入《谈虎集》。

有产者在升官发财中而希望更升更发者也，无产者希望将来升官发财者也，故生活上有两阶级，思想上只一阶级，即为升官发财之思想。……故中国民族实是统一的，生活不平等而思想则平等，即统一于"第三阶级"之升官发财的浑账思想。不打破这个障害，只生吞活剥地号叫"第四阶级"，即使是真心地运动，结果民众政治还就是资产阶级专政，革命文学亦无异于无聊文士的应制，更不必说投机家的运动了。现代的社会运动当然是有科学根基的，但许多运动家还是浪漫派，往往把民众太理想化了，凭了民众之名发挥他的气焰，与凭了神的名没有多大不同，或者这在有关宗教性质的事业上也是不可免的罢？[①]

这篇文章写得很好，名曰《爆竹》，似乎在谈民俗，实际上是在批评群众运动，特别是"普罗文学运动"。所谓"第几阶级"，"第几阶级"是后期创造社的口头禅，他们就曾质问："鲁迅是第几阶级的文学家"？周作人把他们的这个幼稚可笑的、唯成分论的命题彻底瓦解了。什么"第几阶级"？不过是"有产"与"无产"。而不论"有产""无产"，"其思想感情实无差别……思想上只一阶级，即为升官发财之思想"。周作人这个观点当然是片面的，"有产者"和"无产者"思想感情上当然有重大差别。但在希望升官发财上，落后的"无产者"和得意的"有产者"确乎有极大的一致性。后来鲁迅就曾指出：工人一旦当了工厂主，可能比资本家还厉害（大意）。"普罗文学运动家"们的"第四阶级"如何如何，根本是无法成立的。只是"生吞活剥"地叫喊"第四阶级"，结果还是摆脱不了"资产阶级专政"，可谓"革命文学亦无异于无聊文士的应制"。何谓"应制"？即封建社会的命题作文考状元也。这样"应制"的"革命文学"还有什么意义？还值得提倡吗？周作人还批评"普罗运动文学家"们是所谓"浪漫派"，不顾现实状况，"往往把民众太理想化了，凭了民众之名发挥他的气焰"。这也击中了要害，不少"普罗文学运动家"正是以"第四阶级"的代表者、代言人自居的，似乎他们打一个喷嚏也是"第四阶级"的。鲁迅在《醉眼

---

① 《爆竹——随感录97》，《语丝》第4卷第9期，1928年2月5日，收入《永日集》。

中的朦胧》、《我的态度、气量和年纪》① 等文中曾辛辣讽刺过"普罗文学运动家"们的"无产气",周作人这里所说,正与鲁迅不谋而合。"普罗文学运动家"们充满了革命激情,气势非凡,但也充满了盲目性,亦即十分可笑的"左倾幼稚病"。周作人指出这是一种"宗教情绪",也是很有见地的。周作人点名道姓地指出"自称无产阶级的革命文学家如成仿吾蒋光赤辈"亦并非"无产思想"者。②

几乎在写《爆竹》的同时,周作人在北京中法大学发表了一篇题为《文学的贵族性》③ 的讲演,正面阐述了他对"革命文学"的看法。他开宗明义地承认:他这个讲演,"是对提倡说革命文学的人而发的"。又说:"更有拿第四阶级文学,或无产阶级文学,或平民文学来攻击所谓贵族文学,这一点,我也不敢赞同。"他重申:"中国无产阶级的思想,完全是和第三阶级的升官发财是同一个鼻孔出气的。"他认定:

> 所以,在中国根本也就说不到所谓第四阶级文学。好的文学,事实上既不如第三阶级文学,也不是第四阶级文学。准此,中国的文学只产生在反 Bourgeois 阶级上。
>
> 其实,文学家是必跳出任何一种阶级的;如其不然,踏足在第三或第四阶级中,那是决不会有成功的。

不难看出,1928 年顷周作人与"普罗文学"的交恶更多是客观认识的不同而不是主观利害的冲突。随着"普罗文学"的开展,特别是 1930 年"左翼作家联盟"的成立,尤其是鲁迅成为"左联"的实际盟主,周作人与"左翼文学"的分歧与冲突,便由客观发展到主观,矛盾越来越大,冲突也越来越尖锐了。

---

① 均收入《三闲集》,见《鲁迅全集》第 4 卷。人民文学出版社,1981 年版。

② 《与江绍原书九通》,1928 年 1 月至 8 月,收入《周作人散文全集》第 5 卷。

③ 《晨报副刊》1928 年 1 月 5 日起连载,收入《周作人散文全集》第 5 卷。文中 Bourgeois 意为资产阶级。

第三十七节 周作人对鲁迅、许广平
婚姻生活的攻击

1927 年 10 月，鲁迅、许广平双双来到上海，开始了他们的同居生活，师生恋发展为师生配。根据当时的民国法律，鲁、许的同居生活是合法的。鲁迅虽有妻子朱安，但那是母亲包办的，鲁迅可以与她离异，也可以保持现有婚姻状况而另与他人恋爱结婚。离京南下前，鲁迅曾征求过朱安的意见，问她是回娘家还是留在周家？朱安表示留在周家照顾婆婆。她是鲁、朱这桩包办婚姻的最大受害者。鲁迅曾说她是母亲给自己的一份礼物，必须好好待承她。1925 年他与许广平恋情发生后，内心深处也纠结着难言的矛盾与痛苦，能不能爱？要不要爱？如果爱了，对不对得起朱安？如果不爱，对不对得起许广平？……结果，鲁迅思想斗争胜利：可以爱，应当爱，在保持与朱安名义夫妻、以免她寻短见的前提下，发展与许广平的爱情，摆脱多年来的无爱婚姻的煎熬。鲁迅的决定是正确的，他已经忍受了包办婚姻的半生痛苦，他不应再继续忍受下去。对不住朱安的不是他，而是包办婚姻制度以及思想陈旧的母亲。思想斗争的胜利保证了鲁、许二人的爱情升华，决定了他们相濡以沫的十年幸福生活。①

对鲁迅不幸的包办婚姻，周作人比谁都清楚。1906 年鲁迅奉母命由日本回家完婚，周作人正在家中，是历史的见证人。鲁迅、朱安虽拜天地而并未圆房，四天之后鲁迅便带周作人一起返回日本了。鲁迅巨大的精神痛苦，他比谁知道得都清楚。周作人知道得更清楚的是：为了他和羽太信子的婚姻，鲁迅牺牲了赴德国留学的机会，回国就业，挣钱养家，也支付了周作人结婚的一切花销。之后，他到教育部任职，尽一切努力买下了八道湾的房产，将周作人夫妇安置到北京。这一切，没有人比周作人更心知肚明。将心比心，他对大哥的不幸婚姻应高度同情，他对大哥与许广平的恋爱、结婚（同居）应全力支持。何况，他一直以妇女问题专家而闻名，不遗余力地提倡爱的婚姻呢？

---

① 　参见李浩《许广平画传》，上海社会科学出版社 2010 年版。

然而，让人们万万意想不到的是，周作人竟然将鲁、许的恋爱、同居看成了罪恶，几十年如一日地加以谩骂与攻击。由于鲁迅成了"左翼文学"的名义上的盟主，更为周作人所反对。对鲁、许婚姻生活的谩骂与攻击便带上了明显的政治色彩，显得更加恶毒了。

周作人第一篇恶毒攻击鲁、许婚姻的文章是《中年》，① 文章写道：

> 平常中年以后的人大抵糊涂荒谬的多……忘记自己的老丑。想在人群中胡混，执著人生，私欲益深，人情物理都不复了解，"至可叹息"是也。……
>
> 中年是理智的时代……然而中国凡事是颠倒错乱的……中年以来重新来秋冬行春令，大讲其恋爱等等，这样地跟着青年跑，或者可以免于落伍之讥，实在犹如将昼作夜，"拽直照原"，只落得不见日光而见月亮，未始没有好些危险。……
>
> 世间称四十左右曰危险时期，对于名利，特别是色，时常露出好些丑态……尤其是无惭愧地，得意似地那样做，还仿佛是我们的模范似地那样做……
>
> 普通男女私情我们可以不管，但如见一个社会栋梁交高女权或社会改革，却照例纳妾等等，那有如无产者首领浸在高贵的温泉里命令大众冲锋，未免可笑，觉得这动物有点变质了。

明眼人一看便知，所有这些话，都是影射、攻击鲁迅的。是年，周作人45 岁，鲁迅49 岁，正在中年。所谓"中年以来重新来秋冬行春令，大讲其恋爱等等"，指的正是鲁、许之恋。所谓"月亮"，曾经是高长虹给许广平的称谓，周作人故意拿来应用，唯恐别人看不出他攻讦的是鲁、许二人。所谓"一个社会栋梁……却照样纳妾"，指的更是鲁迅了。周作人把许广平说成是鲁迅的"妾"，可以说恶毒得无以复加。能因为鲁迅、朱安的包办婚姻、死亡婚姻而剥夺鲁、许爱的权利吗？周作人不是大讲包办婚姻是"罪恶"，是"违背人性"吗？为什么鲁迅的包办婚姻便这样神圣不可侵犯了呢？便符合"人性"了呢？周作人还一

---

① 《益世报》1930 年 3 月 18 日，收入《看云集》。

再大讲"性爱",一再翻译、介绍、推荐英人蔼理斯等人的"性爱"理论,用以揭露中国封建包办婚姻的违背"性爱"。既然如此,鲁迅摆脱包办婚姻的羁绊,勇敢追求自己的爱情与幸福,怎么就变成了"纳妾",变成了大逆不道呢?诬蔑鲁迅"纳妾",彻底暴露了周作人在妇女、恋爱、婚姻、人性等问题上的虚伪性,他有"双重标准",在字面上大反包办婚姻,到鲁迅这里则不遗余力地维护包办婚姻了。对鲁迅人格的侮辱,进一步暴露了周作人的忘恩负义。"长兄如父",鲁迅待他恩重如山,但他却这样毒辣阴狠,他一向标榜的什么"宽容"、"儒雅"都不知到哪里去了。

在文中,周作人大贬鲁迅"糊涂荒谬","忘记自己的老丑","在人群中胡混","私欲益深",连"人情物理"都不懂,简直一无是处。周作人一再声称他对兄弟失和"不辩解",但他这样恶毒攻击胞兄岂非比任何辩解都更厉害吗?而这样的攻击(甚至人身攻击)并非只见于文章中,竟也见于他给别人的信中。比如,写《中年》的这个月底,他在给江绍原的信中便这样说道:

> 绍原兄:
> ……《萌芽》未见,但曾闻人说过。鲁迅精神异常,我亦与之绝,其所说似无计较之必要,又如寄信去给该月刊则更不值得矣。鲁曾说北大学生叫他来教书,钱玄刘半因怕夺他们的饭碗,故造谣言说他发疯云云,即此一端可以见其思路之纷乱了……
>
> 3.31,作人。

《萌芽》月刊是"左联"的一个革命文学刊物,鲁迅当然是支持的。在它的创刊号上,发表了鲁迅的杂文《流氓的变迁》和《新月社批评家的任务》以及译文《溃灭》(后改译《毁灭》)的一部分。在"科学的艺术论丛书"出版广告中,也推出了鲁迅将译的苏联卢那卡尔斯基的《艺术的社会底基础》、《文艺与批评》以及《文艺改革》诸书。这本月刊的"左倾"色彩是十分明显的,鲁迅的"左倾"色彩也是十分明显的。但这是鲁迅的自我选择,有什么罪过呢?作为一个自由主义的知识分子,江绍原不理解鲁迅的态度,这是可以原谅的。但周作人借此攻击鲁迅"精神异常"，这就不可原谅了。何谓"精神异常"？不就是有神经病吗？这不明明是信口胡言吗？鲁迅"精神"怎么"异常"了？这种恶毒攻击出诸周作人之口，说明了什么？他还有一点手足情分乃至人味吗？尤为恶毒的是，下边还有一句"我以与之绝"，似乎他的不理鲁迅，将鲁迅赶出八道湾，完全是因为鲁迅"精神异常"的结果。这叫"不辩解"？岂止"辩解"而已矣！至于什么"鲁曾说……"之类，也纯粹是无中生有的造谣，根本没有这些事。1926年之后，北大学生既不曾请鲁迅来教书，鲁迅也根本不准备再来北京教书。谈何夺钱玄同、刘半农等人的饭碗？钱、刘等人又怎么可能造谣鲁迅发疯？这一系列"思路之纷乱"与鲁迅有何关系？不都是周作人的无中生有吗？可以说，一提到鲁迅，周作人的"绅士"面孔便无影无踪了。

　　1933年春，鲁迅、许广平的通信集《两地书》即将出版了。消息传来，更加惹恼了周作人。也是在与江绍原的信中，他写道：

绍原兄：

　　……观蔡公［按指蔡元培］近数年"言行"，深感到所谓晚节之不易保守，即如"鲁"公之高升为普罗首领，近又闻将刊行情书集，则几乎丧失理性矣。……

知堂　3.7。[①]

"鲁"公者，即周氏胞兄鲁迅也。"几乎丧失理性"者，表现为二：一为"高升为普罗首领"，二即"将刊行情书集"也。"高升为普罗首领"，姑置勿论，"将刊行情书集"怎么就"几乎丧失理性"呢？世界上情书集有的是，没听说哪位作者"丧失理性"。为什么一到鲁迅这里便"几乎丧失理性"了呢？莫非鲁迅根本没有写情书的权利，他的情书都是见不得人的大毒草吗？周作人这样背后诋毁鲁迅，不知算不算"几乎丧失理性"？

　　周作人对鲁迅、许广平婚姻生活的攻击，一直持续至逝世前。在给香港朋友鲍耀明的通信中，他还是攻击鲁迅"纳妾"，还是骂许广平为

---

① 《与江绍原书》，1933年3月7日作，收入《周作人散文全集》第5卷。

"妾妇"。猖狂之状，溢于言表，不知"理性"逃到哪里去了。①

抗俄期间，流落日本的创造社元老之一陶晶孙先生曾写有《鲁迅和周作人》一文，涉及周作人对鲁、许婚恋的攻击。文曰：

> 鲁迅先生离开北京之后，不顾母亲对他去向的耽忧，没经母亲大人应允便与许女士结婚了。这一点很令周作人不悦。加上孝顺的周作人当时守在母亲身边，在情理上不得不站在母亲一边……鲁迅门下云集了众多的文学青年，致使周作人连鲁迅的葬礼都未得参加……（有人）将生前无甚紧要之事公私不分地混淆一处，说他们兄弟关系不好，这无疑十分欠妥。②

因为陶晶孙先生多年滞留日本（有无汉奸嫌疑姑置勿论），对国内有很多事情比较隔膜，上引文字便让人有隔靴搔痒之感。

第一，鲁迅于 1926 年 8 月 24 日离京南下，行前对母亲和妻子朱安的生活作了妥善安排，留给他们每月生活费 200 元。至南方后，亦每月寄回 200 元，一直到鲁迅去世。鲁迅去世后，许广平照寄不误。只是抗战期间许广平被日本宪兵队逮捕入狱后，才被迫中断了接济。但鲁迅生前的友人很快又设法继续接济了。③ 所以，说鲁迅与许广平结婚"没经母亲大人应允"，这是不对的。鲁迅母亲给鲁迅、朱安操持的包办婚姻害了鲁迅半辈子，害了朱安一辈子，这是鲁老太太终生的遗憾，她的确对不起最孝顺自己的大儿子。然而，鲁迅事母至孝，他只说朱安是母亲给自己的一份礼物，必须好好对待她，而绝无对母亲的丝毫怨言。鲁迅、许广平定居上海后，立即给母亲写信禀报。海婴降生后，所有鲁迅致母亲的请安信，落款皆为"男树叩上广平及海婴同叩"，哪有什么"没经母亲大人应允"呢？相反，鲁老太太十分欣慰鲁迅、许广平的结婚，放下了一大心事。海婴降生后，老太太尤为高兴。陶先生说什么鲁

---

① 见《周作人与鲍耀明的通信集》，河南大学出版社 2004 年版。

② 陶晶孙：《鲁迅和周作人》，《大陆新报》1943 年 10 月 27 日，收入《给日本的遗书》，上海文艺出版社 2008 年版。

③ 参见唐弢《关于周作人》，《鲁迅研究动态》1987 年第 5 期。

老太太反对鲁、许婚姻，这就望风扑影了。①

第二，既然如此，所谓周作人反对、攻击鲁、许结婚是"站在母亲一边"，自然是无稽之谈。

第三，周作人虽然为母亲操办了隆重的葬礼，又写了《先母事略》发表，但在母亲生前，他绝对不是孝子。"兄弟失和"后，他不仅将兄长鲁迅赶出了八道湾，也将母亲赶出了八道湾。如果他孝顺母亲，怎会、怎能让她走呢？老大、老二谁孝顺，老太太最知道。因此，她不留在二儿子独霸的八道湾，而宁愿跟着大儿子搬到西三条胡同，正是因为他知道老二"自私"，不孝顺；孝顺的是老大。果然，鲁迅生前，老太太一直是鲁迅供养，周作人每月仅提供15元零花钱，这哪是孝子行为？鲁迅去世后，周作人去看母亲，母亲说："老二，以后我就靠你了。"周作人答曰："我苦哉，我苦哉。"这也绝非孝子口吻。虽然从1938年1月开始周作人承担了母亲的生活费，但每月只有50元。日伪时期物价飞涨，也从未增加，使老太太生活日渐拮据。而他"督办"等多种伪职的薪俸合计不下六七百元，生活奢侈豪华，光男佣女仆即达30人。也早已把羽太信子的父母都接到了八道湾。相比之下，鲁老太太的供养就远不如鲁迅在时了。难怪鲁老太太曾对人说："只当我少生了他这个儿子。"②周作人尤其不孝的是，在他母亲重病之时，他却应汪精卫之邀赴南京、苏州讲学、游览。他返京不几天，老太太便去世了。这种行径又如何能与孝子沾边呢？陶晶孙先生写此文时，周作人虽已卸任"督办"，但仍为汪伪国民政府委员，炙手可热。不知陶先生口口声声誉周作人为孝子，有无巴结讨好之意？

第四，鲁迅逝世后，周建人曾代表治丧委员会给周作人发了讣告并函邀周作人莅沪参加葬礼。他如有参加之意，是毫无困难的。奈他毫无参加之意何？而在陶先生笔下，他的不参加葬礼却变成了不得其门而入，变成了"众多的文学青年"的阻挠，这就太远离事实了。

第五，"二周失和"是一桩历史事实，不是说不说的问题。但陶先生却不让人"说他们兄弟关系不好"，一说便"十分欠妥"，这也根本

---

① 参见鲁迅致母亲函，《鲁迅全集》第 12 卷，人民文学出版社 1981 年版。

② 可参见俞芳《谈谈周作人》，《鲁迅研究动态》1988 年第 6 期。

违背事实了。事实上，不是人们"将生前无甚紧要之事公私不分地混淆一处"，制造了"二周失和"，而是 1923 年 7 月 19 日周作人下了"逐客令"，将鲁迅赶出了八道湾，一手制造了长达 13 年之久的"二周失和"，陶先生又何必曲为之辩呢？

第三十八节　周作人对"左联"的影射与攻击

　　1930 年春"中国左翼作家联盟"（"左联"）成立后，周作人对"左翼"文学的恶感加深。由于鲁迅被推为"左联"盟主，周作人对鲁迅的恶感尤为加剧。自"左联"成立前后至鲁迅逝世，七八年间，周作人及其苦雨斋弟子构成了众多"左联"反对派中的一支，他们以自己独具特色的影射、攻击，参加了 30 年代反对"左联"和攻击鲁迅的大合唱。周作人谈不上是什么"右翼文学"的首领，他和几位弟子充其量也只能是"右翼文学"中的一派。他们既不像国民党御用的《社会新闻》派那样充当警犬，随时准备喝鲁迅及"左翼"作家的血，也不像梁实秋代表的"新月派"那样，污蔑鲁迅及"左联"拿苏联卢布，他们重视学理之争，他们着重从文艺理论、文学史的角度影射、攻击、否定"左联"和鲁迅。

　　1. 称"左联"和鲁迅为"载道派"。

　　如前所说，周作人以"言志"和"载道"划分文学史。在他看来，以韩愈为代表的唐宋八大家、清代的方苞、姚鼐等桐城派就是文学史上的"载道派"，而以三袁（伯修、中郎、小修）为代表的公安派、以钟（惺）、谭（友夏）为代表的竟陵派以至《陶庵梦忆》的作者张岱等则是文学史上的"言志派"。就新文学而言，以他为代表的苦雨斋及其他京派则是新文学中的主要"言志派"，"左联"与鲁迅则是新"载道派"。

　　1930 年"左联"成立后，他在《半封回信》、《金鱼》、《〈冰雪小品选〉序》等多篇文章和书信中大谈"言志派"和"载道派"。其矛头所向，十分明显。1932 年的《中国新文学的源流》则试图用这种理论概括新文学史。1934 年的《重刊〈袁中郎集〉序》，1935 年的《谈韩退之与桐城派》，1936 年的《遵命文学》等，无一不是借此以影射、攻击"左联"和鲁迅的。不妨摘引《遵命文学》中的一段：

> 宣传在别国情形如何我不知道，若在中国则差不多同化于八股
> 文而成的新牌的遵命文学，有如麻醉剂之同化于春药。本来遵命文
> 学做做亦何妨，旁人亦不必反对，只要他没有多大害处。然而不
> 然，遵命文学害处之在己者是做惯了之后头脑就麻痹了，再不会想
> 自己的意思，写自己的文章。害处之在人者是压迫异己，使人家的
> 思想文章不得自由表现。无古今新旧，遵命之害一也，科举的文诗
> 为害已久，今岂可使其复兴。……①

周作人的逻辑是："左翼"文学＝遵命文学＝宣传＝八股。如果"左
翼"文学真的如此，当然不值得肯定。然而，"左翼"文学真的如此
吗？比如殷夫的诗《孩儿塔》，柔石的小说《二月》和《为奴隶的母
亲》，肖军的《八月的乡村》，肖红的《生死场》以及大量的"左翼"
戏剧、电影、报告文学乃至鲁迅的辉煌千古的上千篇杂文，难道都是什
么"宣传"、"八股"、"遵命文学"吗？要说是"遵命文学"，不也遵
的是中国人民和中国革命之命吗？中国革命的伟大胜利，不也正有
"左翼"文学的一份功劳吗？周作人从一个正确的命题（八股不好）出
发，却走到了十分荒谬的地步。

在他写的一些序、跋中，这种影射、攻击更为放肆。比如，在给沈
启无编的《冰雪小品选》（后改《近代散文抄》）写的《序》中说道：

> 文学则更为不幸，授业的师傅让位于护法的君师，于是集团的
> "文以载道"与个人的"诗言志"两种口号成了敌对，在文学进了
> 后期以后，这新旧势力还永远相搏，酿了过去的许多五花八门的文
> 学运动。在朝廷强盛，政教统一时代，载道主义一定占势力，文学
> 大盛，统是平伯所谓"大的高的正的"，可是又就"差不多总是一
> 堆垃圾，读之昏昏欲睡"的东西。②

---

① 《世界日报》1936 年 10 月 20 日，收入《周作人散文全集》第七卷。
② 《骆驼草》第 21 期，1930 年 9 月 29 日，收入《看云集》。

这里厌恶、攻击的，也正是蓬勃发展的"左翼"文学。"左翼"文学运动在他看来，正是"五花八门的文学运动"之一，也正是所谓文学"垃圾"的制造厂。周作人蛰居苦雨斋中，与"左翼"文学运动的中心上海远哉遥遥，但却发出了这样的切齿痛恨之声，可见他的"言志派"立场是多么坚定！然而，由于"言志派"、"载道派"的划分本身即不科学，他对"左翼"文学的这些影射、攻击也就漏洞百出，很难站得住脚。因为任何文学都离不开"言志"，即使真有所谓"载道派"，他也必须通过"言志"来"载道"。离开了"言志"，也就无所谓"载道"了。正由于如此，周作人不断修改他的"载道文学论"，一会说"本于消遣，但同时也是传了道了"①，一会又说"以此为志，言志固佳，以此为道，载道亦复何碍"②。绕来绕去，自己也守不住"言志"、"载道"的边界了。

2. 攻击鲁迅投机趋时，老丑可恶。

对"左联"的嘲弄和攻击，一大半发泄在鲁迅头上。比如，在《志摩纪念》③中，这样写道：

> 我们平时常看书看杂志报纸，第一感到不舒服的是那伟大的说谎，上自国家大事，下至社会琐闻，不是恬然地颠倒黑白，便是无诚意地弄笔头……知识阶级的人挑着一副担子，前面是一筐子马克思，后面一口袋尼采，也是数见不鲜的事……

一看便知，这位"知识阶级的人"，非鲁迅其谁？鲁迅不是成了"左联"首领吗？"左联"信奉的不是马克思主义吗？鲁迅从前不是信奉过尼采的超人哲学吗？说鲁迅的担子里"前面是一筐子马克思，后面一口袋尼采"，不是很生动很形象吗？然而，周作人已经把鲁迅归入了"伟大的说谎"一类，是"恬然地颠倒黑白者"，"马克思"、"尼采"云云也都成了鲁迅说谎的道具。把鲁迅和"伟大的说谎"捆在一起，

---

① 《杂拌儿跋》，作于 1928 年 5 月 16 日，收入《永日集》。
② 《杂拌儿之二序》，作于 1932 年 11 月 25 日，收入《苦雨斋序跋文》。
③ 作于 1931 年 12 月 13 日，收入《看云集》。

大概不愧为周作人的伟大创造吧！这样地把污血喷在自己胞兄的脸上，算不算一种"大义灭亲"呢？

像这样的"大义灭亲"，在周作人笔下还在在多有。1934 年，在《半农纪念》中，他骂鲁迅是"狰狞"的"阿旁牛首"，鲁迅的纪念文《忆刘半农君》反成了对死者的"咒骂"。1935 年，在《〈蛙〉的教训》中，骂鲁的花样又翻新了：

> 有些本来能够写些小说戏曲的，当初不要名利所以可以自由说话，后来把握住了一种主义，文艺的理论与政策弄得头头是道了，创作便永远再也写不出来……①

很明显，影射的正是鲁迅，马克思主义的束缚把鲁迅的创作灵感彻底毁灭了，这难道不是"载道派"的最大悲剧吗？直至 1936 年 9 月，即鲁迅逝世前一个月，周作人在《老人的胡闹》中还在影射、攻击鲁迅，说什么"名位既尊，患得患失，遇有新兴占势力的意见，不问新旧左右，辄靡然从之，此正病在私欲深，世味浓，贪恋前途之故也。虽曰不自爱惜羽毛，也原是个人的自由，但他既然戴了老丑的鬼脸蹀出戏台来，则自亦难禁有人看了欲呕耳。这里可注意的是，老人的胡闹并不一定是在守旧，实在却是在维新。盖老不安分重在投机趋时，不管所拥戴的是新旧左右，并只因其新兴有势力而拥戴之，则等是投机趋时，一样的可笑。"周作人以批评日本老法西斯分子三上参次为名，实质上却将鲁迅和他混为一谈，大骂鲁迅，手段相当恶劣②。和周作人毫无手足之情相反，病床上的鲁迅还在查找北平教育界抗日救国宣言的签名者名单。在没有找到周作人的名字之后，失落地让周建人转告他：以后再有这样的重大项目，不可太退让。相形之下，鲁迅也真是太宽厚了。③

3. "小摆设"和"祭器"

1933 年 8 月，鲁迅在一周之内写了两篇文章：《"论语一年"——

---

① 《华北日报》1935 年 4 月 24 日，收入《苦茶随笔》。
② 《论语》第 96 期，1936 年 9 月 16 日，收入《瓜豆集》。
③ 参见周建人《鲁迅与周作人》。《新文学史料》第 21 期，1983 年 11 月 22 日。

借此又谈萧伯纳》和《小品文的危机》①，前者主要批评林语堂，后者主要批评周作人。林语堂创办《论语》等杂志，提倡"幽默"、"闲适"、"恬淡"，不食人间烟火，周作人则发表一系列文章，鼓吹不食人间烟火的小品文，把这种小品文捧到了天上去。也是在大贬"左翼"文学的《近代散文抄序》中，他说：

> 小品文是文学发达的极致，它的兴盛必须在王纲解纽的时代……有许多新思想好文章都在这个时代发达……小品文则在个人的文学的尖端，是言志的散文……是近代文学的一个潮头……不过在载道派看来这实在是左道旁门，殊堪痛恨……

吹捧闲适小品文的同时，则大讲"文学即是不革命，能革命就不必需要文学及其他种种艺术或宗教，因为他已有了他的世界，接着吻的嘴不再要唱歌"②。至于大捧公安派，借以确立闲适小品的文学正宗地位，更是不遗余力了。

周作人的上述主张和努力，都远远超出了一般的、正常的文艺论争的范畴，而带着浓郁的火药味，甚至是对"左翼"文学的讨伐味，不折不扣构成了一股文学逆流。正如鲁迅所说：这些小品文，不过是一种"小摆设"，"不是什么重要的物品"。"在风沙扑面，狼虎成群的时候，谁还有这许多闲工夫，来赏玩琥珀扇坠，翡翠戒指呢。他们即使要悦目，所要的也是耸立在风沙中的大建筑，要坚固而伟大，不必怎样精；即使要满意，所要的也是匕首和投枪，用不着什么雅。"一句话，"小摆设"的小品文不符合伟大时代的要求。然而，这种"小摆设"，"却正在越加旺盛起来，要求者以为可以靠着低诉或微吟，将粗犷的人心，磨得渐渐的平滑。这就是想别人一心看着《六朝文絜》，而忘记了自己是抱在黄河决口之后，淹得仅仅露出水面的树梢头"③。

对于周作人和他的高足们，鲁迅的这些逆耳忠言他们怎能听得进

---

① 均收入《南腔北调集》，《鲁迅全集》第四卷。
② 《燕知草跋》，写于 1928 年 11 月 22 日，收入《永日集》。
③ 均见《小品文的危机》。

去? 这无异火上浇油, 徒然增加周作人等人对他的憎恶。你说我们是
"小摆设", 那么, 你写的是什么呢? 只能说是"祭器"。周作人写道:

> 眼看文章不能改变社会, 于是门类分别出来了, 那一种不积极
> 而无益于社会者都是"小摆设", 其有用的呢, 没有名字不好叫,
> 我想或者称作"祭器"罢。祭器放在祭坛上, 在与祭者看在实在
> 是颇庄严的, 不过其祝或诅的功效是别一问题外, 祭器这东西到底
> 还是一种摆设, 只是大一点罢了。……器则一也, 反正摆设
> 而已。①

与其说这是评论, 倒不如说是诅咒, 对革命文学、革命事业的诅咒。难
怪, 周作人当时已在大肆鼓吹"和比战难"、"中国必亡", 对中国革
命、革命文学怎能不恶意诅咒呢? 应该指出, 鲁迅并未完全否定"小
摆设", 相反, 他还认为"五四"时期"小摆设"来了一个大"展
开", "散文小品的成功, 几乎在小说戏曲之上"。"小摆设"自有它的
功用和生命力, 但关键在于适应时代要求。周作人那样无限度地吹捧
"小摆设", 是完全不能成立的。当然, 在革命胜利后的今天, 和平建
设的今天, 人们对"小摆设"的需求大大增加了。然而, 即使如此,
"小摆设"也永远是"小摆设"。

4. 攻击鲁迅倡导的文艺论争

"五四"当年, 周作人曾积极从事文艺论争, 曾对"鸳蝴派"、黑
幕文学等进行过尖锐的批评。"五四"之后, 直至 1928 年前, 他在社
会批评与文明批评方面仍写了大量文章。他对"《现代评论》派"的揭
露, 对段祺瑞北洋军阀政府制造的"三·一八"惨案的控诉, 乃至对
国民党新军阀残杀共产党人和革命青年的声讨, 较之乃兄鲁迅也不遑多
让。1925、1926 两年间的此类文章, 不下 50 余万言, 他已经编好了
《真谈虎集》。但是, 未及出版, 他变卦了, 他决定永不出版这本书。
不仅不出版, 还说了如下类似忏悔的话:

---

① 《关于写文章》, 《大公报》1935 年 3 月 24 日, 收入《苦茶随笔》。

　　这一类的文字（袁按：周氏称之为"得罪人得罪社会"者）总数大约在二百篇以下，但是有一部分经我删去了，小半是过了时的，大半是涉及个人的议论；我也曾想拿来另编一集，可以表表在"文坛"上的一点战功，但随即打消了这个念头，因为我的绅士气（我原是一个中庸主义者）到底还是颇深，觉得这样做未免太自轻贱，所以决意模仿孔仲尼笔削的故事，而曾经广告过的《真谈虎集》也成为有目无书了。[①]

不想"自表功"，自然是高风格。然而，历史呢？要不要尊重？周作人为了和"《现代评论》派"大联合而不再出版《真谈虎集》，不正是一种历史的倒退吗？出版那些带着历史烟尘的文字，正表示自己的生活轨迹和社会生活的一页，谈何"太自轻贱"？相反，看风转航，愧对历史的人，才真正是自轻自贱。周作人胎死《真谈虎集》，走的正是这条道路。他的由激烈抗日到降日当汉奸，走的也是这条道路。正在他胎死《真谈虎集》之时，鲁迅出版了《华盖集》正续编，光明磊落，堂堂正正，究竟是谁"太自轻贱"呢？

　　"太自轻贱"的冒牌绅士周作人大讲自己的"绅士气"，到了30年代，就用这种伪"绅士气"大骂鲁迅的社会批评与文明批评，大骂鲁迅堂堂正正的文艺批评与论争了。还是在那篇《关于写文章》中，他说：

　　我不想写祭器文学，因为不相信文章是有用的，但是总有愤慨，……说说也好，聊以出口闷气。……我所写的最不行的是那些打架的文章……我觉得与人家打架的时候，不管是动手动口或是动笔，都容易现出自己的丑态来，如不是卑怯下劣，至少有一副野蛮神气。……然而说也奇怪，世人却似乎喜看那些打架的文章，正如喜看路旁两个人真的打架一样。互相咒骂，互相揭发，这是很好看的事……现今许多打架的文章好有一比，这正如贪官污吏暮夜纳贿，痴男怨女草野偷情……

---

① 《谈龙谈虎集·自序》，开明书店1927年出版。

周作人对文艺论争的这些观点，可以说错得不能再错。堂堂正正的文艺论争，可以提高文艺的档次，推动文艺的发展，谈何"丑态"和"卑怯下劣"？"卑怯下劣"的不是正常的文艺论争，而是人身攻击，造谣诬蔑。高屋建瓴的文艺批评，难免气势滂沱，但这不是"野蛮"，而是豪情。如果真理、正义没有这种豪情，还成其为真理、正义吗？那些造谣诬蔑、鼠窃狗偷之辈不可能有这种豪情，他们只能有见不得人的种种丑态。周作人误以为自己的这种错误态度为"绅士气"，也大错而特错了。真正的绅士正应该是堂堂正正，是非分明的。肖伯纳不愧为英国的绅士吧？但他大骂那些营营苟苟的"蛆虫"，这影响他的伟大吗？没有，因为他骂的是那些卑怯下劣的真正的蛆虫。雨果怒斥英法联军火烧中国圆明园的暴行，这"野蛮"吗？"卑怯"吗？"丑恶"吗？不！因为"野蛮"、"卑怯"、"丑恶"的是英法联军，而雨果不愧为真理和正义的化身。周作人对文艺论争的指责和背叛，暴露了他的假绅士嘴脸，没有是非、没有激情还叫"绅士"？周作人对文艺论争的态度，充满了"乡愿"气，一无足取。至于周作人文末的那两个比喻，尽管不愧为一例颇为工整的对联，但却是不伦不类，一点也不贴切的。"贪官污吏暮夜纳贿"和文艺论争有什么关系？"痴男怨女草野偷情"那就更不沾边了。

　　周作人这样丑化、攻击健康的正常的文艺批评，也是对"五四"时期周作人自己的背叛。当时，他这样说：

　　　　我想现在从事文学批评的人们，应该积极进行，互相批评，大家都有批评别人的勇气，与容受别人批评的度量。①

周作人这样的"勇气"与"度量"都到哪里去了呢？

　　附带说一句，30 年代像周作人一样反对、攻击正常文艺批评的人，比较著名的还有沈从文先生。他在《谈谈上海的刊物》一文中便这样写道：

----

　　① 见《翻译与批评》，作于 1920 年 11 月 21 日，收入《谈虎集》。

　　说到这种争斗，使我们记起《太白》，《文学》，《论语》，《人间世》几年来的争斗成绩。这成绩就是凡骂人的与被骂的一古脑儿变成丑角，等于木偶戏的互相揪打或以头互碰，除了读者养成一种"看热闹"的情趣以外，别无所有。……争斗的延长，无结果的延长，实在可以说是中国读者的大不幸。[①]

5. 关于周作人影射、攻击的披沙拣金

　　周作人多方面影射、攻击"左翼"文学和鲁迅，这当然是错误和无法回护的。然而，披沙拣金，也可以从中理出一些合理的意见。

　　首先，"左联"的确受了"第三国际"和中共党内"左倾"路线的影响，"飞行集会"之类的极"左"行动和口号确实产生过不良影响。就此而言，周作人反对"载道派"，反对"祭器文学"，便也有了一定的针对性和合理性。其实，鲁迅在《对于左翼作家联盟的意见》等文中，也是鲜明反对这些"左倾"幼稚病的。他的反"左"，比周作人要深刻有力得多。但周氏的反"左"中，也就有了一定的合理性。

　　其次，鲁迅对"小摆设"的批评虽然总体上是对的，但论述中有不圆满处，主要是这一段：

　　　　在方寸的象牙板上刻一篇《兰亭序》，至今还有"艺术品"之称。但倘将这挂在万里长城的墙头，或供在云冈的丈八佛像的足下，它就渺小得看不见了，即使热心者竭力指点，也不过令观者生一种滑稽之感。何况在风沙扑面，狼虎成群的时候，谁还有这许多闲工夫，来赏玩琥珀扇坠，翡翠戒指呢。他们即使要悦目，所要的也是耸立于风沙中的大建筑，要坚固而伟大，不必怎样精，即使要满意，所要的也是匕首和投枪，要锋利切实，用不着什么雅。

作为鲁迅的一种艺术趣味和观点，这当然是可以的，正如他不喜欢梅兰芳的京剧一样。但在论述中却显得有些片面和绝对。把在"风沙扑面，

　　① 《大公报·小公园》1935 年 8 月 8 日，收入《沫沫集》。

狼虎成群"的时代的一些要求，普遍化、绝对化了。就此而言，周作人及其弟子的某些意见便有了一定的合理性。

再者，"左翼"文学的不少作品艺术上比较粗糙，打打杀杀，斧头列宁，标语口号也较盛行，周作人等对此的批评也是有一定合理性的。

还有，《阿Q的旧账》①等文，批评了左翼批评家们对《阿Q正传》评价的前后矛盾，也是言之成理的。

总之，对周作人之影射、攻击"左联"，必须采取实事求是、具体分析的态度，驳斥其荒谬之处，肯定其合理之点。

---

① 《华北时报》1935年2月2日，收入《苦茶随笔》。

第十章

周作人的早期散文

第三十九节　周作人散文写作的几个阶段

在《书房一角》的原序①中，周作人曾这样概括自己的写作生涯：

> 我写文章，始于光绪乙巳，于今已有三十六年了。这个期间可以分做三节，其一是乙巳至民国十年顷，多翻译外国作品，其二是民国十一年以后，写批评文章，其三是民国二十一年以后，只写随笔，或称读书录，我则云看书偶记，似更简明的当。古人云，祸从口出，我写文章向来有不利，但这第三期为尤甚，因为在这里差不多都讲自己所读的书，把书房的一角公开给人家看了。

"光绪乙巳"，即 1905 年；"民国十年"，即 1921 年；"民国十一年"，即 1922 年；"民国二十一年"，即 1932 年也。全部换成公元，周作人的"三节"就是：

（1）1905—1921 年，"多翻译外国作品"；

（2）1922—1931 年，"写批评文章"；

（3）1932—1940 年，"只写随笔"。

————————

① 　写于 1940 年 2 月 26 日，收入《书房一角》。

　　1940 年之后，周作人又活了二十七年，直到 1967 年不幸逝世。他的绝笔很可能是写于 1966 年 3 月 23 日的"辘轳体"谐趣诗："春风狂似虎，似虎不吃人，吃人亦无法，无法管风神。"他的最后一篇散文，则可能是写于是年 3 月 4 日的《纪念孙伏园》①。

　　周作人自己对前三十年写作的分期，给人们提供了重要参考。仅仅从散文写作的角度，不妨将周作人六十年（1905—1966 年）的写作生涯划分为这样几个大的阶段：

　　（1）前期创作，1905—1927 年。

　　（2）30 年代创作，1928—1938 年。

　　（3）降日期间创作，1939—1945 年。

　　（4）晚期创作，1946—1966 年。

　　任何分期都不可能是完美无缺的，这里的划分也只能大而划之，不可以绝对化。关于周作人降日期间的散文创作，我们已经在上卷中详加分析，兹不赘述。这里要谈的，是另外几个阶段。

　　周作人的早期散文，大多收入他自己编选的如下五本散文集中：《自己的园地》（1923）、《雨天的书》（1925）、《泽泻集》（1927）、《谈龙集》（1927）、《谈虎集》（1928）。不算重收，总数大约 200 篇。《周作人散文全集》所收这一时期的集外文，大约为 100 篇。二者总计约 300 篇。这一时期，是周作人散文创作的旺盛期，也是他散文创作的第一个丰收期，它奠定了周作人在中国现代散文史上的地位。

第四十节　《自己的园地》的经典意义

　　1923 年 9 月，周作人的第一本散文集《自己的园地》由晨报社出版，内分三辑：第一辑《自己的园地》十八篇，第二辑《绿洲》十五篇，第三辑杂文廿篇，共计五十三篇，另有《自序》一篇，《小引》二篇。《自己的园地》连印数版，轰动文坛的程度仅次于鲁迅的《呐喊》。1927 年 2 月北新书局出版修订版，删去《自序》及杂文，加上《茶

————————

　　①　《纪念孙伏园》，生前未发表。

话》二十三篇,《小引》一篇,附录三篇,总计为六十篇。

《自己的园地》和《绿洲》不是一般意义上的散文,而是随笔体的文艺批评、文艺短论,它们延续的是"五四"当年《人的文学》、《平民文学》、《思想革命》等文的样式和传统,对中外文艺广泛地无拘束地发表意见。第一辑《自己的园地》十八篇文章中,前十三篇均是专题性文艺短论和随笔,最后五篇则是专书的书评或曰书话。短论部分涉及的问题很广泛,从文艺的宽容、国粹与欧化、贵族与平民、文艺的统一、文艺上的异物以至神话、传说、歌谣、小诗、情诗……表现了博古通今的渊博和中外兼具的弘放,这种深厚的学术功力,正是作家二十年间厚积薄发的结果。十三篇中的最后一篇《情诗》既是综合性短论,也是汪静之情诗集《蕙的风》的专论,即书评、书话。它成了短论到书评、书话之间的过渡桥梁。从《阿丽思漫游奇境记》开始,后五篇皆是书评、书话了。值得注意的是,在这五篇书评、书话中,有四篇说的都是西欧文学,只有一篇谈的是中国文学,这就是郁达夫先生的《沉沦》。而影响最大的,恰恰也正是这一篇。《沉沦》发表后,遭到了一些封建卫道者的攻击,他们说小说"诲淫",是"不道德的文学",几乎一棍子打死。周作人此文,正是为《沉沦》仗义执言者。文章分析了几种"不道德的文学",《沉沦》皆不是,它只不过是"非意识的不端方的文学,虽然有猥亵的分子而并无不道德的性质"。整个《沉沦》小说集描写的"是青年的现代的苦闷……生的意志与现实的冲突,是这一切苦闷的基本"。小说"艺术地"写出了"灵肉冲突","艺术地写出了升华的色情,这也就是真挚与普遍的所在。至于所谓猥亵部分,未必损伤文学的价值"。文章比较了《沉沦》与《留东外史》,指出《留东外史》不过是一部只重情节的"说书",而"《沉沦》却是一件艺术的作品"。当然,周作人也指出,"对于正需要性的教育的'儿童'们却是极不合适的"。周作人的上述评论,不仅维护了《沉沦》,也开辟了中国现代文学评论的正确道路。

《绿洲》十五篇与《自己的园地》翻了个儿,综论仅五篇,而书评、书话占到了三分之二。而书评、书话的范畴则远远超出了文学。《镡百姿》讲的是日本古剑的图案,而《法布耳的〈昆虫记〉》讲的是生物学。《结婚的爱》、《爱的创作》讲的是夫妻关系和性爱,而《〈世界语读本〉序》讲的却是一位青年学者的不幸遭遇。而这篇《序》，却成了整个《绿洲》的拔萃之作。

《世界语读本》的编者是出身贫寒的北大法文系学生冯省三。他"去年应当毕业，但是因为付不出学费"，而没能拿到毕业证。正好，遇到了"讲义风潮"，冯省三说了几句"为民请命"的话，便被作为"讲义风潮"的带头羊而被除名了。但"真主谋"早已溜走，他只不过是替罪羊而已。这哪里是什么《〈世界语读本〉序》？明明是为冯省三君鸣冤的"冤单"，作家显然十分同情冯君的不幸遭遇。文中还说："省三是爱罗先珂君在中国所教成的三个学生之一，很热心于世界语运动，发言最多，非常率直而且粗鲁……他是一个大孩子，他因此常要得罪人，但我以为可爱的地方也就在这里。"序言变成了人物素描——这大概正是周作人人物素描的开始。几笔勾勒，却可见出人物的精神风貌，对周作人散文而言，同样具有经典意义。

《自己的园地》和《绿洲》从总体上说谈的都是文艺问题，开的是"文学店"。作为散文创作这就太受限制了。散文创作（像任何文学创作一样）是不可能、不应该受任何题材、任何范围的限制的。初版中的"杂文"、改版中的"茶话"正是如此。以"茶话"为例，二十三篇中，专谈文学的只剩了《蛮女的情歌》、《艳歌选》、《明译〈伊索寓言〉》、《塞文狄斯》、《希腊女诗人》、《文人之娼妓观》六篇。其中，属于综合论述的只有两篇，余者皆为书评、书话。另外十七篇文章，便都是无所不谈的散文、随笔、小品了。这十七篇文章，无一不生动活泼，耐人寻味，兼有思想性和艺术性，表现出了很高的艺术功力。

最突出的要数涉及中外民俗的篇章，诸如《抱犊固的传说》、《回丧与买水》、《花煞》、《心中》、《疟鬼》、《耍货》等。一方面写出了民俗的主要特点，另一方面也写出了作者精当的分析。比如《抱犊固的传说》，源于抱犊固占山为王的土匪孙美瑶抢了津浦铁路的火车，把一大批中外游客掳到了山上这件震惊中外的抢劫案，但这个抢劫案只不过一笔带过，作者借题发挥的是有关抱犊固的传说，而传说往往正是民俗的载体。作者从抱犊固的传说又引出了绍兴王羲之"躲婆弄"的传说以及贺知章贺家池的传说，真是天南地北，纵横驰骋，小小一个抱犊固，成了中国传说的引发点。《回丧与买水》、《花煞》等谈及了中外皆有的一些迷信，《心中》则介绍了日本"情杀"的发展史，简直让人触目惊心。这些涉及民俗及民间文学的篇章，具有双重魅力：民俗本身的魅力和散文本身的魅力。而二者的结合，则使它们成为人们不忍释手的篇章。

也有几篇涉及中外历史人物和历史事件的篇章，照样惊心动魄，一是《永乐的圣旨》，通过明永乐帝朱棣的几道大白话"圣旨"，揭露了朱棣的灭绝人性，可谓鲜血淋漓。《保越录》则举发了明军在绍兴城下杀戮、抢夺的丑行。《约翰巴尔》则介绍、刻画了一个英国有造反精神的教士如何煽动起了1381年的"农夫之乱"以及他的不屈不挠的反抗与斗争。起义失败后，"他被判为大逆，于七月十五日在圣亚般思绞毙，破肚，分尸"。几篇散文让人看到：中外统治者对反对他们的人都是毫无人性的。

"茶话"中还有几篇"文化小品"，如《芳町》、《和魂汉才》、《爆竹》、《马琴日记抄》等，其中，最好的是《爆竹》。这个题目，一般人皆用来谈民俗，周作人30年代曾用来攻击"左翼"文学，而这里的《爆竹》谈的却是中外学者对爆竹的不同视角和不同评价。

英国学者蔼理斯在《人生之舞蹈》中这样写道：

> 中国人发明火药远在欧洲人之前，但除了做花炮之外别无用处，这在西方看来似乎是一个大谬误，把火药的贵重的用处埋没了；直到近来才有一个欧洲人敢于指出"火药的正当用处显然是在于做花炮，造出很美丽的东西，而并不在于杀人"。总之，中国人的确能够完全了解火药的这个正当用处。

而周作人则指出："只可惜中国人所喜欢的不是花炮而是爆竹……不幸中国人只喜欢花煞敬神（或是赶鬼）而并不喜欢爆竹……中国人的特性是麻木。燃放爆竹是其特征。"周作人就爆竹而鞭挞中国的国民劣根性。

鲁迅也曾多次借爆竹鞭挞过中国的国民劣根性，比如，他说：

> 外国用火药制造子弹御敌，中国却用它做爆竹敬神；外国用罗

盘航海，中国却用它看风水；外国用鸦片医病，中国却拿来当饭吃。①

二周对此的观点应该说是比较一致的。

《茶话》也提供了一篇"纯散文"，这便是《菱角》。文章从在门口买菱角哄小孩写起，旁征博引，介绍了菱角的种类、吃法等种种知识，开启了以后的《乌篷船》、《故乡的野菜》、《北京的茶食》诸多名篇，其旁征博引的特征也传给了以后的诸多散文。贬之者谓之"文抄公"，褒之者则谓之"抄得好"，争论不已也。

《自己的园地》出版之时，正在兄弟失和之际。该年 7 月 14 日，鲁迅已单独用饭，7 月 19 日，周作人给他送去了这样一张字条：

> 鲁迅先生：
> 　　我昨天才知道——但过去的事不必再说了。我不是基督徒，却幸而尚能担受得起，也不想责谁——大家都是可怜的人间。我以前的蔷薇色的梦原来却是虚幻，现在所见的或者才是真的人生。我想订正我的思想，重新入新的生活。以后请不要再到后边院子里来，没有别的话。愿你安心、自重。
> 　　　　　　　　　　　　　　　　　　　　七月十八日　作人

鲁迅派人叫他出来解释清楚，但他拒不应命，从此二人便有如参商了。值得注意的是，"我以前的蔷薇色的梦原来却是虚幻"一语，一周之后，却几乎原封不动地写进了《自己的园地》的《序》中："我已明知我过去的蔷薇色的梦都是虚幻，但我还在寻求……"周作人这是什么意思呢？他要传递给鲁迅一点和好的讯息吗？不像。但是，两年后，他却又写了《伤逝》一文，引了罗马诗人喀都路斯的这样的一首诗：

> 我走尽迢递的长途，

----

① 《电的利弊》，收入《伪自由书》，《鲁迅全集》第 5 卷，人民文学出版社 1981 年版。

> 渡过苍茫的大海，
>
> 兄弟啊，我来到你的墓前，
>
> 献给你一些祭品，
>
> 作最后的供献，
>
> 对你沉默的灰土，
>
> 作徒然的话别，
>
> 因为她那运命的女神，
>
> 忽而给与又忽而收回，
>
> 已经把你带走了。
>
> 我照了古旧的遗风，
>
> 将这些悲哀的祭品，
>
> 来陈列在你的墓上：
>
> 兄弟，你收了这些东西吧，
>
> 都沁透了我的眼泪，
>
> 从此永隔冥明，兄弟，
>
> 只嘱咐你一声"珍重！"

诗后，周作人说："这是诗人悼其兄弟之作"，所以他给添上了《伤逝》这样一个题目。奇妙的是，正是周作人的《伤逝》发表之后，鲁迅写出了小说《伤逝》。你来我往，连题目都一样，这是否兄弟二人的"心有灵犀"呢？毕竟是同胞兄弟吧？手足之情怎可能割舍得那样彻底呢？后来，周作人明确认定：

> 收在《彷徨》里的一篇《兄弟》，是写我在 1917 年初次出疹子的事情，虽然是小说可是诗的成分并不多，主要的全是事实……可是最特别的是写成《兄弟》的十一天以前所作，在鲁迅作品中最是难解的一篇，题目乃是《伤逝》，于十月二十一日写成……
>
> 《伤逝》不是普通恋爱小说，乃是假借了男女的死亡来哀悼兄弟恩情的断绝的。①

---

① 《知堂回想录》第 141 节《不辩解说》（下）。

是耶？非耶？颇值得人们认真玩味。

第四十一节　《雨天的书》和《泽泻集》

1923 年 9 月，周作人的第二本散文集《雨天的书》由晨报社出版，这同样是周作人散文的经典之作。假如说《自己的园地》一半的篇幅是文艺评论和书评、书话，那么，《雨天的书》就基本上撂下了这根"文艺拐棍"，直接地、直面地描写社会生活和抒发思想感情了。

《序言》之外，初版《雨天的书》共收文 33 篇。1925 年新潮社出版新版，增至 53 篇。1929 年以后的新版更增加了 1929 年冬写的《若子的死》变成 54 篇了。[①]

在《自序》中，作者说：

> 今年冬天特别的多雨……雨虽然细得望去都看不见，天色却非常阴沉，使人十分气闷。在这样的时候，常引起一种空想，觉得如在江村小屋里，靠玻璃窗，烘着白炭火钵，喝清茶，同友人谈闲话，那是颇愉快的事。

而在首篇《苦雨》中，作者又说：

> 卧在乌篷船里，静听打篷的雨声，加上欸乃的橹声以及"靠塘来，靠下去"的呼声，却是一种梦似的诗境。倘若更大胆一点，仰卧在脚划小船内，冒雨夜行，更显出水乡住民的风趣……二十多年前往东浦吊先父的保姆之丧，归途遇暴风雨，一叶扁舟在白鹅似的波浪中间滚过大树港，危险极也愉快极了……

这次雨的联想，雨的印象，就催生了《雨天的书》。书中的《苦雨》、《鸟声》、《初恋》、《娱园》、《故乡的野菜》、《北京的茶食》、

---

① 《雨天的书》，岳麓书社 1987 年版，根据 1929 年后新版。

《喝茶》、《苍蝇》、《破脚骨》、《上下身》、《黑背心》、《狗抓地毯》、《净观》、《沉默》、《山中杂信》等几占一半的篇章，都可说是雨中"谈闲天"的产品，充满了悠闲、淡远的情调。先看《苦雨》，这是写给长安道中的孙伏园的一封信，但千里迢迢，他写去的不过是自己家中的"苦雨"的泛滥和"梁上君子"的"光临"，真可说是言不及义的"闲扯"。"扯"得最有兴味的是孩子们的雨中作乐：

> 这回的大雨，只有两种人最是喜欢。第一是小孩们。他们喜欢水，却极不容易得到，现在看见院子里成了河，便成群结队地去"淌河"去。赤了足伸到水里去，实在很有点冷，但他们不怕，下到水里还不肯上来。大人见小孩们玩的有趣，也一个两个地加入……第二种喜欢下雨的则为蛤蟆……

这就写出了苦中之乐，"苦雨"变成了"乐水"，文章便情趣盎然了。等到蛤蟆的独鸣变成了众声喧哗，便与"天籁"不远了：

> 麻雀蛤蟆或蝉的叫声……随便听听都是很有趣味的，不但是这些久成诗料的东西，一切鸣声其实都可以听。蛤蟆在水田里群叫，深夜静听，往往变成一种金属音，很是特别……

俄国革命家、文学家车尔尼雪夫斯基曾言"美是生活"。但是，发现生活中的美也不容易。啼饥号寒的劳苦大众只顾温饱，无暇去欣赏美、发现美，只有像周作人这样每月有几百元大洋的教授、文人才有这种欣赏美、发现美的余裕。而这种发现与欣赏恰恰丰富了文艺，给广大读者提供了必要的精神食粮。周作人从"五四"前线退下来，不再战火硝烟，而是享受一点生活的余裕，写下这种余裕，创造一点美，这是值得肯定的。对于中国现代文学而言，这也正是一种不可或缺的贡献。

周作人的这些文章，往往被人们称为"闲适小品"。其中，最为人称道的是《故乡的野菜》、《北京的茶食》、《喝茶》、《苍蝇》等。而《故乡的野菜》可拔头筹。这篇文章不是写出来的，而是回忆出来的。荠菜、黄花麦果（鼠曲草）、草紫（紫云英）等都是周作人浙东故乡最普通的野菜，人人见过，人人吃过，一点也不足为奇。然而，正因为它们普普通通，才是广大乡民最最亲密的"生活之友"。比如荠菜：

荠菜是浙东人春天常吃的野菜，乡间不必说，就是城里只要有后园的人家都可以随时采食，妇女小儿各拿一把剪刀一只"苗篮"，蹲在地上搜寻，是一种有趣味的游戏的工作。那时小孩们唱道："荠菜马兰头，姊姊嫁在后门头。"……谚云，"三春戴荠花，桃李羞繁华。"

谁能不喜欢这故乡的野菜呢？而童谣民谚则更突出了人们对这种野菜的感情。称赞黄花麦果的童谣也有："黄花麦果韧结结，关得大门自要吃：半块拿弗出，一块自要吃。"而紫云英，作者展现给人们的是一幅美丽的画卷：

（紫云英）花紫红色，数十亩接连不断，一片锦绣，如铺着华美的地毯，非常好看，而且花朵状若蝴蝶，又如鸡雏，尤为小孩所喜……中国古来没有花环，但紫云英的花球却是小孩常玩的东西……浙东扫墓用鼓吹，所以少年们常随了乐音去看"上坟船里的姣姣"；没有钱的人家虽没有鼓吹，但是船头上篷窗下总露出些紫云英和杜鹃的花束，这也就是上坟船的确实的证据了。

《故乡的野菜》，不过写到了三种野菜，但它带给人们的却是无尽的美感，无尽的情思！多么好的野菜，多么美的故乡呀！

《北京的茶食》与《故乡的野菜》截然不同，它立足于指摘和批评，作家嫌北京的茶食太粗糙，太没滋味，太不好吃了。既然如此，还有什么美感和看头？美在作家从具体的批评中升华了抽象的美：

我们于日用必需的东西以外，必须还有一点无用的游戏与享乐，生活才觉得有意思。我们看夕阳，看秋河，看花，听雨，闻香，喝不求解渴的酒，吃不求饱的点心，都是生活上必要的——虽然是无用的装点，而且是愈精炼愈好。

是小资产阶级情调？是士大夫的闲情逸致？非也！是正常人的正常需求。在一般情况下，社会、国家必须满足人们的这种正常需求。

"五四"时期，周作人等曾倡导"美文"，以上诸文，即可谓之"美文"的代表。其特点在于平淡自然，不事雕琢，但却有浓郁的韵味，耐人咀嚼。《雨天的书》中，"美文"太多，举不胜举。只能再举《喝茶》与《苍蝇》。

周作人认为，西洋人根本不懂喝茶，但却不懂装懂，反来指责中国人，他们之所以不懂，即在于他们把喝茶与果腹混在一起，创造什么"红茶＋黄油面包"之错误模式。而在周作人看来，"所谓喝茶，却是在喝清茶，在赏鉴其色与香与味，意未必在止渴，自然更不在果腹了。"这就是喝茶的"自然之妙味"。因此，

> 喝茶当于瓦屋纸窗之下，清泉绿茶，用素雅的陶瓷茶具，同二三人共饮，得半日之闲，可抵十年的尘梦。

可见，周作人之"喝茶"，纯粹是一种雅兴。西洋人配上什么黄油面包，便把这种雅兴糟蹋得无影无踪了。

这种喝茶的雅兴，一般人还不难理解和接受。但周作人对苍蝇的喜爱与把玩，一般人可能要敬谢不敏了。他说：

> 中国古来对于苍蝇也似乎没有什么反感。《诗经》里说，"营营青蝇，止于樊。岂弟君子，无信谗言。"又云："非鸡则鸣，苍蝇之声。"……传说里的苍蝇，即使不是特别良善，总之决不比别的昆虫更为卑恶。在日本的俳谐中则蝇成为普通的诗料。

周作人引证《诗经》的那几句诗，毫无褒蝇之意，只不过是写实而已，至于日本人之喜欢苍蝇，那就另当别论了。周作人写出儿童对苍蝇的恶作剧，绘声绘色。写苍蝇的种种"坏癖气"，也活灵活现。因此，尽管你不喜欢苍蝇本身，对周作人的《苍蝇》一文却不能不表示佩服了。

描写故乡的野菜，北京的茶食，喝茶，喜雨，玩苍蝇之类，周作人写出了耐人寻味的美文，但对社会，对人生，他的把握如何呢？同样不差。这里不妨举一篇《破脚骨》。

所谓《破脚骨》，即绍兴话中的"流氓"，亦即人们常说的无赖、光棍、泼皮、青皮之类。破脚骨自然分大小。小破脚骨不过路边寻衅滋事，占点小便宜。而"大破脚骨专做大票生意，如包娼戳赌或捉奸勒索等，不再做这些小勾当"。周作人自认，在往江南当水兵以前，同兄弟在乡间游手好闲的时候，大有流为破脚骨之意，邻近的几个小破脚骨都有点认识，远房亲戚的破靴党（按即流氓集团）不算在内。因为有这样的"个人经历"，周作人对破脚骨的认识便非比一般了：

> 一个人要变成破脚骨，须有相当的训练，与古代的武士修行一样，不是很容易的事。破脚骨的生活里最重要的事件是挨打，所以非有十足的忍苦忍辱的勇气，不能成为一个像样的破脚骨……能禁得殴打，术语曰"受路足"，是破脚骨修养的最要之一。此外官司的经验也很重要，他们往往大言于茶馆中云，"屁股也打过，大枷也戴过"，亦属破脚骨履历中很出色的项目……打倒又爬起，爬起又打倒，这两句话实在足以代表"破脚骨道"之精义了。

能写《故乡的野菜》，也能写《破脚骨》，两副心肠，两副笔墨，可见出作家出神入化的描写刻画能力。

《雨天的书》出版后，好评如潮。其中影响较大的是朱光潜先生的评《雨天的书》[1] 一文。文曰："这书的特质，第一是清，第二是冷，第三是简洁……周先生而外，很难找得第二个能够做得清淡的小品文字。"还说，读《雨天的书》这样的文字，是人生的"一大解脱"。朱先生所谈，自然是以《故乡的野菜》、《北京的茶食》等为代表的闲适小品。但应指出的是，《雨天的书》中不只有这些闲适小品，还有更为丰富的思想内容和多种多样的艺术风格。比如《与友人论性道德书》、

---

[1] 《一般》第1卷第3号，1926年11月5日，收入陶明志编《周作人论》，北新书局1934年版。

《与友人论怀乡书》、《与友人论国民文学书》三文，便涉及了性道德，爱国情怀以及西崽气、家奴气等多种问题，一点也不闲适、一点也不清淡了。特别性道德问题，书中有多篇涉及，成为这方面的领军之作。再如《黑背心》等文，涉及了日本历史上的宗教迫害等问题，血肉淋漓。至于《初恋》等之恋情，《若子的病》等之亲情，《山中杂信》、《济南道中》等游记中的社会观察，《神话的辩护》等之文化人类学视角等，《雨天的书》称得上是丰富多彩了。

如果允许我们吹毛求疵，《雨天的书》也不无小疵。比如，《死亡默想》认为"苦痛比死还可怕"，恐难成立；《苍蝇》对苍蝇的喜爱，若有矫情；《十字街头的塔》、《上下身》等也略嫌迂曲耳。当然，比之《雨天的书》的卓越贡献，这些小疵自然微不足道了。

《泽泻集》是一个选本，它的几乎一半的篇幅都是作者从《自己的园地》、《雨天的书》等集中选取的（如《苍蝇》、《镜花缘》、《故乡的野菜》、《北京的茶食》、《吃茶》、《苦雨》等）。在《序》中，作者说：

> 虽然够不上说好，自己觉得比较的中意，能够表出一点当时的情思与趣味的，也还有三五篇，现在便把它搜集起来，作为《苦雨斋小书》之一。

刨去那些入选者，新作中也不无佳作，比如《乌篷船》。这可以说是《故乡的野菜》的姊妹篇，说的也是绍兴的可念可爱之物。那些野菜，生长于绍兴的田野，而这只小船，却荡漾在绍兴的水上。不要以为只有那些野菜生机勃勃，这只小船也照样让你心旷神怡，尽管我们不懂什么"三明瓦"、"四明瓦"，但对这只小得可怜的"乌篷船"你却不能不感到好玩和亲切。你坐上这一叶扁舟，"篷顶离你的头有两三寸，你的两手可以搁在左右的舷上，还把手都露出在外边，在这种船里仿佛在水面上坐，靠近田岸去时泥土便和你的眼鼻接近，而且遇着风浪，或是坐得少不小心，就会船底朝天，发生危险，但是也颇有趣味……"多么新鲜，多么惊险，多么刺激呀！何况在船上可以"跑野马"，"看看四周景物，随处可见的山，峰旁的乌桕，河边的红蓼和白蘋，渔舍，各式各样的桥……夜间睡在舱中，听水声橹声，来往船只的招呼声，以及乡间的犬吠鸡鸣，也都很有意思……而且在船上行动自由，要看就看，要睡就睡，要喝酒就喝酒，我觉得也可以算是理想的行乐法。"这种"理想的行乐法"，实在太"理想"，太诱人了！光见识"故乡的野菜"，你领略的才只有半个绍兴，只有你再坐上乌篷船，你领略的才是水陆两栖的整个绍兴了。

《泽泻集》后半的大部分文章写于"三·一八"惨案之后，段祺瑞执政府血洗了手无寸铁的爱国请愿学生，打死打伤数百人。周氏兄弟是爱国学生敬爱的师长，也是他们坚定不移的支持者、悼念者。鲁迅写下了《记念刘和珍君》等感天动地的名文，周作人也写下了《死法》、《关于三月十八日的死者》、《新中国的女子》、《碰伤》、《吃烈士》等文章，对刽子手发出了愤怒的谴责，对死者表示了深深的悼念。周作人的这些文章，是鲁迅《华盖集续编》的姊妹篇。正可以对照阅读。此外，书中的《爱罗先珂君》一文，也可与鲁迅的《鸭的喜剧》等对照阅读。

第四十二节　《谈龙集》和《谈虎集》

《谈龙集》1927年12月由上海开明书店出版，《谈虎集》1928年1月由上海北新书局出版上卷，2月出版下卷，这是周作人前期的最后两本散文集。二书共用一序，有云：

> 近几年来所写的小文字，已经辑集的有《自己的园地》等三册一百二十篇，又《艺术与生活》里二十篇，但此外散乱着的还有好些，今年暑假中发心来整理他一下，预备再编一本小册子出来。等到收集好了之后一看，虽然都是些零星小品，篇数总有一百五六十，觉得不能收在一册里头了，只得决心叫他们"分家"，将其中略略关涉文艺的四十四篇挑出，另编一集，叫作《谈龙集》，其余的一百十几篇留下，还是称作《谈虎集》。

由此可见，《谈龙》、《谈虎》二集乃是《自己的园地》、《雨天的书》、《泽泻集》三书的"下脚料"。为什么成为"下脚料"？是它们写得不好吗？非也！《谈龙集》、《谈虎集》写得甚好，一点也不比《自己的园地》等差。但为什么却成为"下脚料"呢？除了篇幅所限外，主要原因是体例之不同。比如，收入《谈虎集》的《文艺批评杂话》，本来是收入了《自己的园地》之第三辑"杂文"部分的。但再版时，周作人把这个第三辑二十篇杂文统统拿掉了，而换上了"茶话"。这些被拿掉的杂文，恰恰成了《谈龙集》、《谈虎集》的骨干。但因为文章实在太多，周作人不得不将这些杂文一分为二，将"略略关涉文艺的四十四篇"编为《谈龙集》，而将其余的一百多篇统统编为《谈虎集》了。

这样一来，《谈龙集》便成了名副其实的文艺批评短论、随笔集。作为"五四"文学革命著名理论家、批评家，周作人这方面的贡献是尽人皆知、史不绝书的。这里要谈的是他的散文创作而非文艺批评，因此，《谈龙集》的绝大多数篇章，我们只好避而不谈；必须一谈的，只有两篇杂文和一封书信了。

杂文之一是《违碍字样》，谈的是书报检查，由南开中学下令没收章衣萍的小说《情书一束》（诋之为"淫书"），到清朝文字狱中的"抽毁"或"存文而除名"，再到俄国、日本以至欧美各国，将这种书报检查的五花八门和荒唐可笑展览无余。作者发出的是无声的抗议。

杂文之二是《上海气》，颇有鲁迅风。文章尖锐指出：

> 上海滩本来是一片洋人的殖民地；那时的（姑且说）文化是买办流氓与妓女的文化，压根儿没有一点理性与风致。这个上海精神便成为一种上海气，流布到各处去，造出许多可厌的上海气的东西，文章也是其一。

这种"上海气之可厌，在关于性的问题上最明了地可以看出"。它表现的"是一个满足了欲望的犬儒之玩世的态度"。在上海气的男人看来，"女人是娱乐的器具，而女根是丑恶不祥的东西，而性交又是男子的享乐的权利，而在女人则又成为污辱的供献"。这种上海气的男人，"实在是反穿皮马褂的道学家，圣道会中人"，亦即假正经的伪君子也。

所谓一封信，即是《答芸深先生》，实际是《上海气》的"文学版"，说的是鸳鸯蝴蝶派（"鸳蝴派"）。因为芸深先生的来信把苏曼殊说成了"鸳蝴派"，答信自然也从苏曼殊说起：

> 曼殊思想平常，或者有点像旧日读书人，他的诗文平心说来的确还写得不错……先生说曼殊是鸳鸯蝴蝶派的人，虽然稍为苛刻一点，其实倒也是真的。鸳鸯蝴蝶派的末流，诚然是弄得太滥恶不堪了，但这也是现代中国在宣统洪宪之间的一种文学潮流……原是无足怪的，只因旧思想太占势力，所以渐益堕落，变成了《玉梨魂》这一类的东西。……现代中国文学史也就不能拒绝鸳鸯蝴蝶派，不给他一个正当的位置。

他又说：

> 现今的青年多在鸳鸯蝴蝶化，这恐怕是真的。但我想其原因当别有在，便是（1）上海气之流毒；（2）反革命势力之压迫……总之，现在还是浪漫时代，凡浪漫的东西都是会有的。何独这一派鸳鸯蝴蝶呢？现在高唱入云的血泪的革命文学，又何尝不是浪漫时代的名产呢？

《谈虎集》共 132 篇，计 1919 年 3 篇，1920 年 7 篇，1921 年 15 篇，1922 年 7 篇，1923 年 13 篇，1924 年 8 篇，1925 年 19 篇，1926 年 26 篇，1927 年 34 篇。值得注意的是，前六年（1919—1924 年）仅 53 篇，而后三年（1925—1927 年）却有 79 篇。如果包括被周作人胎死腹中的《真谈虎集》（亦多 1925—1927 年之作），这三年周作人的杂文总量恐不下一百二三十篇，是一个十分明显的丰收期。而这个丰收期的出现，关键是有一个思想活跃期，1925—1927 这三年，正是周作人思想的一个十分突出的活跃期。而这个思想活跃期的出现，则植根于1925—1927 年剧烈的思想、政治斗争。"五卅"惨案、"三·一八"惨案，北伐战争、"清党"大屠杀……一件比一件剧烈，一件比一件触目惊心，一件比一件超过了周作人的承受能力。作为一名人道主义者和民族主义者，周作人不能容忍英、日帝国主义对中国人民的侮辱和屠杀，也不能容忍段祺瑞政府屠杀爱国学生，更不能容忍蒋介石"清党"集团的大屠杀。"愤怒出诗人"，愤怒也出杂文，《谈虎集》的大半便在腥风血雨的大屠杀中问世了。

综观《谈虎集》，思想内容相当丰富。周作人称之为"一切人事的评论"①，即指此而言。综合来看，尤为突出的是这样几个方面：

1. 激烈反对思想专制，主张个人思想、信仰绝对的自由。

在几篇谈宗教的文章中，对此多有阐述。在《关于非宗教》一文中，他说：

> 我以为宗教是个人的事情，信仰只是个人自由的行动之一……一切的行动在不妨坏别人的时候可以自由，出了这个范围便要受相当的干涉，这是世间的通例，我想宗教也就是如此……因为我不是任何宗教家，所以并不提倡宗教，但同时也相信要取消宗教是不可能的……
>
> 非宗教者如为破除迷信拥护科学，要除灭宗教这东西本身，没收教会，拆毁寺庙，那我一定还是反对……

但是，周作人也注意到了现实生活中中国老百姓反对基督教的复杂性。他指出："英国自五卅以来，在上海沙基万县汉口等处造施残暴，英国固忝然自称基督教国，而中外各教会亦无一能打破国界表示反对者，也系事实，今当中国与西洋帝国主义殊死斗之时，欲凭一番理论一纸经书，使中国人晓然于基督教与帝国主义之本系截然两物，在此刻总恐怕不是容易的事吧……这个责任还应由英国负之，至少也应当由欧洲列强分负其责。"当然，周作人也坚决反对义和团式的"愚民的暴动"的"余毒"。

由思想、信仰的绝对自由联系到古往今来的极权统治、思想罪、文字狱，是周作人文章中的一贯的亮点。在《谈虎集》中自然也不例外。最突出的是《文明国的文字狱》一文对日本文字狱的揭露。年近七十的著名学者井上哲次郎只不过说了一句日本的"国宝"某"神器"早

① 《谈虎集·序》

已丢失，现存者不过是仿造品，便被视为大逆不道，要被重重治罪。而海贼江连、宪兵大尉甘粕等杀害多人的刽子手却得到了轻判和保护。由井上哲次郎事件，号称文明国的日本还将在出版法中严加规定。这种加强文学狱的做法，和对杀人凶犯江连、甘粕等的包庇成了鲜明的对照。

1924年，废帝溥仪被赶出故宫后，周作人写了封《致溥仪君书》，很表现了周作人反专制、爱自由、爱平等的思想，不愧为一篇妙文。《书》云：

> 我先要跟着我的朋友钱玄同君给你道贺，贺你这回的出宫。这在你固然是偿了宿愿，很是愉快，在我们也一面满了革命的心愿，一面又消除了对于你个人的歉疚。你坐在宫城里，我们不但怕要留为复辟的种子，也觉得革命事业因此还未完成；就你个人而言，把一个青年老是监禁在城堡里，又觉得心里很是不安。张国焘君住在卫戍司令部的优待室里，陈独秀君住在警察厅的优待室里，章太炎先生被优待在钱粮胡同，每月有五百元的优待费，但是大家千辛万苦的营救，要放他们出来。为什么呢？因为人们所要者是身体与思想之自由，并非"优待"，——被优待即是失了自由了。你被圈在宫城里，连在马路上骑自行车的自由也没有，我们虽然不是直接负责，听了总很抱歉，现在你能脱离这种羁绊生活，回到自由的天地里去，我们实在替你喜欢，而且自己也觉得心安了。

周作人还大发善心，希望溥仪"补习一点功课，考入高中，毕业大学后再往外国留学"。没想到周作人的一片善心马上付之东流，信尚未发出，溥仪便被日本帝国主义者裹挟"出奔日本使馆了"。周作人只能叹息："他跟着英国人日本人这样的跑，结果于他没有什么好处……希望他还有从那些人的手里得到自由的日子，这封信仍旧发表。"在周作人看来，当皇上是远远不如当一个自由人痛快的。

2. 坚决反对、强烈抗议蒋介石集团的"清党"大屠杀。

如前所说，周作人根本不相信群众，也根本反对任何群众运动或革命运动，他自己更不是什么共产党，然而，他对蒋介石集团的"清党"大屠杀却坚决反对并强烈抗议，他的这一类文章，简直犀利得像讨伐

"清党"大屠杀的檄文。周作人实在忍受不了这种"血的游戏"。在《偶感》中，他从李大钊先生的被绞杀、王国维先生的投湖自杀说到了"清党"大屠杀：

> 听到自己所认识的青年朋友的横死，而且大都死在所谓最正大的清党运动里，这是一件很可怜的事。青年男女死于革命原是很平常……从国民党里被清出而枪毙或斩决的那却是别一回事了。燕大出身的顾陈二君，是我所知道的文学思想上都很好的学生，在闽浙一带为国民党出了好许多力之后，据《燕大周刊》报告，已以左派的名义被杀了。北大的刘君（按即北大女生刘尊一）在北京被捕一次，幸得放免，逃到南方去，近见报载上海捕"共党"，看从英文译出的名字恐怕是她，不知吉凶如何。普通总觉得南京与北京有点不同，青年学生跑去不知世故地行动，却终于一样地被祸。有的还从北方逃出去投在网里，令人不能不感怜悯。至于那南方的杀人者是何心理状态，我们不得而知，只觉得惊异：倘若这是军阀的常态，那这惊异也将消失，大家唯有复归于沉默，于是而沉默遂统一中国南北。

在这次"清党"大屠杀中，国民党元老吴稚晖和蔡元培先生曾联合发出过"清党"的建议，手上也沾染了被杀害者的鲜血。对他们，周作人也毫不客气地进行了抨击。对"五四"新文化运动中的老朋友、支持"清党"的胡适，也不例外。在《人力车与斩决》一文中，他写道：

> 胡适之先生在上海演说，说中国还容忍人力车所以不能算是文明国……但我怀疑，人力车真是这样地野蛮，不文明么？……
>
> 江浙党狱的内容我们不得而知，传闻的罗织与拷打或者是"共党"的造谣，但杀人之多总是确实的了。以我贫弱的记忆所及，《青天白日报》记者二名与逃兵一同斩决，清党委员到甬斩决共党二名，上海枪决五名姓名不宣布，又枪决十名内有共党六名，广州捕共党一百十二人其中十三人即枪决……清法着实不少，枪毙之外还有斩首：不知胡先生以为文明否？

真是血债累累，义正词严。这个态度和在广州的鲁迅毫无二致，鲁迅在《答有恒先生》、《可恶罪》① 等文中也正是这样谴责"清党"大屠杀的。

在《诅咒》等文中，周作人还针砭了以看杀头为乐的愚民，鞭挞了国民劣根性，这和鲁迅的《铲共大观》② 等文也正是不谋而合的。

3. 反对残害妇女，倡导健康的性关系。

"嘉孺子而哀妇人"，是周作人的一贯思想，也是《自己的园地》以来周作人散文的一贯内容。《谈虎集》中，涉及妇女权益的文章不下十余篇，构成了一个重要部分。

《天足》等文，强烈谴责妇女缠足的陋习。他说："我最喜见女的天足"，"我最嫌恶缠足"，他认为妇女缠足是一种"野蛮"，是中华民族的一大耻辱。有人竟认为西方妇女中的"束腰"比中国妇女的缠足更有害，周作人表示坚决反对。他认为束腰只不过是"以身殉美"，而缠足则是"以身殉丑"，何可同日而语？此文写于 1921 年，当时的缠足陋习还弥漫全国，实在是莫大的悲哀。难怪周作人如此激愤。

娼妓制度，也是《谈虎集》攻击的重点之一。在《资本主义的禁娼》一文中，周作人明确指出现在的娼妓制度乃资本主义社会的产物，正如德人柯祖基所说："在资本制度之下，卖淫成了社会的台柱子。"因此，周作人说："禁娼前途之障碍物，当然不在那些无耻的妇女，而在于有耻的资本家们了。"

除了公然的娼妓制度，还有隐形的"性的买卖"。"夫人，内掌柜，姨太太，校书等长短期的性的买卖，真是滔滔者天下皆是。"有人竟妄谈中国妇女为"先进国之妇女"，周作人给予了辛辣的讽刺。

在《可怜悯者》等文中，周作人着力介绍了英国"性学"专家和"善种学"专家蔼理斯的理论，而对于叔本华、华宁格尔等诬蔑、轻视妇女的"反女论"也进行了科学分析。他指出华宁格尔等人"于妇女及妇女运动都是没有多大好意的"，但其中的有些见解也并非一无是

---

① 均收入《而已集》，《鲁迅全集》第 3 卷。
② 收入《三闲集》，《鲁迅全集》第 4 卷。

处。"我所赞同者是混和说,华宁格尔之主张女人中有母妇娼妇两类,比较地有点相近了。"所谓娼妇类的女子,并非妓女,而不过"她的性的要求不是为种族的继续,乃专在个人的欲乐,与普通娼妓之以经济关系为主的全不相同。"说"女子的生活始终不脱性的范围",似乎有损女性的尊严,但离事实并不远。"现在的大谬误是在一切以男子为标准,即妇女运动也逃不出这个圈子……甚至关于性的事情也以男子观点为依据,赞扬女性之被动性……其实,女子的这种屈服于男性标准下的性生活之损害决不下于经济方面的束缚。""在文明世界里这性的解放实是必要,虽比经济的解放或者要更难也未可知:社会文化愈高,性道德愈宽大,性生活也愈健全"。(《北沟沿通信》)

关于《谈虎集》思想内容的丰富性,我们至少还可以举出如下一些方面:反对愚昧落后,充分认识道教、萨满教的落后面对中国人民的消极影响;反对种族歧视,反对民族侵略与压迫(特别日本帝国主义的疯狂侵华);反对尊孔读经,复古倒退,等等。由于篇幅所限,都无法展开来谈了。但是,有一篇文章,实在不忍割爱,这便是《二非佳兆论》。

何谓"二非"?"一曰出门警跸,二曰在家祝寿,是也。"所谓"警跸",也就是通常皇帝、大臣出行时的戒严。"强迫人民之回避",外表虽好像很威严,"然其真相则甚可愧耻矣。古之警跸,人民之畏其上也;今之警跸,在上者之畏人民也……在上者苟无愧于心,奚用此张皇为?今若此,似老鼠之怕猫儿,诚不免为左丘明之所耻也。"

至于祝寿,也相当可笑。"夫人必有生,生各有日,本极平常之事,无所用其拜。"今吾国诸阔人"每年必做寿,自祝乎,他人之代祝乎,为彼为此,皆无意义"。这种风气"若弥漫及于上下则举世皆伪狄卡耽,唯目前之私欲是图,国之亡也可翘足而待。谓为非佳兆,岂非平情酌理之论乎"。

周作人指责的"二非",至今仍有极大的现实针对性。无论是"驻跸"还是"祝寿",不正在愈演愈烈吧?!你能不佩服周作人的远见卓识吗?!

《谈虎集》主要是一本杂文集,但也有少许类似小说的篇章,如《夏夜梦》与《疯人日记》。而《前门遇马队记》虽暗含讽刺,但其主体部分却更像一篇平常的记叙文。所有这些，也足以说明《谈虎集》艺术品类及艺术风格的多样性。

　　《谈虎集》的美中不足在编排太乱，既非按内容，亦非按先后，显得眉目不清。比如，《读报的经验》、《关于重修丛台的事》、《读儿童世界游记》等皆写于1922年，作者却把它们都放到了写于1925年的《诃色欲法书后》之后，让人莫名其妙。再如，此书的前半部（从《祖先崇拜》、《思想革命》至《问星处的豫言》）基本上是依照时间顺序的，眉目本来很清楚。然而，读到最后，又出现了一篇写于1922年的《新希腊与中国》，置于写于1927年冬的《希腊人名的译音》之后，显得杂乱无章了。要说把与希腊有关的放在一起，而另一篇《希腊的维持风化》则又在别处。其实，从《祖先崇拜》、《思想革命》开始，按年编排，一目了然，比什么不好？周老先生当时不知怎么打错了算盘！

　　关于周氏卓越的文字技巧，因在前面已多有分析，这里也只好从略了。

第十一章

周作人的 30 年代散文

大约自 1928 年初至 1938 年初近十年时间,周作人散文创作大丰收,写作两百余篇,编成了《永日集》(北新书局 1929 年版)、《看云集》(开明书店 1932 年版)、《夜读抄》(北新书局 1934 年版),《苦茶随笔》(北新书局 1935 年版)、《苦竹杂记》(良友图书杂志印刷公司 1936 年版)、《风雨谈》(北新书局 1936 年版)、《瓜豆集》(宇宙风社 1937 年版)等七个散文集,开创了他散文创作的新阶段。

第四十三节 学者散文的"第一把交椅"

1936 年 5 月,鲁迅的美国朋友、著名的新闻记者埃德加·斯诺,就中国的新文学问题访问了鲁迅。在他事先送交的《问题单》上,第一个问题便是"自 1917 年的新文学运动以来,中国涌现出来的是最优秀的作家有哪些?"其中,"最优秀的散文作家是谁?"对此,鲁迅的回答是:

> 最优秀的散文作家:周作人、林语堂、周树人(鲁迅)、陈独秀、梁启超。①

---

① 关于斯诺访问鲁迅的具体时间,学界尚有争议,这里用张小鼎先生说,见其《一次长达"几小时"的重要会晤考》,《鲁迅研究动态》1987 年第 6 期。安危翻译、整理的《埃德加·斯诺采访鲁迅的问题单》及《鲁迅同斯诺谈话整理稿》(均见《新文学史料》1987 年第 3 期)均将"最优秀的散文作家"译成了"最优秀的杂文作家",欠妥。

　　这时，"二周失和"已经十三年，其间，周作人对鲁迅的影射、攻击几乎不绝如缕。然而，鲁迅在向美国朋友推荐优秀散文家时，还是首先想到了周作人，把他视之为新文学作家中的第一个优秀散文家。这自然表现了鲁迅不计个人恩怨的宽广胸怀，但也表明了周作人散文创作的才华与功力。周作人虽然与鲁迅断绝了来往，但他的一些散文集鲁迅是随时购买的，更不要说他发表于《语丝》等报刊上的大量作品了。以鲁迅作风之严谨，他是从不轻易褒贬别人的。这里对周作人的称许，也正是实事求是的评价。试问当时的文坛，除了鲁迅之外，还有谁能和周作人争这散文的"第一把交椅"呢？而鲁迅仅把自己的散文排在林语堂之后的第三位，他是不会（也不屑）去争这个散文的金交椅的。鲁迅散文（即所谓杂文）和周作人散文完全是不同的路数，我们将在第十二章中加以比较、论述。而就学者散文的写作而言，当时的周作人的确是艺压群雄了。

　　众所周知，学者散文有两个十分突出的特性，这便是它的智性与理性（简称情与理）。所谓智性，亦即知识性，渊博性，东西南北，古今中外，宇宙之大，苍蝇之微，无所不知，无所不谈，篇篇皆可将读者带进知识的海洋；所谓理性，亦即逻辑性，亦即分析判断能力，亦即将无涯无尽的知识串联在一起的金线银缕，没有它们的串联，丰富的知识仅是零珠碎玉，并不能闪闪发光。优美的学者散文，必须是智性与理性的高度结合。而周作人的很多篇章，恰恰正是如此。这里，人们很自然地会想到他的《三礼赞》。①

　　所谓"三礼赞"，一是《娼女礼赞》，二是《哑吧礼赞》，三是《麻醉礼赞》，其中，前二"礼赞"尤佳。

　　《娼女礼赞》是"礼赞""娼女"的，娼女即妓女，"礼赞"自然是反讽，文章是针砭卖淫制度的。它引德国学者柯祖基的话说：

　　　　资本家不但利用她们（女工）的无经验，给她们少得不够自己开销的工钱，而且对她们暗示，或者甚至明说，只有卖淫是补充收入的一个法子。在资本制度之下，卖淫成了社会的台柱子。

---

　　①　收入《看云集》。

　　周作人很同意柯祖基的观察，他甚至认为"资本家的意思是不错的"。因为让他们多给那些女工工资以致"减少剩余价值，那是断乎不可"的。而这些女工们"需要开销亦是实情"。那么，除了设法"补充收入"外，还有什么办法呢？而要补充收入，"出卖青春"即卖淫则成了不二法门：

　　　　圣人有言，饮食男女，人之大欲存焉……若夫卖淫，乃寓饮食于男女之中，犹有鱼而复得兼熊掌，岂非天地间仅有的良法美意，吾人欲不喝彩叫好又安可得耶？

　　卖淫仅仅是资本主义制度下的产物吗？非也，由来久矣。周作人又引了德国医学博士哈耳波伦在《异性论》中对女子社会地位的论述，指出希腊雅典时代已经有了"名妓"的兴起，她们当时被称作"赫泰拉"（Hetaira），意为"女友"，"大约是中国的鱼玄机薛涛一流的人物，有几个后来成了执政者的夫人。"她们之所以如此风光，哈耳波伦认为原因在于"她们的精炼优雅的举止，她们的颜色与姿媚，她们不但超越普通的那些外宅，而且还压倒希腊的主妇，因为主妇们缺少那优美的仪态，高等教育，与艺术的理解，而女友则有此优长，所以在短时期中使他们在公私生活上占有极大的优势……欧洲妇女之精神的与艺术的教育因卖淫制度而始建立。赫泰拉的地位可以算是所谓妇女运动的起始"。

　　不难看出，《娼女礼赞》通篇以旁征博引见长。仅仅外国学者，它就引用了德国的柯祖基、哈耳波伦，西班牙的伊巴湟支，美国的们肯以及法国小说家路易匪立等，在 20 世纪二三十年代，妇女运动乍起，女学、性学是人人瞩目的新兴学科，周作人所引，正是女学、性学中的"尖端论述"，他这篇《娼女礼赞》也就成了中国妇女运动史和性学史上的重要篇章。

　　众所周知，智性、理性固然重要，但仅此二者还很难构成一篇好的学者散文，二者之外还必须具备幽默感，这就是学者散文不可或缺的生动性、趣味性。《娼女礼赞》恰恰如此。这篇文章开篇甚妙，作者从

《水浒传》第五十回的白秀英在郓城县勾栏（即妓院）里说唱笑乐院本写起，白秀英"参拜了四方，拍下一声界方，念出四句定场诗来：

> 新鸟啾啾旧鸟归，
>
> 老羊羸弱小羊肥，
>
> 人生衣食真难事，
>
> 不及鸳鸯处处飞。"

且写下了著名梁山好汉雷横（插翅虎）的反应："雷横听了喝声采"。乍看这都是应该删除的闲笔，但它们恰恰是《娼女礼赞》的有机组成部分。没有它们，劈头盖脸便是柯祖基如何说，哈耳波伦如何讲，那还有什么味道？还怎么吸引读者看下去？这个开头，很表明了周作人学者散文的章法。文章结尾，又回到了《水浒传》，引出了雷横老母大骂妓女为"千人骑万人压乱人入的贼母狗"的恶语，前后照应得十分得体。雷老太太的詈骂管用吗？当然毫无用处，因为那样的"贼母狗"正在成为世界时髦，"夫人，内掌柜，姨太太，校书等长短期的性的买卖，真是滔滔者天下皆是"……

《哑吧礼赞》反讽性更明显，哑吧，明明是一种生理缺陷，但文章却把它说成是"于嘴的大体用处没有多大损伤"，"于个人的荣卫上毫无障碍"，既不影响吃饭，也不影响接吻，而不能说话，恰恰是一大优点，可以防止"祸从口出"，更可见"哑吧之难能可贵了"。《哑吧礼赞》，当然不像《娼女礼赞》那样具有重大的社会意义，但文章写得很活泼、俏皮，功力也很深。

类似《娼女礼赞》、《哑吧礼赞》的精彩学者散文，我们在周作人本期散文中不难找到一二十篇。像《食味杂咏著》、《东京散策记》、《太监》、《缢女图考释》、《论妒妇》、《讲道理》等皆可作为代表，限于篇幅，这里仅仅补充分析一篇《太监》。[①]文章开篇写道：

> 中国文化的遗产里有四种特别的东西，很值得注意，照着他们历史的长短排列起来，其次序为太监，小脚，八股文，雅片烟。

---

① 收入《夜读抄》。

这"四种特别的东西",实际就是四种丑恶现象。周作人要谈的,就是"太监"这"首恶"。这"首恶"起于何时?文章首先引用了俞曲园先生《茶香室四钞》卷八的《上古有宦者》一条,涉及了明代张萱的《疑耀》以及《黄帝内经》等书,得出结论是:"到周朝此辈奄人的存在与活动才很确实了。"那么,西方呢?似乎更早。文章引了德国学者列希忒的《古希腊的性生活》,言及"阉割"之风始于古巴比伦而非始于希腊,时间则早于中国的殷周。因此,"中国民族的此种方法究竟是自己发明,还是从西亚学来,现在无从决定,只好存疑,但是在东亚则中国无疑的是首创者与维持者,盖太监在中国差不多已有三千年的光荣历史了也。"

为了说明太监的职守,周作人又广征博引了《周礼》(郑玄注)、《后汉书·宦者列传》、《诗经·巷伯》、《尚书大传》、《史记》、蒋一葵《尧山堂外纪》、《本事诗》(徐钒编)、宋长白《柳亭诗话》、魏濬《峤南琐记》(《砚云乙编》本)以至《顺天府志》等等。一边引证,一边分析,最后得出了这样的结论:

> 说国家会亡于太监,在现今觉得这未必确实,但用太监的国家民族难得兴盛,这总是可以说的了。西欧各国无用太监者,就是远东的日本也向来没有太监,他们不肯残毁人家的支体以维男女之大防,这一点也即是他们有人情有生意的地方。中国太监制度现在总算废除了,可是有那么长的历史存在,想起来不禁悚然,深恐正如八股虽废而流泽孔长也。

这篇《太监》实际是一篇考证文章,但它却一点也不枯燥,相反却相当引人入胜。这就因为它以分析取胜,由于有条有理,头头是道的分析,深奥枯燥的引文也都变得面目姣好了。

学者散文最忌"掉书袋"和内容单薄的舞文弄墨。这两方面的毛病周作人都有。仅就后者而言,《三礼赞》中的《麻醉礼赞》已露端倪。所幸这些白璧微瑕并不足以影响30年代周作人学者散文"第一把交椅"的位置。另外,周作人的《关于命运》、《关于命运之二》、《关于写文章》、《关于写文章之二》① 诸文，写得都很精彩，但其中攻击鲁迅及"左翼文学"之处，颇多偏激之词，与周作人学者散文的整体风格不够协调。

学者散文的体式、风格是多种多样的。有的以知性见长，有的以理性取胜，有的则以趣味性吸引人。像《娼女礼赞》之以知性见长者，往往显得凝重，并非学者散文的常态。相反，一些从生活出发的小品，像写北京春节庙会的《厂甸》，像写美食的《食味杂咏著》，像写人情物理的《情理》，特别写草木虫鱼生态的那些篇章，情理趣高度结合，具有更大的可读性。

第四十四节 "草木虫鱼"等"小品文"的丰收

周作人虽然不是一名生物学家，却是一名兴趣浓厚的生物爱好者。在《猪鹿狸》② 一文中，他曾经这样写道：

> 我从小时候和草木虫鱼仿佛有点情分，《毛诗草木鸟兽虫鱼疏》、《南方草木状》以至《本草》、《花镜》都是我的爱读书……在三十多年前家里有一个长工，是海边的农夫而兼做竹工，那时他给我们讲的野兽故事是多么有意思……头上有角的角鸡，夜里出来偷咬西瓜的獾猪，想起时便仿佛如见沙地一带的情景，正如山乡的角鹿和马熊的故事一样，令我时时怀念这些故乡的地方……

周作人和草木虫鱼的这点"情分"，发而为文章，便有了《草木虫鱼》③ 一组七篇系列以及此后陆续出现的另一些有关篇章。周作人以草木虫鱼为题材的"小品文"，总计不下数十篇之多。

"草木虫鱼"系列除《小引》外共七篇，即《金鱼》、《虱子》、《两株树》、《苋菜梗》、《水里的东西》、《案山子》及《蝙蝠》。《水里

---

① 均收入《苦茶随笔》。
② 收入《夜读抄》。
③ 收入《看云集》。

的东西》写的是"河水鬼"，《案山子》写的是农民在田中吓鸟的稻草人，属于民俗范畴，虽然也写得不坏，实际和草木虫鱼无涉。另外五篇属于"草木虫鱼"的文章，都写得生意盎然，而写得最好的是《虱子》。它不仅写出了这种小寄生虫的神出鬼没，而且写出了它们在中外古今历史上的种种表演，真可说是不可多得之文。

周作人首先引证了英国哲学家罗素在《结婚与道德》一书中的名言："虱子被称为神的明珠，爬满这些东西是一个圣人的必不可少的记号。"而在中国的文化历史上，虱子的地位也同样不低："晋朝的王猛的名誉，一半固然在于他的经济的事业，他的捉虱子这一件事恐怕至少也要居其一半。"小小的虱子，一下子便被披上了神圣的灵光。沿着中外这两条线路，文章历数虱子在中外历史上的盛衰。先看欧洲：

> "18 世纪的太太们的头上成群的养着虱子。"宫中女官的高髻上也"满生了虱子。"
>
> 中国何尝落后？宋神宗的大宰相王安石虱子便多得不得了，以至于虱子缘着他的衣领爬到了他的胡子上，皇上看了不禁一笑，而王安石竟浑然不知。

虱子敢于爬上达官贵人、太太女官的头上，在小老百姓身上更是肆无忌惮了。在北极的原始民族爱斯基摩人中，"两个好友互捉头上的虱子以为消遣"，甚至认为如果身上没有虱子，那就离死亡不远了。捉虱子、放在嘴里咬虱子并把它吃下去，成了一些文化落后民族的"良好习惯"。

虱子在俗世享尽了风光，堂堂佛教经典中也缺不了它的位置。周作人指出，在佛经的《四分律》第五十卷《房舍犍度法》中，就有优待虱子，不许随意"拾虱弃地"等条律，而在文学作品中，虱子照样是人们爱抚与讴歌的对象，日本著名诗人小林一茶便写过这样的诗句：

> 喊，虱子呵，爬罢爬罢，向着春天的去向。

就这样，一个让人十分厌恶的寄生虫竟然成了人人讴歌的宝贝蛋。

一篇《虱子》，充分表现了周作人的散文功力。

《蝙蝠》是与沈启无的通信，文章主体乃沈氏所作，周氏至多只有一半的功劳。另外几篇中，《两株树》礼赞了北方的白杨和南方的乌桕，《苋菜梗》可视为《故乡的野菜》的姊妹篇；而《金鱼》则写出了周氏有别于常人的对金鱼的独特感受。众所周知，金鱼是人见人爱的观赏鱼类，品种繁多，色彩艳丽，千姿百态。然而，周作人偏偏不喜欢它。他说：

> 在豢养的小动物里边，我所不喜欢的，依着不喜欢的程度，其名次是叭儿狗，金鱼，鹦鹉。

叭儿狗与鹦鹉姑且勿论，金鱼怎么惹周老先生生气了呢？原来是这样：

> 我每见金鱼一团肥红的身体，突出两只眼睛，转动不灵地在水中游泳，总会联想到中国的新嫁娘，身穿红布袄裤，扎着裤腿，拐着一对小脚伶俜地走路。

不能不说，周氏的这个联想实在有点奇怪。除了红颜色之外，金鱼和新嫁娘可谓风马牛不相及，何况一是陆上的人类，一是水中的玩物呢？周氏的联想不仅怪异，而且有些病态。新嫁娘的小脚诚然不美，但碍金鱼什么事？金鱼转动不灵活莫非和"小脚"的不灵活成了同类项吗？这显然太过迂曲。尤有甚者，金鱼的突出的大眼睛在周氏眼中也成了"残疾"，犹如驼背或大肿瘤。

周氏对金鱼这样不友好，恰恰成了这篇文章的最大特色。能把金鱼之美用哈哈镜照出来，让它处处显得丑，这正是周作人的独到之处。没有几个人会赞同周氏这种"病态的审美"，也就是说，没有几个人会像周氏那样讨厌金鱼；然而，我们却不能不佩服周文的"强词夺理"，不能不佩服他拉"小脚新嫁娘"来丑化金鱼的构思。到了 30 年代，小脚新嫁娘已经成了不雅不洁之物，而把这种"不雅不洁"轻轻移植到金鱼身上，金鱼还能美吗？还能不讨厌吗?！要说文章技巧，周作人的

《金鱼》应该说是最上乘。

"草木虫鱼"系列的另外一些姊妹篇，诸如《夜读抄》中的《猪鹿狸》、《蠕范》、《百艹虫吟》，《苦茶随笔》中的《猫头鹰》、《杨柳》，《苦竹杂记》中的《冬天的蝇》、《关于禽言》、《谈土拨鼠》、《螟蛉与萤火》，《瓜豆集》中的《结缘豆》、《谈养鸟》，等等，几乎无一不清新可读，不妨看看那篇动物小品《猫头鹰》。[①]

这是一篇竭尽全力为猫头鹰翻案的文章。"猫"氏其貌不扬，叫声如哭，加之昼伏夜出，行动异常，中国人自古以来便对它没有好感。什么"鹎鸲食母"、"枭不孝鸟"之类，说的都是它，甚至有这样绘声绘色的传言：

> 哺其子既长，母老不能取食以应子求，则挂身树上，子争啖之飞去。其头悬着枝，故字从木上鸟，而枭首之象取之。其性贪善饿，又声似号，故又从号，而枵腹之义取之。[②]

由于这些似是而非的不实之词的影响，中国民间广为流传类似这样的传言，"猫"氏成了不孝不吉的怪物，连它的不够悦耳的叫声也成了灾难将临的恶兆了。

而在重视科学实验的西方生物学家那里，"猫"氏则完全不是这副模样。周作人首先引证了英国怀德的《色耳邦自然史》（后译为《塞耳彭自然史》）：

> 讲到猫头鹰，我有从威尔兹州的绅士听来的一件事可以告诉你。他们正在挖掘一棵空心的大秦皮树，这里边做了猫头鹰的馆舍已有百十来年了，那时他在林底发见一堆东西，当初简直不知道是什么。略经检查之后，他看出乃是一大团的鼷鼠的骨头，（或者还有小鸟和蝙蝠的，）这都从多少代的住客的嗉囊中吐出，原是小团球，经过岁月便积成大堆了。盖猫头鹰将所吞吃的东西的骨头毛羽都吐出

---

① 收入《苦茶随笔》。

② 见《猫头鹰》文中所引赵佑《毛诗草木鸟兽虫鱼疏（陆玑著·校正·案语）》。

来，同那鹰一样。他说，树底下这种物质一共总有好几斗之多。

怀德引证的这位绅士，实际也不愧为一位生物学家。他的观察，实际是一项极具说服力的科学实验，充分证明了"猫"氏吞物时是要吐出其毛骨的。由此可见，"啄母"、"不孝"云云都是莫须有的。周作人随之引证了英国另一生物学家斯密士的《鸟生活与鸟志》，其中谈到了"猫"氏食鼠的一个几乎可说神奇的过程：

> （"猫"）处分所捉到的一个鼷鼠的方法甚是奇妙。他衔住老鼠的腰约有一两分钟，随后忽然把头一摆，将老鼠抛到空中，再接住了，（鼠）头在嘴里。头再摆，老鼠头向前吞到喉里去了，只剩尾巴拖在外边，经过一两分钟沉思之后，头三摆，尾巴就不见。

斯密士也同样发现，猫头鹰以及马粪鹰、鱼狗等"囫囵吞食"者，"都能因了猛烈的接连的用力"，把那些无法消化的"毛羽骨头"吐出来。德国学者亚耳通博士曾仔细分析过"猫"氏吐出的那些"毛团"，结果在七百另六个毛团里查出了二千五百二十五个大鼠、鼷鼠、田鼠、臭老鼠、蝙蝠等的残骨，此外只有二十二个小鸟的屑片，大多是麻雀。事实胜于雄辩，这些科学的数据彻底击败了中国古人对"猫"氏的那些似是而非、毫无根据的诬陷。《猫头鹰》一文充分显示了周作人在生物学方面的科学精神，也为人们提供了一篇扎扎实实、言之有物的科学小品的样本。丢掉了"食母"、"不孝"之类的恶谥，猫头鹰终于恢复了自己的本来面貌。

第四十五节　书话、序跋与"文抄公"

一、书话

在周作人 30 年代的散文中，书话也是一个重要比重，总计不下四五十篇之多。有些书话也写得很成功。像《读游仙窟》（《看云集》），《黄蔷薇》、《塞耳彭自然史》、《颜氏家训》、《远野物语》（以上《夜读

抄》）、《论语小记》、《东京散策记》（以上《苦茶随笔》），《广东新语》、
《岭南杂事诗抄》（以上《苦竹杂记》），《燕京岁时记》、《日本杂事诗》
（以上《风雨谈》），《常谈丛录》（《瓜豆集》）等都是颇有影响的篇章。

　　综观周氏的书话，一个最大特点便是视野广阔，所谈之书不仅涉及
古今中外，而且涉及自然科学、社会科学、人文科学多种学科。仅仅读
周作人的书话，几乎就可以博览群书矣。像《塞耳彭自然史》，是在自
然科学史上很有影响之作，周作人不仅一再引用，而且写成书话介绍给
国人，这是有很大功绩的。而《黄蔷薇》介绍的则是匈牙利著名作家
育珂摩耳的小说集，《远野物语》介绍的则是日本作家柳田国男著名的
民俗学散文集。谈中国古籍的自然最多，像《论语小记》、《颜氏家训》
等谈的都是中国古代的经典著作。《燕京岁时记》、《广东新语》、《岭南
杂事诗》等属于民俗学范畴，而《日本杂事诗》介绍的则是晚清诗人
黄遵宪有关日本的诗歌创作，由于周作人书话佳作甚多，无法一一介
绍，这里仅举《塞耳彭自然史》、《黄蔷薇》、《颜氏家训》、《燕京岁时
记》、《日本杂事诗》等五篇，稍加分析，以见其书话成就之一斑。

　　《塞耳彭自然史》　二卷乃英人怀德与友人本南德及巴林顿的通信集
（即所谓"尺牍"），计与本南德书四十四通、与巴林顿书六十六通，共
一百一十通。"书中所说虽以生物为主，但亦涉及他事，如地质、气
候、风俗，其写村中制造苇烛及迫希流人诸篇均有名。生物中又以鸟类
为主，兽及虫鱼草木次之，这些事情读了都有趣味，但我个人所喜的还
是在昆虫，而其中尤以讲田蟋蟀即油胡卢，家蟋蟀，土拨鼠蟋蟀，即蝼
蛄的三篇为佳，即下卷第四六至四八也。"

　　这明明是一本自然科学的书，但周作人却说它是"十八世纪英国
文学中的一异彩，出版一百五十年来流传不绝"，这是什么缘故呢？作
者友人巴林顿早就说过："怀德无意于作文，而其文章精密生动，美妙
如画，世间殆少有小说家，能够保持读者的兴味如此成功也。"因此
1928 年琼孙在评传中称怀德为"先驱，诗人与文章家"，赫特孙在文集
《鸟与人》中也说《塞耳彭自然史》的特色是"文体优美而清明……塞
满着事实"，"著者的个性乃是这些尺牍的主要的妙处……此乃一种很
有意思的人生文献"。

　　周作人的书话虽然引文较多，但一点都不枯燥，特别那些鸟类特点

的部分极其生动活泼，更增强了书话的神韵。周作人还将李慈铭、郝兰皋等古人关于生物特性的诗文与怀德稍加比较，更见出了《塞耳彭自然史》的不可多得。

《黄蔷薇》是匈牙利大小说家育珂摩耳的一部长篇小说，周作人曾于 1910 年用文言译出过，这篇书话即有对这桩往事的追述。书话指出：育氏乃"十九世纪的传奇小说大家，著书有二百余部"。书话无法一一点名去介绍这二百余部，而是转而介绍育氏之书的英译者及育氏专家倍因先生，他曾称育氏为"匈加利的司各得"。可惜这位倍因先生几年前已经过世，周作人对他深致哀悼：

> 倘若教我识字的是我的先生，教我知道读书的也应该是，无论见不见过面，那么倍因就不得不算一位，因为他教我爱好弱小民族的不见经传的作品，使我在文艺里找出一点滋味来，得到一块安息的地方……

这篇书话写得真是别开生面。

《颜氏家训》是中国历史上最有名的一部"子女教科书"，版本众多，影响甚大。书话一开头，周氏便说：

> 南北朝人的有些著作我颇喜欢……例如《世说新语》、《华阳国志》、《水经注》、《洛阳伽蓝记》，以及《颜氏家训》。其中特别又是《颜氏家训》最为我所珍重，因为这在文章以外还有作者的思想与态度都很可佩服。

那么，颜氏"很可佩服"的思想与态度都是些什么内容呢？周氏概括为这样几个方面：

一是有"人情味"。卢召弓氏在他卢氏刻本《颜氏家训》的《序》上曾这样称赞《颜氏家训》："委曲近情，纤悉周备，立身之要，处世之宜，为学之方，盖莫善于是书，人有意于训俗型家者，又何庸舍是而叠床架屋为哉。"周作人极赞此言，认为"最简要得中"，抓住了《颜氏家训》的精髓。有人称赞它为"古今家训之祖"，周作人问道："试问有哪个孙子可及得他来?"颜氏身处六朝乱世,因此他要子孙"慎言检迹",即"苟全性命于乱世",周氏认为"这也何足为病呢"?

二是儒佛兼通兼用。《四库书目提要》认为《颜氏家训》中的"《归心》等篇深明因果,不出当时好佛之习,又兼论字画音训,并考正典故,品第文艺,曼衍旁涉,不专为一家之言,今特退之杂家,从其类焉。"周作人认为"杂"不"杂"无所谓,不过说颜之推信奉佛教是对的,"其《养生》、《归心》两篇即说此理"。信奉佛教,参考佛理,这正是颜氏的高明处。有人因此骂他"实忝厥祖",这是不对的。

三是认为《家训》末章《终制》篇"是古今难得的好文章,看彻生死,故其意思平实,而文词亦简要和易,其无甚新奇处正是最不可及处,陶渊明的《自祭文》与《拟挽歌辞》可与相比,或高旷过之。陶公无论矣,颜君或居其次,然而第三人却难找得出了"。

周氏的这篇书话虽旁征博引,但意思还是显豁的。不过,有几点欠妥之处,是为美中不足。

首先,将颜氏的"人情味"概括为"苟全性命于乱世",这是不全面的,这只是颜氏避祸求存的一种处世策略,但他也还有"外圆内方"的一面。这在周氏引证的下面这段话中即可看出:

> 齐朝有一士大夫尝谓吾曰,我有一儿,年已十七,颇晓书疏,教其鲜卑语及弹琵琶,稍欲通解,以此伏事公卿,无不宠爱,亦要事也。吾时俯而不答。异哉此人之教子也。若由此业自致卿相,亦不愿汝曹为之。

这段话是明显反对这位齐朝士大夫的做法的。当这位士大夫洋洋自得地谈他的教子之道时,"吾时俯而不答"。"俯而不答"者,即表示并不赞同也。接着感叹"异哉此人之教子法",也同样是表示不满。因此,才明确教诲他的孩子们"若由此业自致卿相,亦不愿汝曹为之"。颜之推并不希望自己的孩子们靠说鲜卑语(当时的外国语)和弹琵琶(当时的胡乐)去"伏事公卿"以换取一官半职往上爬。显然,这与周氏概括的"苟全性命于乱世"大相径庭。周氏数年后叛变投敌,依附日寇,当然有深层原因(一如上卷所述),但他对《颜氏家训》的这种错误理解，似乎也不妨视为一种蛛丝马迹。

其次，书话中也不必要的大谈韩（愈）柳（宗元）和李（白）杜（甫），而又褒柳、李而贬韩、杜，这是节外生枝，不必要的。

再则，因颜之推的信佛而否定韩愈的"辟佛"，也是生拉硬扯，无法成立。颜之推的信佛更多的是一种哲理的追求而非一般的参禅拜佛甚至出家当和尚；而韩愈的"辟佛"更多的则是反对将佛教当成"国教"，是一种政治行为。总之，在书话中拉扯这些问题是不合适的，节外生枝的。

《燕京岁时记》 乃满族富察敦崇（汉名敦礼臣）著，仅一卷，完成于光绪庚子（1990），丙午（1906）始印行。润芳序云："《燕京岁时记》一卷，捧读一过，具见匠心，虽非巨制鸿文，亦足资将来之考证，是即《景物略》、《岁华记》之命意也。"周作人则云："前得敦礼臣著《燕京岁时记》，心爱好之。"之所以爱好，因为它"从实录写，事多琐碎"。"老老实实地举其所知，直直落落地写了出来，在琐碎朴实处自有他的价值与生命。记中所录游览技艺都是平常，其风俗与物产两门颇多出色的记述，而其佳处大抵在不经意的地方，盖经意处便都不免落了窠臼也。如一月中记《耍耗子耍猴儿耍苟利子跑旱船》，十月的《糟蟹良乡酒鸭儿广柿子山里红》，《风筝毽儿琉璃喇叭咘咘登太平鼓空钟》，《蛐蛐儿聒聒儿油壶卢》，《梧桐交嘴祝顶红老西儿燕巧儿》，《栗子白薯中果南糖萨齐玛芙蓉糕冰糖壶卢温朴》，《赤包儿斗姑娘海棠木瓜沤朴》各条，都写得很有意思。"老燕京的这些老民俗，至今很多都已失传了，个别的则尚活在京郊大地。它们的让人缅怀自不待言，而周作人的简要记述（即使仅仅举出名目）也足可让人望梅止渴了。书话还例述了五月的《石榴夹竹桃》，七月的《荷时灯蒿子灯莲花灯》等，无一不惹人喜爱。作为一位民俗学家，周作人笔下饱含赞美之情。

周氏还拿唐涉江（震钧）的《天咫偶闻》与《燕京岁时记》作了比较，认为"《天咫偶闻》，记北京地理故实，亦颇可看"，但它追求"雅驯"，缺少《燕》书"这些质朴琐屑的好处"。

《日本杂事诗》 是清廷驻日外交官黄遵宪写日本的诗，诗虽旧体，但系白话，应是中国白话诗的先驱。《日本杂事诗》影响甚大，作为留日学生的周作人即是深受影响者之一。他十分佩服黄氏的远见卓识，黄预见明治维新之后日本必强大，而强大后之日本必以中国为侵略目标，因此，中国不能抱残守缺，而应奋起直追，这些远见卓识，生动反映在《日本杂事诗》中，200 首杂事诗，是日本明治维新的生动写照，也是一个比较有世界眼光的中国人复杂心态的记录。为了说明这一点，书话联系分析了黄氏的《人境庐诗草》与《日本国志》，它们是《日本杂事诗》不可或缺的参照系。

书话几乎没有单独分析《日本杂事诗》中的某一首诗，而是着重强调了这些诗的不断修改，与时俱进。比如其咏新闻纸（按即报纸）一诗原云："一纸新闻出帝城，传来令甲更文明，曝檐父老私相语，未敢雌黄信口评。"后改定为"欲知古事读旧史，欲知今事看新闻，九流百家无不有，六合之内同此文"。对此，周作人认为：

> 以诗论，自以原本为佳，稍有讽谏的风味，在言论不自由的时代或更引起读者的共鸣，但在黄君则赞叹自有深意，不特其去旧布新意更精进，且实在以前的新闻亦多偏于启蒙的而少作宣传的运动，故其以丛书相比并不算错误。

周作人所以肯定《日本杂事诗》的一再修改，乃因为在他看来，这些诗"当作诗看是第二着，我觉得最重要的还是看作者的思想，其次是日本事物的记录"。在一般情况下，这个"思想第一"的评诗标准是并不尽当的，但对于《日本杂事诗》而言，却有了特定的合理性。

二、序跋

由于周作人"五四"文坛先驱的身份，加之桃李满天下，朋友、学生甚至慕名者找他写序的人甚多。不包括他的"自序跋"，仅为他人所作序跋总计亦不下五六十篇之多，仅此时期亦有三十多篇。

周作人曾说，他的序跋是以不切题为特色的①。这话并非一般的谦虚，而是更近于写实的。他的序跋往往立意高远，而非就书论书，就事

---

① 见《长之文学论文集跋》，收入《苦茶随笔》。

论事。比如他那篇《长之文学论文集跋》，通篇谈的是儿童教育，与长之的文学论文集几乎了无关系。他自己就说："李君的书是批评论文集，我这样的乱说一番，未免有点文不对题。但是我早同李君说过，我写序跋是以不切题为宗旨的。"一般说来，序跋"不切题"，跑野马，应该是一大缺点。但对周氏而言，则需另当别论了。一是看似不切题，实则有关联，有导向，比如给李长之的这篇"跋"，虽未对《长之文学论文集》置一词，但说到了李长之对儿童、对儿童文学的关爱，让李长之与儿童挂起了钩，这也就从"不切题"变成"切题"了。还有一种情况是好像不切题，实际很切题，即小处不切题，大处很切题，这样的序跋自然也就别有洞天了。

　　总而言之，周作人的序跋有一种大家风范，足以给所序跋之书增光添彩，这应该说是周作人序跋的难能可贵处。

　　周作人序跋之另一特色是短小精悍，耐人寻味，本身就是好文章。虽不能说周作人的序跋是他散文中最精粹的部分，但可以说他的序跋大都写得很精粹。周作人的文字功夫，在序跋中表现最充分。因此，《苦雨斋序跋文》① 销量甚佳，大受欢迎。

　　然则，周作人的有些序跋却写得比较长，本身便是一篇重要的文学论文。比如他的《桃园跋》、《杂拌儿跋》、《燕知草跋》、《陶菴梦忆序》、《冰雪小品选序》、《重刊袁中郎集序》等，皆然。比如他关于新文学源流的那些观点，便是首先在一些序跋中透露的。这些序跋，自然成了他的《中国新文学的源流》的前奏。

　　他的四大弟子（俞平伯、废名、沈启无、江绍原）之书，他几乎每本必序（或跋），表明了师生关系之深。抗战期中，沈启无也当了汉奸，而且当了出卖老师周作人的汉奸，以致被周革出了教门。但这并不影响本时期周氏给沈启无《冰雪小品选》所写《序》的真实性和学术性。类似情况还有周作人给学生谷万川写的《大黑狼的故事序》，开始，周作人对谷氏辑集的这本《大黑狼的故事》是很器重的。但后来谷氏参加了革命，并跑到苦雨斋"革周作人的命"，非要周作人和他一起参加革命不可，甚至砸坏了苦雨斋的几块玻璃。《大黑狼的故事序》

① 《苦雨斋序跋文》，上海天马书店 1934 年版。

便成了周作人无可奈何的痛苦的印记。

　　周作人的个别序跋也有败笔，比如那篇《古槐梦遇序》① 便写得空洞无物，没话找话，几属无病呻吟之作。

　　由序跋人们自然会想到尺牍，二者的确是近亲。周作人的很多尺牍也具有序跋同样的风格，难怪俞平伯、废名都把这些尺牍裱糊成册永资诵习。然而，由于篇幅所限，这些尺牍我们只好从略了。

三、"文抄公"

　　本时期周作人有些文章（书话居多），由旁征博引发展到了东拉西扯，节外生枝，甚至"卖弄学问"，"掉书袋"，成为一种不良倾向。《夜读抄》中的《清嘉录》首开先河。开头文曰：

　　　　《清嘉录》十二卷，吴县顾禄著，记述吴中岁时土俗，颇极详
　　备，光绪戊寅（1878）有重刊本，在《啸园丛书》中，现今甚易
　　得。原书初刊于道光中，后在日本翻刻，啸园葛氏所刻已是第三
　　代，所谓孙子本矣，校雠不精，多有讹字，唯其流通之功不可
　　没耳。

　　这个开头本来十分简要，下面再补充介绍顾禄（字总之）的其他著作，如《颐素堂丛书》八种，《颐素堂诗钞》六卷等也还不枝不蔓。由它们再回来介绍《清嘉录》也还甚有章法。文章至此，应该说甚为可读。然而，作者偏偏画蛇添足，来了一个《附记》，抄了明代谢在杭《五杂组》中两段话，破坏了文章的完整性。不是说《五杂组》的这两段话不好，而是说没必要再抄上去，以免使文章拖沓。周氏不仅抄了这两段话，又来了一个《附录日本知言馆刻〈清嘉录〉序》。此《序》甚长，几等于周氏《清嘉录》一文之半。它再好，也不宜再附录了。没想到《附录》之后，又来了一个"案"，讲自己得到《清嘉录》的经过，大可不必。不料"案"后"又案"，抄了日人大洼天吉的《诗序》。啰里八唆，不堪卒读矣。

----

　　① 　收入《苦茶随笔》。

也是《夜读抄》中的《江州笔谈》，较之《清嘉录》有过之而
无不及。此文共十三自然段，除开头，结尾二段为周氏文章外，余
皆引文。引文皆颇长，引文与引文之间，周氏以"卷上云"、"卷下
又云"、"文云"、"又云"、"又云"……衔接之。结果这篇《江州
笔谈》就变成了名副其实的"江州"先生栖清山人王侃之"笔
谈"，而非周作人先生的"笔谈"了。大概也有点不好意思，结尾
自圆道：

> 此外还有好多好意思，不过引用已多，大有文抄公的嫌疑，所
> 以只好割爱了。就上面所抄的看去，可以知道他思想的大略……

用引用代替分析，这是中学生作文之一大忌。文章大家周先生焉能
不知？但这样抄来抄去，十分省事，又有地方争相发表，何乐而不为？
周作人是很讲究"事功"的，抄来抄去即拿去发表，且有高稿酬可拿，
岂非"事功"可嘉乎？难怪当时有位先生说："不久以前，南京一家小
报，有一个好事者替知堂老人做了一笔抄书账，结论是：唯他抄书可得
大价钱的稿费，不胜羡叹。"[①]
如果仅仅一两篇《清嘉录》、《江州笔谈》之类，倒也无伤大雅，
问题是周氏这种"文抄公"式的文章越来越多，形成了一种"气候"，
这就不能不引起文化界的物议了。是的，这并不影响周作人散文大家的
地位，然而，总不能说是一种光彩吧？所以，30 年代当时对"文抄公"
散文的批评是屡见不鲜的。
然而，近年来，肯定周氏"文抄公"散文的论调出现了，首先倡
导者是舒芜先生。他说：

> 到了晚年，刊落浮华，枯淡瘦劲，而腴润自在其中，文境更
> 高……连引来的古人的文章也像是周作人的文章。……往往通篇十
> 之八九都是抄引古书，但是加上开头结尾，加上引文与引文之间的

几句话的连缀点染，极萧寥闲远之致，读起来正是一篇贯穿着周作人的特色的文章，可谓古今未有的一种创体。①

这种"文抄公"文体怎样变成了"创体"呢？因为这种文体，"前无古人后来也未必有来者"，非"创"而何？"创"就创在"一篇之中主要是大段抄引古书"，"创"就创在这种所谓"文抄公"的文体。舒芜先生很不以批评周作人抄书的学者为然。舒芜先生终于找到了"知音"，刘绪源先生在《解读周作人》② 一书中大大发挥了舒芜先生的观点。他写道：

> 这些抄书之作，也许是他留下的最宝贵的遗产。……其文章布局，曲尽变化之妙。有的是连类抄引，一环扣一环，峰回路转，变化多端，似乎有些东拉西扯，却令人兴味盎然，欲罢不能，读过之后，只感到扎实和丰满，丝毫不觉其贫薄松散。有的是横向并列的抄录，需要更完整的学问，但总保持着雅趣与可读性……在夹叙夹议的引文之中，所抄之书，有的成了"叙"的内容，有的代替了"议"的作用。此外还有种种抄法，每种抄法又可以有各不相同的运用……他的不少抄书之作，其审美价值，其给予人的充实感、丰富感与满足感，是超出他早期的小品之上的……《药味集》与《书房一角》，在他的整个创作生涯中，可说是艺术上最为成熟的两本书了。

舒、刘二先生这样高度评价周作人的"抄书"，甚至把《药味集》、《书房一角》，置于其早期散文小品之上，确乎不愧为惊世骇俗之论。但也显然远离了实事求是的批评原则，变成走火入魔的廉价吹捧了。限于篇幅，这里就不拟展开讨论了。

---

① 《周作人概观》第 42 页，收入《周作人的是非功过》，人民文学出版社 1993 年版，辽宁教育出版社 2000 年增订。

② 上海书店出版社 2008 年版。

第十二章

鲁迅、周作人散文比较新论

　　十五年前，在《现代散文的劲旅——鲁迅杂文研究》[①] 一书中，我曾辟"鲁迅、周作人散文比较论"一章。现在看来，整个思路和基本论点均尚未过时。然而，由于重新全面研读了周作人的散文，再与鲁迅比较，便有了一些新的心得与体悟，值得在原有基础上重新比较一番。个别有欠允当的提法，也有必要加以斟酌。

第四十六节　斗士之文与绅士之文

　　"五四"时期，周作人以翻译家与文艺批评家名世，他的《人的文学》、《平民文学》等都是短小精悍的文艺论文而非一般意义上的散文。到了《自己的园地》，周作人真正意义上的散文才出世，并迅即引起了文坛关注。周作人这时的指导思想是个性解放和人道主义，和鲁迅思想的共同性大于相异性。

　　"五四"之后，在1925年的"女师大事件"和1926年的"三·一八"惨案中，"二周"并肩战斗，有力声援了进步学生的正义斗争，控诉了杀害无辜学生的反动北洋军阀政府，抨击了为反动政府张目的"《现代评论》派"。《语丝》时期，"二周"继续并肩战斗，直至1927年"四·一二"、"四·一五"的"清党大屠杀"，二人仍在并肩战斗，

---

① 陕西人民教育出版社1996年版。

鲁迅称"清党"中被杀害的革命青年犯的是"可恶罪",周作人称之为"思想罪";鲁迅称青年的血吓得他目瞪口呆说不出话,周作人则直接质问倡议"清党"的吴稚晖、蔡元培以及对杀人默不作声的胡适之;鲁迅写了《剸共大观》①,周作人写了《诅咒》②,鲁迅写的是"清党"中南方(长沙)的"看杀头",周作人写的是北方(天津)的"看杀头",都抨击了"清党"的暴行以及"看杀头"者的愚昧。李大钊烈士被害后,周作人写了《偶感》③ 表示哀悼,也发表了《日本人的好意》④,驳斥了日人报纸《顺天时报》对李大钊的诬陷。这一时期周作人写了大量揭露日本侵华的文章,成了他生命史上十分光辉的一页。仅此而言,周作人简直比乃兄鲁迅还激进。

然而,眼看国民党的"清党"以"胜利"结束,国民革命军进驻了北京,《语丝》在南方也遭到了查禁。在种种威压之下,周作人退缩了,他写出了《闭户读书论》⑤ 提出了"苟全性命于乱世是第一要紧","专门读书,此其时矣","翻开故纸,与活人对照,死书就变成活书,可以得道,可以养生,岂不懿欤?"从此以后,一直到抗日战争爆发前,周作人基本上是退回书斋,不问世事了。周作人不是说自己身上有"绅士鬼"吗?现在"鬼"变成了"人",周作人真的成了绅士了。

如果追根溯源,"绅士周作人"并非今日始。如前所说,早在编集《谈龙集》、《谈虎集》时,他便把当年与《现代评论》派论战的那些文字(总计五六十万字之多)统统删掉了。1930 年之后,他发展到否定一切文艺论战,贬之为"二狗相咬",给人看哈哈笑,其"绅士风度"也就发展到登峰造极了。这种"绅士风度",自然不能不投影到他的散文创作中去。钻故纸堆,侍候花鸟虫鱼,不食人间烟火,似乎他生活的不是内忧外患的中国,而是恬静的世外桃源了。

而此时的鲁迅,则确立了马克思主义的世界观并大步走上了中国

---

① 收入《三闲集》,《鲁迅全集》第 4 卷,人民文学出版社 1981 年版。
② 收入《谈虎集》。
③ 同上。
④ 同上。
⑤ 收入《永日集》。

"左翼"文艺的行列。他并不要当什么"左联"的领导。他只不过深深寄望于"左翼"文艺，也深深寄望于中国共产党人领导的革命事业罢了。他并不像周作人讽刺的那样，"挑着一副担子，前面是一筐子马克思，后面是一口袋尼采"①。而是在摒弃了尼采的"超人哲学"之后，相信了马克思主义，相信了"惟新兴的无产者才有将来"。鲁迅一直是一名"我以我血荐轩辕"的爱国者和民主斗士，晚年更有了阶级斗争理论的指导。从《而已集》、《三闲集》一直到《且介亭杂文末编》，人们看到了鲁迅思想前进的鲜明轨迹，也读到了一篇篇斗志昂扬的战斗檄文。这些战斗檄文也许没有周作人的绅士之文小巧、精致，但它们却是属于"别一世界"的。

第四十七节　闲适与激情

不问世事，闭门读书，带来了周作人悠闲舒适的生活，也带来了他一篇又一篇冲淡闲适的散文，即使不计花鸟虫鱼和古书书话，单单这样一些篇名也就不难看出周作人的闲情逸致了。《吃菜》、《论居丧》、《男化女》、《和尚与小僧》、《再论吃茶》、《鬼的生长》、《关于苦茶》、《骨董小记》、《冬天的蝇》、《柿子的种子》、《情书写法》、《关于禽言》、《入厕读书》、《说鬼》、《关于雷公》、《谈鬼论》……周作人在《五十自寿诗》中称自己"街头终日听说鬼，窗下通年学画蛇……旁人若问其中意，请到寒斋吃苦茶"。与这些文章题目也真是若合符节，苦雨斋主周作人真是远离尘嚣了。

按照绅士之文的标准，周作人当然是合格的，也是有所谓"情趣"的，文坛应该有他一席之地。鲁迅推荐他为"五四"新文学中散文写作的第一把交椅，应该是既包括他的《自己的园地》、《雨天的书》、《泽泻集》、《谈龙集》、《谈虎集》，也包括他的《永日集》、《看云集》直至《风雨谈》等30年代散文的。在"鲁迅、周作人散文比较论"一章中，我曾写有这样一段话：

---

① 语见《志摩纪念》，收入《看云集》。

　　　　周作人到底写了些什么小品呢？……大多是写"草木虫鱼"
　　和读书笔记，"草木虫鱼"多少还有些生气（或者说"趣味"），
　　而那些读书笔记却大多是"废纸堆中讨生活"，一味陶醉在霉味冲
　　天的陈谷子烂米中。当然不能说他读的那些书以及他的读书笔记毫
　　无价值，但从总体上说，它们实在和民族危亡的社会现实相去太
　　远，太不谐调，只能消磨读者的斗志，浪费读者的光阴。多读周作
　　人的这类读书笔记，就只有萎靡不振之一途，要想奋发有为则万万
　　不可得也！有些文章，如《入厕读书》等，更是无聊之至了。因
　　此，从总体上说，三十年代周作人的"平和冲淡"实在起了极坏
　　的消极作用，是不值得人们大加肯定的。①

　　现在看来，批评过重，有些片面，应予匡正。不能仅仅从社会革命
的角度看待、要求周作人的冲淡、平和、闲适的文章，还要从美学角度
给以一定的肯定。包括那些读书笔记（即前章所论之书话），也必须一
分为二，不能一棍子打死。当然，把它们说得美不胜收，则堕入另一极
端了。

　　比起周作人的闲适小品，我们油然想起了鲁迅的《白莽作〈孩儿
塔〉序》②，鲁迅写道：

　　　　这《孩儿塔》的出世并非要和现在一般的诗人争一日之长，
　　是有别一种意义在。这是东方的微光，是林中的响箭，是冬末的萌
　　芽，是进军的第一步，是对于前驱者的爱的大纛，也是对于摧残者
　　的憎的丰碑。一切所谓圆熟简练，静穆幽远之作，都无须来作比
　　方，因为这诗属于别一世界。

　　鲁迅在这里谈的是白莽（殷夫）的诗，但也可以看作他的夫子自
况。他的大量杂文何尝不是如此，何尝不是对于前驱者的爱的"大纛"
和"对于摧残者的憎的丰碑"？《白莽作〈孩儿塔〉序》、《为了忘却的

---

　　① 《现代散文的劲旅》，陕西人民教育出版社1996年版，第238页。
　　② 收入《且介亭杂文末编》，《鲁迅全集》第6卷。

纪念》① 等文，是多么的激情满怀、感人肺腑呀！这样的人间至文，
"闭门读书"之后的周作人是再也写不出来了。

　　鲁迅的激情，不仅是悼念先烈，悼念亡友，即使在一般的社会批评
与文明批评中，也无一不是如此。鲁迅的《"友邦惊诧"论》痛斥国民
党政府的失地千里不必说了，那篇《中国人的生命圈》② 何尝不如此？
日本帝国主义的飞机从外面轰炸，国民政府的飞机从里面轰炸（炸红
军及红区百姓），中国人还有活路吗？即使远离政治的《夜颂》、《上海
的少女》③ 等，不也都听得见鲁迅心灵的颤动吗？

　　从接受美学的角度说，读周作人 30 年代的散文和鲁迅 30 年代的杂
文，完全有不同的感受，人们完全有选择的自由。否定周作人的闲适、
优雅是不对的，但否定鲁迅的激情就更加大谬不然了。

第四十八节　"小摆设"与"大制作"

　　鲁迅曾经尖锐批评过"小摆设"，他说：破落的旧家庭中，也许还
能在尘封的废物之中，寻出一个小小的镜屏，玲珑剔透的石块，竹根刻
成的人像，古玉雕出的动物，锈得发绿的铜铸的三脚癞蛤蟆：这就是所
谓"小摆设"。又说：

　　　　这"小摆设"，原也不是什么重要的物品。在方寸的象牙版上
　　刻一篇《兰亭序》，至今还有"艺术品"之称，但倘将这挂在万里
　　长城的墙头，或供在云冈的丈八佛像的足下，它就渺小得看不见
　　了，即使热心者竭力指点，也不过令观者生一种滑稽之感。何况在
　　风沙扑面、狼虎成群的时候，谁还有这许多闲工夫，来赏玩琥珀扇
　　坠，翡翠戒指呢。他们即使要悦目，所要的也是耸立于风沙中的大
　　建筑，要坚固而伟大，不必怎样精；即使要满意，所要的也是匕首

　　① 收入《南腔北调集》，《鲁迅全集》第 4 卷。
　　② 收入《伪自由书》，《鲁讯全集》第 5 卷。
　　③ 《夜颂》收入《准风月谈》，《鲁迅全集》第 5 卷。《上海的少女》，收入《南腔北
调》，《鲁迅全集》第 4 卷。

和投枪，要锋利而切实，用不着什么雅……然而对于文学上的
"小摆设"——"小品文"的要求，却正在越加旺盛起来，要求者
以为可以靠着低诉或微吟，将粗犷的人心，磨得渐渐的平滑。这就
是想别人一心看着《六朝文絜》，而忘记了自己是抱在黄河决口之
后，淹得仅仅露出水面的树梢头。①

　　鲁迅并不否定美术上的"小摆设"是"艺术品"，他只是说这种小
巧玲珑的"小摆设"和万里长城、丈八佛像等宏伟的大建筑无法相比。
特别在非"太平盛世"，在"风沙扑面，狼虎成群的时候"，人们要生
存，要战斗，没有闲情逸致来赏玩这种"小摆设"。正如眼看沉没的黄
河灾民无法去欣赏《六朝文絜》一样，没有条件，没有余裕，更没有
心情。然而，恰恰在这种时代，文学上的"小摆设"——"小品文"
却异常地兴旺发达起来，"以为可以靠着低诉或微吟，将粗犷的人心，
磨得渐渐的平滑"。
　　鲁迅批评的，主要是林语堂，因为他是这种"文学小摆设"的积
极倡导者，他创办的《论语》以及后来的《人间世》、《宇宙风》就是
专登这种"小摆设"的小品文刊物。而周作人的闲适小品，则是林语
堂极力标榜的一面旗帜。因此，鲁迅对"小摆设"的批评，自然也包
括周作人在内。周作人对此批评心怀怨恨，自然也就是意料中事了。周
作人多次攻击鲁迅关于"小摆设"的论点，《关于十九篇》之十《关于
写文章》是最集中的一次，他说：

　　　眼看文章不能改变社会，于是门类分别出来了，那一种不积极
　而无益社会者都是"小摆设"，其有用的呢，没有名字不好叫，我
　想或者称作"祭器"罢。祭器放在祭坛上，在与祭者看去实在是
　颇庄严的，不过其祝或诅的功效是别一问题外，祭品这东西到底还
　是一种摆设，只是大一点罢了。②

　①　《小品文的危机》，收入《南腔北调集》。
　②　收入《苦茶随笔》。

周作人将鲁迅倡导的无产阶级革命文学称作"祭器"应当说相当恶毒，是一种十分明显的诅咒。比起"小摆设"来，实在是远远超过多少倍了。"小摆设"充其量说它价值不大；而"祭器"，则纯属为亡灵服务。周作人不仅攻击了革命文学，也攻击了整个革命事业，这就太过分了。你周作人不听劝阻，大可以继续写你的"小摆设"，何至于要诅咒千万劳苦大众、革命青年为之流血牺牲的无产阶级革命事业呢？不能不说，周作人的这篇文章，倒颇有点"祭器"的味道了。

即使不纠缠这一点，周作人不承认自己所写乃"小摆设"，也根本说不过去。试问，喝茶吃菜，花鸟虫鱼，"文抄公"，这些东西不是"小摆设"是什么？难道它们是《义勇军进行曲》或者《黄河大合唱》？在"风沙扑面，狼虎成群"，日本已经占领了东北，正在吞并华北的情况下，这些文章能不说是"小摆设"？它们能激起中国人民的抗日救国热情吗？它们和整个时代气氛协调吗？严格说来，它们何尝不是一种很不利于奋发抗战的靡靡之音呢？就周作人本人而言，又何尝不是一个极大的隐患呢？凡是大敌当前，却视民族危亡于不顾的人，一旦落入敌手，不投敌叛变者几希。周作人后来的道路正说明了这一点。鲁迅生前，仅仅抓住了周作人"小摆设"的不良倾向，也十分担心他在大是大非面前犯"昏"，但他尚无力判断他会走得那么远。因此，他只是就"小摆设"批评周作人，而又在一年后对斯诺的谈话中充分肯定他"五四"以来的散文成就，鲁迅对周作人是十分宽厚的。反之，周作人对鲁迅，整个30年代都是十分刻薄的。

假如从"小摆设"收藏家的立场来看，鲁迅对"小摆设"简直是不识货。但那些收藏家却永远见不到丈八佛像和万里长城。清末的那些爱新觉罗氏的后裔们不正是如此吗？他们大量收藏"小摆设"，再加提笼架鸟，吸食鸦片，一个"大清朝"只能随着他们的烟雾腾腾而烟消火灭了。文学上的"小摆设"可以写，可以看，但永远不可成为文学的主流，永远不可以给以过高评价，"小摆设"永远是"小摆设"。一旦"小摆设"成了文学主流，"小摆设"被捧到了九天之上，这个社会也就岌岌乎殆哉了。

鲁迅严厉批评"小摆设"型的小品文，但他对战斗的小品文却是给以高度评价的。他说：

生存的小品文，必须是匕首，是投枪，能和读者一同杀出一条血路的东西；但自然，它也能给人愉快和休息，然而这并不是"小摆设"，更不是抚慰和麻痹，它给人的愉快和休息是休养，是劳作和战斗之前的准备。

鲁迅的这些论断皆非随意而发，而是作了充分的文学史考察。他指出：

而小品文的生存，也只仗着挣扎和战斗的。晋朝的清言，早和它的朝代一同消歇了。唐末诗风衰落，而小品放了光辉。但罗隐的《谗书》，几乎全部是抗争和愤激之谈；皮日休和陆龟蒙自以为隐士，别人也称之为隐士，而看他们在《皮子文薮》和《笠泽丛书》中的小品文，并没有忘记天下，正是一塌糊涂的泥塘里的光彩和锋芒。明末的小品虽然比较的颓放，却并非全是吟风弄月，其中有不平，有讽刺，有攻击，有破坏。这种作风，也触着了满洲君臣的心病，费去许多助虐的武将的刀锋，帮闲的文臣的笔锋，直到乾隆年间，这才压制下去了。以后呢，就来了"小摆设"。

"小摆设"当然不会有大发展。到五四运动的时候，才又来了一个展开，散文小品的成功，几乎在小说戏曲和诗歌之上。这之中，自然含着挣扎和战斗，但因为常常取法于英国的随笔（Essay），所以也带一点幽默和雍容；写法也有漂亮和缜密的，这是为了对于旧文学的示威，在表示旧文学之自以为特长者，白话文学也并非做不到。以后的路，本来明明是更分明的挣扎和战斗，因为这原是萌芽于"文学革命"以至"思想革命"的。但现在的趋势，却在特别提倡那和旧文学相合之点，雍容，漂亮，缜密，就是要它成为"小摆设"，供雅人的摩挲，并且想青年摩挲了这"小摆设"，由粗暴而变为风雅了……

小品文就这样的走到了危机。①

---

① 《小品文的危机》，收入《南腔北调集》。

让鲁迅不能不感到万分痛心的是，这小品文危机的制造者，不是别人，正是"五四""文学革命"和"思想革命"的倡导者之一，自己的胞弟周作人以及《语丝》战友林语堂等人。他对"小摆设"的针砭，真是满含血泪！然而，周作人、林语堂都不领他的情，自从他倡导"左翼"文艺之后，他们实际上已经分道扬镳了。周作人这支"五四"文学的大手笔，早已变成"小摆设"的"巨匠"了！

第四十九节　"小摆设"中的鲁迅

周作人曾说："我所写的最不行的是那些打架的文章"①。又说："近十年来我是早已不骂人了"②。周作人谦虚得实在过火，他的"打架的文章"不是不行，而是很行。不过他不打别人，只打鲁迅罢了。在第九章中，我们曾经简单勾勒过他骂鲁迅的大致情况；现在，有必要把这些骂语置入周作人的"小摆设"中加以比照，从而说明他的艺术风格的多样性。如果以为周作人一天到晚闲适、平和、冲淡、雍容、优雅、大度……那就大错而特错了。

1930 年鲁迅、周作人先后步入中年（鲁迅 49 岁，周作人 45 岁），于是周作人专门写了《中年》③ 一文，可以说是借题发挥，专门骂鲁迅的。文曰：

> 中国凡事是颠倒错乱的，往往少年老成，摆成道学家超人志士的模样，中年以来重新来秋冬行春令，大讲其恋爱等等，这样地跟着青年跑，或者可以免于落伍之讥，实在犹如将昼作夜，"拽直照原"，只落得不见日光而见月亮，未始没有好些危险。

"中年以来"云云，都是骂鲁迅与许广平同居的。所谓"月亮"，

---

① 收入《苦茶随笔》。

② 《附录二篇·改名纪略》，收入《风雨谈》。

③ 收入《看云集》。

正是当年高长虹追求许广平时的用语。

周作人处处以妇女问题专家自诩，一再标榜"嘉孺子而哀妇人"，他也明明知道鲁迅与朱安的包办婚姻是多么不合人道，可他却把鲁迅、许广平的合法同居一再攻击为鲁迅"纳妾"，一再称许广平为"妾妇"。周作人这样对待自己恩重如山的胞兄，实在忘恩负义到了极点。当年鲁迅由日本回国接受母亲给自己包办的婚姻时，周作人正在绍兴家中，他是这桩不合理婚姻的目击者与见证人，他理应是兄长不幸婚姻的最大的同情者。鲁迅仅拜天地，未入洞房，四天之后即带他返回日本，鲁迅的痛苦他怎能忘记？何况，根据当时民国的法律，鲁迅、朱安那样的包办婚姻，可以离婚，也可以停婚再娶。关于离婚，鲁迅曾经在离京南下前征求过朱安的意见，问她是回朱家（即离婚）还是继续留在周家（即不离婚），朱安表示继续照顾婆婆，绝不离开周家。当她得知鲁迅、许广平同居并有了儿子海婴后，她不仅没有骂鲁迅，反而为周家有了后代高兴，要人带海婴来见她，朱安诚然是包办婚姻的受害者，但鲁迅又何尝不是？① 作为一个妇女问题专家，周作人却要鲁迅一辈子吃包办婚姻之苦，不许他和任何人恋爱、结婚，这是否太狠毒了一点儿？再说，许广平是鲁迅的学生，也是"女师大事件"时的战友，周作人不是一清二楚吗？他俩由恋爱而结婚不是很正常吗？何劳周作人来当法海？周作人居然出来当法海，这算不算对这位妇女问题专家的莫大讽刺呢？然而，周作人又振振有词道：

> 普通男女私情我们可以不管，但如见一个社会栋梁高谈女权或社会改革，却照例纳妾等等，那有如无产首领浸在高贵的温泉里，命令大众冲锋，未免可笑，觉得这动物有点变质了……言行不一致是一种大欺骗，大家应该留心不要上当。我想，我们与其伪善还不如真恶……

所谓"一个社会栋梁"，正是鲁迅的代名词。在周作人的笔下，鲁迅变成了"变质的动物"、"言行不一致"的伪君子，简直十恶不赦了。

---

① 俞芳：《我所认识的鲁迅》，《鲁迅研究动态》1987 年第 3 期。

周作人不骂人？周作人不会骂人？周作人只会闲适、平和、冲淡……岂不小看了这位"小摆设"大家？应该补充一句的是，周作人写《中年》是 1930 年，鲁迅批评"小摆设"是在 1934 年，周作人打的不是"反击战"，他是主动出击、主动骂人的。而对他的这种恶骂，鲁迅则一直是佯装不知的。

《中年》开了周作人骂鲁迅的先例，一年之后，他又借悼念死于空难的徐志摩之机，再一次骂鲁迅了。请看：

> 我们平时看书看杂志报章，第一感到不舒服的是那伟大的说诳，上自国家大事、下至社会琐闻，不是恬然地颠倒黑白，便是无诚意地弄笔头……知识阶级的人挑着一副担子，前面是一筐子马克思，后面一口袋尼采，也是数见不鲜的事……①

这里的"知识阶级"的"挑担者"，指的不是别人，正是鲁迅。鲁迅青年时代不是曾深受尼采"超人哲学"的影响，而当时又信仰了马克思主义吗？从尼采到马克思，鲁迅有一个扬弃过程，30 年代以后，他从未再服膺或宣扬过尼采。周作人对此，应该说也很了然；然而，为了达到挖苦、讽刺、嘲骂鲁迅的目的，他便故意这么做了。你瞧，鲁迅是多么虚伪，他和社会上、报章杂志上那些"伟大的说诳"者不正是一丘之貉吗？"不是恬然"地颠倒"黑白"或者"无诚意地弄笔头"吗？显然，《中年》是骂鲁迅的"私德"，而《志摩纪念》则是骂鲁迅的"公德"了。私德、公德鲁迅皆一无足取，这位"社会栋梁"真是坏透了。

既然鲁迅的"私德"、"公德"都被否定得干干净净，周作人总不好再骂了吧？不！周作人还在继续"扩大战果"，这就要数那篇《蛙的教训》②和《老人的胡闹》③了。周作人写道：

---

① 收入《看云集》。
② 收入《苦茶随笔》。
③ 收入《瓜豆集》。

其实叫老年跟了青年跑这是一件很不聪明的事……有些本来能够写些小说戏曲的，当初不要名利所以可以自由说话，后来把握住了一种主义，文艺的理论与政策弄得头头是道了，创作便永远再也写不出来，这是常见的事实，也是一个很可怕的教训。（《蛙的教训》）

这里，鲁迅的罪状有三：一是"跟了青年跑"，二是"名利"思想，三是"教条主义"，结果是只会说教，创作便永远写不出来了。这实际是彻底否定了鲁迅的后半生。事实上，定居上海之后鲁迅宁愿牺牲创作也要进行"韧"的战斗，他的《而已集》到《且介亭杂文末编》的八本杂文集正是这种韧战的辉煌战果。其本身的文学价值绝不在"小说戏曲"之下；何况，鲁迅的《故事新编》历史小说已经八篇之多呢？什么"跟了青年跑"？鲁迅是那样无头脑吗？什么"名利思想"？除了为中国的未来尽心竭力，鲁迅有什么"名利思想"？至于把马克思主义贬之为教条主义，那也只是周作人从反马克思主义者那里趸来的破烂罢了。有趣的是周作人语气间愤愤不已，恨不得鲁迅也像野蛮部落的老人一样，"杀了煮来吃"。杀气腾腾，离"冲淡"、"闲适"实在太远太远了。

《老人的胡闹》写于 1936 年 7 月 31 日，当时的鲁迅已重症在身，大去之期不远。他是无论如何不会料到自己的胞弟从背后再捅他一刀的。"老人"一开始是指日本法西斯分子三上参次，但笔锋一转，便骂到鲁迅头上去了：

以上都是对于老年的很好的格言……可惜老人不大能遵守，往往名位既尊，患得患失，遇有新兴占势力的意见，不问新旧左右，辄靡然从之，此正病在私欲深，世味浓，贪恋前途之故也。虽曰不自爱惜羽毛，也原是个人的自由，但他既然戴了老丑的鬼脸踱出戏台来，则自亦难禁有人看了欲呕耳。

醉翁之意不在酒，虚晃一枪，骂了三上两句，实则大骂鲁迅"投机趋时"，"可笑"，"老丑"，对鲁迅的愤恨远在三上之上也。

周作人不仅在"小摆设"中多次攻击、贬损鲁迅，在一些书信中尤为露骨，例如：

> 鲁迅精神异常，我久与之绝……鲁曾说北大学生叫他来教书，钱玄同、刘半农却因怕夺他们的饭碗，故造谣说他发疯云云，即此一端，可以见其思路之纷乱了。①

这简直是无中生有、人身攻击了。

十分可怕的是，连鲁迅对刘半农的悼念，在周作人的笔下也成了罪状："漫云一死恩仇泯，海上微闻有笑声。空向刀山长作揖，阿旁牛首太狰狞。"鲁迅的《悼刘半农君》成了"狰狞"的"笑声"，鲁迅也成了狰狞的恶鬼了。

周作人对鲁迅的这些影射、攻击乃至诅咒，因为隐没在他的大量散文中，一般人是不容易发现的。包括和二周兄弟十分友善的郁达夫先生，他在《新文学大系散文二集·序》中对二周散文高度评价，他也是并未发现周作人如此歹毒的一面的。②

第五十节 "小摆设"的去向

鲁迅虽然对"小摆设"作了尖锐批评，但他并非一笔抹杀。他指出：在太平盛世，"小摆设"是不可或缺的点缀品、玩味品和消遣品。在茶余酒后，它是可以让人欣赏，给人愉悦的；这种欣赏，也正是一种美感享受。具体到周作人而言，假如他生活在太平盛世，何尝不是如此？无奈周作人生不逢辰，他碰到了乱世。他想"苟活性命于乱世"，闭门读书，闭门写他的"小摆设"。他获得了某种程度的成功。整个30年代，谁的"小摆设"也写不过他，他成了"小摆设"写作的第一把手，他一口气出了七八个散文集，其中"小摆设"占了多数。如果在

---

① 《与江绍原书三通》，1930 年 3 月 31 日，收入《周作人散文全集》第 5 卷，广西师范大学出版社 2009 年版。

② 郁达夫：《新文学大系散文二集·序》，上海良友图书公司 1935 年版。

太平盛世，他早成为中国的蒙田和培根了。

　　然而，周作人所处的 30 年代中国不同于蒙田的法国和培根的英国，这是个乱世。周作人"闭门读书"后，这个乱世似乎更乱。一是内战不休，"共党"举起武装推翻蒋介石国民党的革命大旗，创造了一块又一块的红色革命根据地。而蒋政权则调集大军，对这些根据地一次又一次的血腥"围剿"，杀人如麻，1935 年中央苏区不得不由江西撤离、万里长征，牺牲数十万人，方得到达陕北。而在京、沪、津等大城市，蒋政权无时无刻不在逮捕、杀害共产党和革命青年。所有这一切，清楚地记录和反映在鲁迅杂文中。从《而已集》开始，鲁迅写下了蒋政权的"血的恐怖"，也写下了他的愤怒和抗争。特别在文化战线上，鲁迅成了一面鲜艳的红旗。中央红军抗日先遣队的司令方志敏被蒋政权逮捕后，托人从狱中给鲁迅带去了他的《可爱的中国》；苏区将领陈赓秘密到上海疗治枪伤，秘密拜见了鲁迅，并留下了他绘制的鄂豫皖苏区形势图；"左联"五烈士之一的柔石，在狱中向鲁迅求援；美国著名记者、中国革命的同情者埃德加·斯诺秘密出访陕北前首先访问了鲁迅，以便更好地撰写《活的中国》、《草鞋脚》等有关中国的著作。鲁迅处在半地下状态，国民党始终未曾撤销对他的通缉令。正因为如此，鲁迅杂文燃烧着血与火，这不是一般的文章，它们是中国共产党人与革命青年的鲜血所写成，它们是鲁迅鲜红的灵魂的写照。读鲁迅 30 年代的杂文，读者的灵魂得到的是革命精神的荡涤，读者的灵魂无法不与鲁迅一起燃烧。

　　1935 年起，日本帝国主义在侵占东北、制造伪满之后，加紧了全面占领中国的步伐，中国面临了亡国灭种的危险。中国共产党人发出了"停止内战，一致抗日"的伟大号召，中国工农红军跨河东征，开赴了抗日前线，全国人民掀起了一浪高过一浪的抗日救国高潮。在这个高潮中，鲁迅先后发表了《"友邦惊诧"论》、《文章与题目》、《中国人的生命圈》、《王化》、《保留》等多篇大声疾呼的文章，痛斥日寇，愤怒谴责蒋政权的"先安内而后攘外"，大力支持推荐《八月的乡村》、《生死场》等抗日文学作品，直至喊出"民族革命战争的大众文学"革命口号，带头成立了抗日爱国的革命文学团体。终于因劳成疾，体力不支，而于 1936 年 10 月 19 日溘然长逝。鲁迅以他革命的战斗的一生，赢得了"民族魂"的伟大荣誉，他的英灵继续召唤着千千万万革命爱国的抗日青年。

再看周作人，他躲在苦雨斋中，喝茶饮酒，逃避苟安，大搞"小摆设"，还要不时对鲁迅发射明枪暗箭，周作人在大的政治方向上完全错了！更加不能原谅的是，从 1935 年起，他大肆鼓吹"和"比"战"难，大肆捧秦桧而贬岳飞，大贬文天祥、史可法。而他对疯狂侵华的日本法西斯，也由 1928 年前的愤怒揭露一变而为捧场叫好了。1935 年的周作人，思想上已经成了日本法西斯的俘虏，他已经自我解除了抗日的精神武装了。到了 1937 年七七事变，日寇打响了全面侵略中国的第一枪，在全民激愤之中，周作人却还在他的苦雨斋中写什么《野草的俗名》①，真是到了两耳不闻窗外事的地步了。难怪北大南迁，他岿然不动，他内心深处早已做好与日寇合作的思想准备了。果不其然，1938 年 2 月 9 日，他觍然参加了日本侵略者召集的什么"更生中国文化建设座谈会"，走上了附逆当汉奸的罪恶道路。

过去，人们往往痛恨周作人的卖国投敌，而对他的"小摆设"仍爱护有加。现在看来"小摆设"正是周作人走向卖国投敌的"精神桥梁"，周作人是通过"小摆设"而走向卖国投敌的。"小摆设"实际上害了周作人。反过来说，"小摆设"乃周作人一道心灵的暗影，极端自私自利的个人主义暗影，用周作人的话说，是一个致命的"痞块"（见《闭户读书论》）。这个"痞块"越长越大，终于把他拖入了罪恶的深渊。"苟活性命于乱世"，这是中国古代一些隐士的人生信条，虽然是自私的，消极的，但多少可以原谅。然而，"隐士"中的某些人，并非什么真隐士，而是"谋隐士"，想要通过归隐之路重上朝纲，即所谓由"谋隐"而"谋宦"。鲁迅在《隐士》② 一文中曾对此作过精彩分析，他指出：

> 登仕是噉饭之道，归隐，也是噉饭之道。假使无法噉饭，那就连"隐"也隐不成了……汉唐以来，必须欲"隐"而不得，这才

① 《野草的俗名》，收入《药味集》。
② 收入《且介亭杂文二集》，《鲁迅全集》第 6 卷。

看作士人的末路。唐末有一位诗人左偓，自述他悲惨的境遇道："谋隐谋官两无成"，是用七个字道破了所谓"隐"的秘密的。

"苟活生命于乱世"也就是"谋隐"，隐姓埋名以求自保。在古代社会，人烟稀少，交通不便，真心"谋隐"，尚无不可。但在现代社会，尤其京沪一类的大都市，隐姓埋名，谈何容易。比如周作人，他大名鼎鼎，谁人不知？再说，他和日本人有千丝万缕的联系，他的太太便是日本人，一有事便跑到日本大使馆，周作人即使想"隐"，怎么隐得了？何况，他是真"隐"吗？"谋隐"而已。日本人一找上门，不就出山了吗？他出山之前，曾对钱玄同等有所流露，遭到委婉劝阻。但钱等看出，其意已决矣。钱玄同的过早病逝，和周作人的这种降日倾向不能说没有关系。钱氏是坚决不当汉奸，坚决"谋隐"的，但他管不了周作人，内心十分惶惑和懊丧。周作人的"谋隐"是假的，是为了"谋官"的，他早就做好了与日本人合作的准备，"下水"是一点也不勉强的。何况他早认定中国必败、日本必胜呢？写"小摆设"，弄花草虫鱼，结果弄成一名大汉奸，这还不值得人们深长思之吗？

当然，日寇投降已经六十多年，中华民族终于迎来了开明盛世。淡忘那一段血泪的历史，人们倒可以从纯粹艺术欣赏的角度，重读周作人的那些"小摆设"了。

第五十一节　不同的历史观,不同的人物论

周作人不止一次地说，他是不相信群众的。他认为"群众就只是暴君与顺民的平均罢了"，因此，"凡以群众为根据的一切主义与运动，我也就不能承认"。[①] 相信不相信群众，这是周作人的自由，我们无权干预。但由此生发出的唯心主义历史观，我们却不能不加以正视。在马克思主义看来，历史是人民群众创造的，人民群众是推动历史前进的动力。所有帝王将相英雄伟人，只有依靠广大人民群众，才能发挥他们对于历史的重大作用。由于周作人不明乎此，尽管他的历史知识相当渊

---

① 《北沟沿通信》，收入《谈虎集》。

博，但他的历史观却是十分肤浅的历史循环论，不外乎天下大势，分久
必合，合久必分那一套，历史不断在重演，在反复。这种历史唯心主义
观点，使他对历史人物和事件做出了许多错误判断。他的"海军决定
论"、"中国必亡论"之类错误判断，甚至将他拖入了历史的深渊。

日本留学时期，二周的历史观应该说基本相像，"五四"时期也还
相差无几。分野正在 1927 年"清党"大屠杀之后。血的教训使周作人
回到了历史唯心论，却使鲁迅大踏步走进了历史唯物主义者的行列，他
扬弃了尼采的超人哲学，而确立了历史唯物主义的世界观，相信"唯
新兴的无产者才有将来"。他也掌握了马克思主义的阶级分析方法，因
此，回顾历史，剖析社会，评骘人物，洞若观火。二周在这方面的差
距，简直无法以道里计了。限于篇幅，这里仅举几个例证。

一是对俞正燮（理初）的评价。周作人对俞氏评价极高，甚至称
他为中国长期封建社会中的"三灯"之一（另两位为王充和李贽），极
力称赞他的离经叛道，特别是为妇女说话。这当然并不错。然而，周作
人却完全看不到俞氏的重大历史局限。比如，在他的《除乐户丐户及
女乐考附古事》① 一文中，在歌颂清朝的解放惰民丐户、罢教坊、停女
乐等"德政"之时，就称颂起清乃至金、元等的少数民族皇帝宽待奴
隶来，说什么"自三代至明，惟宇文周武帝、唐高祖、后晋高祖，金、
元，及明景帝，于法宽假之"。而"本朝（即大清）尽去其籍，而天地
为之廓清矣"。我们当然不能苛求俞氏去冒杀头危险，大骂金、元等少
数民族皇帝，但他的称颂也不能不让人恶心。这些少数民族皇帝杀了多
少汉人？他们对奴隶的"宽待"表现在哪里？金灭了北宋，掳走了徽、
钦二帝，又连年用兵，欲灭南宋，由徽、钦二帝直至宋朝百姓，金人随
意蹂躏杀戮，有何"宽待"可言？元尤甚，人分四等：蒙古人、色目
人、汉人、南人，前两等是优异者，后两等是卑劣者，后两等只能俯首
听命于前两等，开始甚至不许他们在朝为官（个别汉奸除外）。这种残
酷的民族压迫有何"宽待"可言？不能不说，俞氏明察秋毫之末而不
见舆薪，他对金、元、清等少数民族统治者的颂扬太离谱了。对此，周
作人视而不见，只字未提，仅仅根据他的一些离经叛道思想片面揄扬，

---

① 收入《癸巳类稿》卷十二。

显得很肤浅。

鲁迅则不然，他一方面肯定俞氏"看过野史，正是一个因此觉得义愤填膺的人"，但对他的所谓"宽待"论，却直截了当地批评道：

> 这一段结语，有两事使我吃惊。第一事，是宽假奴隶的皇帝中，汉人居很少数。但我疑心俞正燮还是考之未详，例如金元，是并非厚待奴隶的，只因那时连中国的蓄奴的主人也成了奴隶，从征服者看来，并无高下，即所谓"一视同仁"，于是就好像对于先前的奴隶加以宽假了。第二事，就是这自有历史以来的虐政，竟必待满洲的清才来廓清……但又并未"廓清"，例如绍兴的惰民，直到民国革命之初，他们还是不与良民通婚……但俞正燮的歌颂清朝功德，却不能不说是当然的事。他生于乾隆四十年，到他壮年以至晚年的时候，文字狱的血迹已经消失，满洲人的凶焰已经缓和，愚民政策早已集了大成，剩下的就只有功德了。那时的禁书，我想他都未必看见……①

鲁迅并未责备俞正燮，而是实事求是地、历史主义地分析了俞氏对大清歌功颂德过头的原因，鲁迅的着眼点在历史而非在个人。周作人也是反对文字狱的，但在揄扬俞氏时，他却忘了俞氏实际上赞美了文字狱。把他作为中国思想史上的"三灯"之一，显然言过其实了。

二是对秦桧、岳飞的分析。和周作人一再捧秦桧贬岳飞截然不同，鲁迅始终抨击秦桧，而褒奖岳飞。在谈到历史"酷刑"的时候，鲁迅举出了秦桧：

> 然而酷刑的方法，却决不是突然就会发明，一定都有它的师承或祖传，例如这石塘小弟（袁按：乃嘉善地方一匪首）所采用的，便是一个古法，见于士大夫未必肯看，而下等人却大抵知道的《说岳全传》一名《精忠传》上，是秦桧要岳飞自认"汉奸"，逼供之际所用的方法，但使用的材料，却是麻条和鱼鳔。我以为生漆

---

① 《病后杂谈之余》，收入《且介亭杂文》，《鲁迅全集》第6卷。

之说，是未必的确的，因为这东西很不容易干燥。

　　"酷刑"的发明和改良者，倒是虎吏和暴君，这是他们唯一的事业……①

　　周作人一向瞧不起《说岳全传》，说岳飞正是它捧起来的。而鲁迅却正面肯定《说岳全传》，正面肯定小说中秦桧用"酷刑"害死岳飞的艺术描写，鲁迅把秦桧归入了"虎吏和暴君"之流，深恶而痛绝之，两年之后，周作人根据他的"中国必亡论"、"和比战难论"大捧秦桧，大贬岳飞，其荒谬程度真是无以复加了。

　　《偶成》三年之后，鲁迅又写了一篇《登错的文章》②，再次褒奖了岳飞。他指出：岳飞、文天祥二位，"是给中国人挣面子的"，是"可以励现任的文官武将，愧前任的降将逃官"的。因此，写他们的故事，应是为"大人老爷们"看的，应该刊登在为这些"大人老爷们"看的刊物上，然而，这些故事却往往登在为"少年们看的刊物"上，因此，应该说"登错"了。少年朋友的任务是看书认字，长大成人，他们现在怎可能去学、去当什么岳武穆、文天祥呢？不让那些"大人老爷们"去学、去当，却要这些少年朋友去学、去当，岂非太"迂远"了吗？显然，鲁迅是在讽刺那些失地千里甚至卖国投敌的"大人老爷们"，而绝不是否定岳飞和文天祥。有的周作人研究者根本未读懂鲁迅的文章，便说什么鲁迅和周作人一样十分反感宣传岳飞，这真太让人哭笑不得了。

　　三是对陶渊明的见地。周作人一再说他崇拜陶渊明和诸葛亮，事实上根本不是那回事。诸葛亮"鞠躬尽瘁，死而后已"，这种精神周作人有一丝一毫吗？如有，何至于下水投敌当汉奸？他对陶渊明，也谈不上喜爱，而只是拿他做幌子。以周作人为旗帜的"老京派"文人，标榜的正是陶渊明。他们拿陶渊明打鲁迅，打"左翼"文学，并非真想学靖节先生的样儿。在这方面，朱光潜先生说得最明显不过。他说：

　　──────────

　　① 《偶成》，收入《南腔北调集》，《鲁迅全集》第4卷。
　　② 收入《且介亭杂文末编》，《鲁迅全集》第6卷。

艺术的最高境界都不在热烈……"静穆"是一种豁然大悟，得到归依的心情。它好比低眉默想的观音大士，超一切忧喜，同时你也可说它泯化一切忧喜。这种境界在中国诗里不多见。屈原阮籍李白杜甫都不免有些像金刚怒目，愤愤不平的样子。陶潜浑身是"静穆"，所以他伟大。①

这种"静穆"说，成了以周作人为代表的某些京派文人的理论根据，似乎也成了他们的人生榜样。然而，鲁迅却指出，这种"静穆"说，是根本不成立的。"立'静穆'为诗的极境，而此境不见于诗，也许和立蛋形为人体的最高形式，而此形终不见于人一样。"又说：

凡论文艺，虚悬了一个"极境"，是要陷入"绝境"的……朱先生就只能取钱起的两句，而踢开他的全篇，又用这两句来概括作者的全人，又用这两句来打杀了屈原，阮籍，李白，杜甫等辈，以为"都不免有些像金刚怒目，愤愤不平的样子"。其实是他们四位，都因为垫高朱先生的美学说，做了冤屈的牺牲的。

鲁迅指出，朱光潜先生用"摘句"法把"曲终人不见，江上数峰青"这两句诗"孤悬"起来，读成为"静穆"之极致，这是明显的断章取义，因为这两句诗仅是《省试湘灵鼓瑟》一诗的结尾，全诗有一种"衰飒"之风。至于作者钱起的另外一些诗篇，则"和屈原，阮籍，李白，杜甫四位一样，有时都不免是怒目金刚"的。因此，"倘要论文，最好是顾及全篇，并且顾及作者的全人，以及他所处的社会状态，这才较为确凿。要不然，是很容易近乎说梦的。"由之，鲁迅得出结论："历来的伟大的作者，是没有一个'浑身是静穆'的。陶潜正因为并非'浑身静穆'，所以他伟大。"②

鲁迅虽然正面批评的是朱光潜先生的"静穆"说，但实际上把以周作人为代表的老京派们对陶渊明的歪曲和误解统统推翻了。

---

① 朱光潜：《说"曲终人不见，江上数峰清"》，《中学生》杂志第60号，1935年12月。
② 《"题未定"草（六至九）》，收入《且介亭杂文二集》，《鲁迅全集》第6卷。

四是对东林党的看法。周作人极力推崇明末张岱的小品文，甚至把他和"公安派"一起，誉之为"中国新文学的源流"。但张岱对东林党人的评价有明显的偏颇。他曾说：

> 夫东林自顾泾阳讲学以来，以此名目，祸我国家者八九十年，以其党升沉，用占世数兴败，其党盛则为终南之捷径，其党败则为元祐之党碑……盖东林首事者实多君子，窜入者不无小人，拥戴者皆为小人，招徕者亦有君子……东林之中，其庸庸碌碌者不必置论，如贪婪强横之王图，奸险凶暴之李三才，闯贼首辅之项煜，上笺劝进之周钟，以致窜入东林，乃欲俱奉之以君子，则吾臂可断，决不敢徇情也。东林之尤可丑者，时敏之降闯贼曰，"吾东林时敏也"，以冀大用。……①

而在事实上，顾宪成、高攀龙等发起、组织的东林党，是一个进步的文化、社会团体。他们聚集在无锡东林书院讲学，猛烈抨击以魏忠贤为代表的祸国殃民的阉党，是一个为民请命的进步的社会团体。明天启五年（1625）遭到魏忠贤等的残酷镇压，被杀害者达数百人，酿成了一大血案。东林党的代表人物是可歌可泣的，它在中国历史上的进步意义是不可抹杀的。然而张岱却仅仅抓住东林后期某些人物的丑行而对东林党大加否定，这是不应该的，十分片面的。鲁迅指出，张岱的上述态度是"苛求君子，宽纵小人，自以为明察秋毫，而实则反助小人张目"，倘说"东林中虽亦有小人，然多数为君子，反东林者虽亦有正士，而大抵是小人。那么，斤量就大不相同了"。②

鲁迅还引用了谢国桢先生《明清之际党社运动考》一书，说它"钩索文籍，用力甚勤"，叙述了魏忠贤两次大规模虐杀东林党人后的情况："那时候，亲戚朋友，全远远的躲避，无耻的士大夫，早投降到魏党的旗帜底下了。说一两句公道话，想替诸君子帮忙的，只有几个书

---

① 《琅嬛文集》卷三《又与颜儒八节》信。
② 《"题未定"草（六至九）》，收入《且介亭杂文二集》，《鲁迅全集》，第6卷。

呆子，还有几个老百姓。"①

正是从这里，鲁迅总结出了一段名言："老百姓虽然不读诗书，不明史法，不解在瑜中求瑕，屎里觅道，但能从大概上看，明黑白，辩是非，往往有决非清高通达的士大夫所可几及之处的。"

也正是从这里，鲁迅发出了对"一二·九"抗日学生运动的有力的支持。

而周作人，除了一再赞颂张岱的小品文写得如何如何好之外，他是根本回避张岱等明显而重大的历史局限的。

稍需补充的是，鲁迅对东林党的维护，对张岱的上述批评，起因是张岱的《琅嬛文集》被列入了"中国文学珍本丛书"之一，由刘大杰标点，而标点错误甚多，卢前之跋以及周作人等的赞词却洋洋乎盈耳。因此鲁迅说："纵使明人小品如何'本色'，如何'精灵'，拿它乱玩究竟还是不行的，自误事小，误人可似乎不大好。"

自然，充分肯定张岱的文学成就以及其他成就，出版、标点、肯定他的许多著作，都是理所当然的。但是掌握分寸，不要片面抬高，更不要犯常识性错误，这却是鲁迅的可贵之处。

---

① 《明清之际党社运动考》，商务印书馆 1934 年版。

第十三章

周作人的晚期散文(上)

第五十二节　周作人晚年的矛盾心态

　　1949 年初，毛泽东为新华社撰发了新年献词《将革命进行到底》，中国人民解放军即将横渡长江，蒋家王朝行将覆灭。覆灭前，国民政府决定释放日本战犯及汉奸。1 月 26 日，周作人被保释出狱，开始了他漫长而特异的晚年生活。

　　由于战乱造成的交通中断，也由于担心回北京后的安全，周作人随尤炳圻父子到了上海，暂住尤家。4 月、5 月两月，南京、上海相继解放，7 月，中华全国文学艺术工作者代表大会在北京召开，全国文联成立。中华人民共和国的开国大典正在紧张筹备中。眼看政局已经稳定，京沪交通也已恢复，8 月 12 日周作人在尤炳圻陪同下启程返京，14 日抵京，暂住太仆寺街尤家，10 月 18 日由儿子周丰一接回八道湾家中。

　　在决定离沪返京前，7 月 4 日，周作人给中共中央领导人之一的周恩来写了一封信，信云：

　　　　我写这封信给先生，很经过些踌躇，因为依照旧的说法，这有好些不妥当，如用旧时新闻记者的常用笔调来说，这里便有些又是拍马屁，又是丑表功，说起来都是不很好听的。可是我经过一番考虑之后，终于决定写了。现在的时代既与从前不同，旧时的是非不能适用，我们只要诚实的说实话，对于人民政府，也即是自己的政府有所陈述，没有什么不可以的，这与以前的臣民的地位对于独裁政府的说话是迥不相同的。因为这个缘故，我决心来写这信给先生，略为说明个人对于新民主主义的意见，以及自己私人的一点事情。①

所谓"对于新民主主义的意见"，赞扬了中国共产党领导的革命事业以及崭新的工作作风，这大概即是周作人所谓之"拍马屁"；而对自己下水附逆当汉奸的辩解，大概也就是他说的"丑表功"了。除了无法随北大南迁的辩解外，主要是这样一些段落：

> 是年（按即 1937 年）年底，北大第二院即理学院的保管职员走来找我，说日本宪兵队派人去看，叫两天内让出该院，其时孟森已病笃，马裕藻不愿管事，由我与冯祖荀出名具函去找伪临时政府教育部长汤尔和，由其当夜去与日本宪兵队长谈判，得以保全，及胜利后国民党政府教育部长朱家骅至北平视察，发表谈话，称为中国最完整保存之理科。北京大学图书馆及文史研究所亦以我的名义收回，保存人与物的原状，后来对于国立北平图书馆也是如此办法。及汤尔和病死，教育总署一职拟议及我，我考虑之后终于接受了。因为当时华北高等教育的管理权全在总署的手里，为抵制王揖唐辈以维护学校起见，大家觉得有占领之必要。在职二年间，积极维持学校实在还在其次，消极的防护，对于敌兴亚院、伪新民会的压迫和干涉，明的暗的种种抗争，给学生与学校减少麻烦与痛苦，可以说是每日最伤脑筋的事。这有多少成效不敢确说，但那时相信那是值得做的事情，至少对学生青年有些关系或好处，我想自己如跑到后方去，在那里教几年书，也总是空话，不如在沦陷中给学校或学生做得一点一滴的事，倒是实在的。我不相信守节失节的话，

---

① 此信经由何人呈送收信人？收信人收到没有？待考。最初发表于《新文学史料》1987 年第 2 期，并有按语如下：

这是周作人写给中央负责同志的一封信，是林辰同志于 1951 年向冯雪峰同志借阅时抄下的，现在我们从林辰同志处抄得一份，发表于此，以供研究周作人问题的同志参考。

只觉得做点于人有益的事总是好的，名分上的顺逆是非不能一定，譬如受国民政府的委托去做"勘乱"的特务工作，决不能比在沦陷区维持学校更好，我的意见有些不免是偏的，不过都是老实话……

与敌人合作，在中国人中间大概是很少的，虚与委蛇不能算是合作，若是明的暗的抗争，自然更不是了。

下面又谈了他因《中国的思想问题》等文章被日本作家片冈铁兵骂为"反动老作家"一事，借以说明自己在日本人眼中"不是合作得来的人"。

周作人的这封长信，是他因汉奸罪被判十年徒刑之后在南京法庭上的辩护词的翻版，一言以蔽之，他是"文化救国"的英雄汉，而不是什么汉奸卖国贼。

战火纷飞之中，周作人为何这样迫不及待地给日理万机的周恩来写这样一封"拍马屁"兼"丑表功"的信？显然是想用一面之词蒙混过关，摘掉汉奸帽子，成为文化救国功臣。周作人想得太美妙也太简单了。新文化运动的功臣周作人堕落为汉奸卖国贼，谁人不知？哪个不晓？精明过人的周恩来怎会不知道你的底细？至少，你在南京高等法庭的辩护以及十年徒刑的判决他怎会不知道？你现在混淆是非，颠倒黑白，把下水事敌说成是文化救国，周恩来怎能相信？虽然周作人的原信尚待查证，但周恩来未于肯定却是毋庸置疑。周作人的这一计彻底失败了。

既然失败，周作人便应该改弦更张，幡然悔悟，承认错误，重新做人。当时的中共领导层对周作人也正是这一态度。毛泽东的第一秘书胡乔木向毛打报告，主张让周作人写一书面检讨在报上公开发表，以了此案。然而，周作人写了没有？写了几次？认识如何？至今未有任何书面材料。据知情人楼适夷同志说，他是写来写去总不达标的。

南京解放后我们把他释放，回到北京，后来就安排他做人民文学出版社的特约翻译，翻译希腊、日本的古典文学作品，他要求用周作人的名义出版书，中宣部要他写一篇公开的检讨，承认参加敌伪政权的错误。他写了一个书面，但不承认错误，认为自己参加敌伪，是为了保存民族文化。领导上以为这样的自白是无法向群众交代的，没有公开发表，并规定以后出书，只能用周启明的名字。——这个书面听说有六千多字，因我当时还没到出版社，没有见过。我是 1952 年到出版社的……有一次胡乔木同志特地召我谈话，要我们重视周作人的工作，给他一定的重视和关心；还要我作为出版社的负责人之一，亲自和他接触。还说过现在虽不方便，将来他的作品也是可以适当出版的。①

周作人当时为什么拒绝公开检讨？他是怎样想的？也许是念念不忘他的"文化救国"吧。然而这样一来，周作人一案便始终无法了结。在偌大的中华人民共和国，周作人成了一名唯一的"黑户"——没有户口，没有选民证，没有选举权，也没有被选举权。但是，他的八道湾住所却始终（"文化大革命"前）安然无恙，居委会、派出所都知道这里住着一位特殊人物，似乎也无人不知毛主席对他的一句评语："文化汉奸么，养起来，让他翻译希腊和日本文学作品。"正是根据这一评语，胡乔木安排人民文学出版社每月发给他 200 元（后增至 400 元）人民币，让他翻译起希腊和日本文学作品来。

这当然也是一种老有所养，加上报纸杂志不断的约稿和优厚的稿费（特别香港报刊的稿费），周作人的生活费用的确是有保证的（相当于当时一、二级大学教授的收入）。他沉浸在所翻译或涉猎的希腊、日本文学中，也自有人所不及的乐趣在。然而，周作人的内心平静吗？坦荡吗？这恐怕很难说。1951 年 2 月 28 日是周作人的 67 岁生日，他写了一篇《六十七岁生日记》，全文如下：

> 不知今日为可祝耶，为可诅耶？诞生为苦难之源，为自己计，自以少遇见此日为佳耳。先君殁于 37 岁时，祖父卒年 68 岁，但也在诞日前半年，余乃过之，幸乎？不幸乎？庄子述尧对华封人之言曰：寿则多辱。若是（我以为这是很对的），则亦是不幸也。但我

————————

① 《我所知道的周作人》，收入《回望周作人·知堂先生》，河南大学出版社 2004 年版。

现今目的只在为人与为工作，自己别无关系，故仍愿能忍辱负重，再多译出几部书来。那么生日还是可祝，即此生亦所希冀者也。虽然在一方面死而速朽也是极好的事，不过其利益只在个人而已。早晨孙儿辈来拜寿后书此志感写毕胸次洒然。①

无论中外古今，生日都是一个愉快的、庆贺的日子，然而周作人却生出"可祝耶"、"可诅耶"、"幸乎"、"不幸乎"一系列的感慨，这正说明了他内心的不平衡。作为"五四"文学革命的一代元勋，自己竟落到了这步田地，活着还有什么意味？然而，"死"就对吗？何能甘心？周作人虽然决心要活下去，"寿则多辱"也不怕，但他的内心痛苦与矛盾也始终摆脱不掉，一直伴随着他。他曾经自称"乞者"，写过一首《乞者自歌——书奉郑子瑜》，诗曰："叫乞东门事偶然，闲来且咏相羊篇。慈仁巷里无仁者，只掷泥沙不掷钱。"② 这不同样是感慨自己的身世吗？1964 年他的八十大寿到了，他又写了首《八十自寿诗》：

> 可笑老翁垂八十，行为端的似童痴。
> 剧怜独脚思山父，幻作青毡美野狸。
> 对话有时装鬼脸，谐谈仍喜撒胡荽。
> 低头只顾贪游戏，忘却斜阳照土堆。③

"装鬼脸"、"撒胡荽"、"贪游戏"都是他游戏人生的写照。什么汉奸不汉奸，什么黑户不黑户，现在都成了笑谈，还有什么计较的必要呢？这种旷达诙谐之中，正反映了他十余年中内心的滚滚波涛。正像钱塘江潮，汹涌澎湃之后，也就风平浪静了。

第五十三节　周作人晚期散文概况

从周作人 1949 年 1 月 26 日被保释出狱至 1967 年 5 月 6 日不幸去

---

① 　收入《周作人散文全集》第 11 卷，广西师范大学出版社 2009 年版。
② 　原刊待查，见《周作人散文全集》第 12 卷封二书影。
③ 　收入《周作人散文全集》第 14 卷。

世，历时 18 年，是为他一生的晚期。其晚期散文创作，可以说贯穿了这 18 年。1949 年 7 月 4 日写给周恩来先生的信，可视之为他晚期创作的开始；而 1966 年 8 月 21 日致章士钊秘书王益知先生的信，也就是这一创作阶段的终结了。综观这一创作阶段，其主要成果为：

（1）以致周恩来信为开端的大量书信，其中最重要的为《周（作人）曹（聚仁）通信集》①与《周作人、鲍耀明通信集》②中所收的数百封。

（2）以《饭后随笔》、《随笔外篇》为代表的大量小品、随笔、杂文、短论。"饭后随笔"是上海《亦报》为周作人设的专栏，由 1950 年元旦一直写至 1952 年 3 月 9 日，共写了 576 则。"随笔外篇"乃"饭后随笔"的"变体"，是《亦报》为周所设另一专栏，共写了 120 余篇。在此基础上，1953 年之后陆续写下的此类短文亦不下数百篇。比较集中发表的有《大报寄稿》、《十山笔谈》等。

（3）一些谈翻译的学术论文以及谈希腊古代女诗人萨伏的学术论文。

（4）回忆鲁迅的多篇短文，后分别以《鲁迅的故家》、《鲁迅小说中的人物》、《鲁迅的青年时代》③为名先后出版。

（5）大型文学回忆录《知堂回想录》④。

周作人晚年散文的创作总量，仅次于从"五四"至 20 世纪 30 年代的创作总量，同样具有不可忽视的重要意义。鉴于本书不涉及周作人的诗歌、翻译、批评及学术研究，上述成果中的（3）、（4）两部分从略。

第五十四节　小品、随笔等的成就与不足

周作人晚期的大量小品、随笔等短文，是一个比较复杂的创作实

---

① 香港南天书业公司 1973 年版。

② 河南大学出版社 2004 年版。

③ 《鲁迅的故家》，上海出版公司 1953 年版。《鲁迅小说里的人物》，上海出版公司 1954 年版。《鲁迅的青年时代》，中国青年出版社 1957 年版。

④ 《知堂回想录》，香港三育图书文具公司 1974 年版，河北教育出版社 2002 年出版大陆版。

体，必须认真分析对待。

首先，周作人已经步入老年，"庾信文章老更成"，他的文笔已经到了炉火纯青、出神入化的地步，他的几乎任何一篇短文，都可以写得简洁、凝练、短小精悍、耐人寻味。尽管他的"饭后随笔"等都是应报刊之需的应时应景之作，但在同类文章中，它们却是独具风貌。有些篇则属不可多得。这里不妨略举数例。

"饭后随笔"的第 262 则《姚长子坟》，介绍了绍兴明末的佃农抗倭英雄姚长子，让人感动。姚长子凶猛有力，一个人力战数百名入侵倭寇，终因寡不敌众而被俘。倭寇迫他做向导，要他带他们逃回海边。姚长子却将他们带入了死地。三百余人全部被擒。倭寇虽然杀害了姚长子，但他的英勇牺牲却名垂青史。姚长子事迹首见于明末张岱的《有明越人三不朽图赞》，《图赞》共收 108 人，分立功、立德、立言三项，多为缙绅大夫，唯姚长子以普通百姓"列于义烈九人之中"。对抗倭民间英雄姚长子的赞颂，多少含有周作人自我忏悔的成分。

"饭后随笔"第 418 则《文人与吹鼓手》亦大有新意。文云："为人民服务，也就是为自己服务。"现今的知识分子（文人）已经成了"人民"的一分子，是人民中之"能吹奏者"，"他感受到人民的喜怒哀乐……他一面是自己要吹，一面也正是人民所要他吹的……他不再是帮闲，已经回复了人民的地位，再从这里出发去发挥他的本领，为人民服务与尽自己的责任，便成为一元的了。"

对于《四库全书》及《康熙字典》的抨击，也是其中的精彩之笔。在"饭后随笔"第 424 则《四库全书》一文中，他指出："鲁迅平常有一个意见……他看不起《四库全书》以及《康熙字典》等官书。"而这个意见，"似乎一直不大为人所注意，所了解继承"。而这个意见，恰恰非常正确。他说：

　　　　乾隆开四库馆收书，主要目的是搜查反满清思想，结果几百十种的文史列为禁书，一网打尽。就是古书中的"违碍"字样也都涂抹改作……
　　　　其次，皇帝忽发奇想，就任意改窜古书。乾隆大抵是读《三国演义》入了迷，要赏给关羽好谥法……下令说陈寿《三国志》

中"壮缪"的谥法不对，著改为"忠武"……这不但变乱古史，而且改了陈寿原文……

在"饭后随笔"第 531 则《谈谈〈康熙字典〉》一文中，周作人又说：

> 清朝皇帝统治汉人，有很巧妙而恶辣的方法，除用武力迫压外，更重要的是愚民政策，依照明朝成法，加重提倡八股，此外还有欺骗人的文化工作，即《康熙字典》与《四库全书》。
>
> 《康熙字典》原来是粗制滥造的东西……单靠着专制君主的威权，一直独霸小学界。

1964 年周作人再写《四库全书》一文，保留原文，增写三段，指出："总之《四库全书》不能称为善本，因为它故意的改变了原来的面貌，来适合皇帝的好恶，所以不值得人民的珍视。"但是，周作人也指出：《四库珍本丛书》、《武英殿聚珍版丛书》以及《四库书目提要》等都不可一笔抹杀，因为它们集中了很多学者的劳动成果，辑出了几乎消失的《永乐大典》的不少佚文，它们堪称《四库全书》中的精华，有它们也就可以不管那些篡改删削了。

类似这样的精辟意见，在周作人的晚期散文中在在多有。这里可以再举一例，便是他对侯外庐先生的《从鲁迅笔名与"阿Q"人名说到怎样认识鲁迅并怎样向鲁迅学习》（《光明日报》1951 年 1 月 26 日）一文的批评：

> 侯先生说，阿 Q 这名字取义之所在，由他猜测，以为鲁迅大概是取英文"问题"的头一个字母，但他没有直接地用"?"而已。这解释得很好玩，但决不可能是事实，因为他是反对英文的。（袁按：指鲁迅反对在汉文中夹杂英文。）

侯氏还认为"鲁迅"的原意是"中华民族的母亲生了硬骨头的典型儿女"，这个名字是"和中国的历史发展相呼应的"。侯先生这种望文生义的解释，代表了新中国成立初鲁迅研究中的一种庸俗社会学倾向，周作人的批评是十分及时的。

像以前的散文一样，周作人晚期散文中的人物纪念、人物随笔也占了颇大的比重。像《纪念蒋抑卮君》、《丁初我》、《钱玄同》、《许寿裳之死》、《郁达夫的书简》、《许地山的旧话》等可资代表。在这些怀人之作中，表明了鲜明的人民立场和革命态度，既斥责杀害郁达夫的日本宪兵，也声讨暗杀许寿裳的蒋介石集团，对于周作人这样的有重大历史污点的人物，可谓相当难得。

"草木虫鱼"、生活小品之类的小品文，当然大大减少了。但1957年之后，也稍稍重整旧业，又写了一些，如《爆竹》、《蒲公英》、《桃子》、《养鹅》、《扬子鳄》、《猩猩的故事》等皆是，有些也写得兴味盎然。《爆竹》一文，并非炒冷饭，写出了新意，自属难得。

周作人的晚期散文也是一个特定时代的产物，即中国新民主主义革命胜利的产物。胜利的喜悦，狂欢的情绪，对祸国殃民的蒋介石集团的控诉，也一一展现在周作人的晚期散文中。紧跟革命形势，与人民大众共欢乐，说革命话，唱革命调，甚至直斥蒋介石为"蒋二秃子"，这都是鲜红的革命色彩，是那个时代的印记。即使有一点"左"的痕迹，也都是无可厚非的。

然而，这个鲜明的时代特色，却与周作人一贯倡导的反对"文以载道"对立了起来。晚期散文不仅"载道"，而且大骂"蒋二秃子"，大喊革命口号，即大载革命战争之道，如他自己所说，"为人民鼓吹"。孰是孰非？能够把今日之周与昨日之周截然对立起来吗？显然不能。中国共产党人和毛泽东主席大力倡导知识分子的思想改造，周作人的晚期散文，正是这种思想改造的生动记录，好得很！是值得人们举双手欢迎的。

美中不足的是"好得很"中也流露了"左"的痕迹，甚至挟嫌报复之处，这主要表现在对傅斯年、罗家伦以及"新潮社"的态度上。在"随笔外篇"第58则《〈新潮〉的泡沫》一文中，周骂罗家伦"不失为真小人"，而傅斯年则纯粹是"伪君子"，肆意辱骂之。后来又专写了《傅斯年》（"随笔外篇"第115则）一文，骂他利用《新潮》名声，"由此起家，钻到国民党里去"，如何如何。面对傅因心脏病去世，大骂死有余辜。这显然太过分了。之所以如此，只不过因为当年傅认为他是汉奸，未替他说话。傅当年是"公仇"，而今周对傅却是"私怨"了。这显然很不应该，也很不高明。如果周作人真正痛恨当汉奸的自己，何以对傅如此咬牙切齿呢？傅主张严惩汉奸，这有什么错？至于他"拥蒋反共"，这也是一种政治选择，即使错误，也不能否定其"五四"贡献，甚至侮辱其人格。不能不说，周老先生对傅、罗大泄私忿，造成了他晚期散文的一个病灶。

与此相关联，周晚期散文简洁凝练有余，但一览无余，缺少回环往复，一唱三叹的韵味，读多了难免索然无味。而内容上的重复过去，又显出"文章乃为稻粱谋"的味道。特别是晚年为香港报刊之作，几乎有一半是炒过去的冷饭。虽然情有可原，但毕竟有失大家风范了。

第五十五节 《周曹通信集》和《知堂回想录》

1956年9月，著名作家、记者、无党派民主人士曹聚仁先生应中国政府邀请，由香港莅京，中国共产党人将他视为商谈第三次"国共合作"的信使之一。在公事之余，9月7日、8日，曹聚仁连续登门拜访周作人，开启了周作人晚年生活的一个重要窗口。除了问候与采访，曹聚仁的主要目的是约稿，他希望周作人这位文坛耆宿拿起笔来，为香港报刊贡献佳篇杰作。这年年底，曹聚仁将香港《热风》杂志十五册寄给周作人。1959年5月21日与25日，曹聚仁夫妇又两次来访，除问候、照相、题字外，周作人将《知堂乙酉文编》书稿交给了曹带走，希望能在香港出版。10月12日，得到曹寄来的他的《鲁迅评传》，三个月后（1958年1月20日），周在致曹信中写道：

> 《鲁迅评传》也大致看完了，很是佩服，个人意见觉得你看得更是全面，有几点私见写呈，只是完全"私"的，所以请勿公开使用。
> 一、世无圣人，所以人总难免有缺点。鲁迅写文态度本是严肃，紧张，有时戏剧性的，所说不免有小说化之处，即是失实——多有歌德自传《诗与真实》中之诗的成分。例如《新青年》会议好像是参加过的样子，其实只有某一年中由六个人分编，每人担任

一期，我们均不在内，会议可能是有的，我们是"客师"的地位，向不参加的。

二、孙伏园所说鲁迅的白鞘短刀是实有的，但所述的事当然得之于鲁迅，我却是不知道，亲族中那么深刻的仇人我也不曾听说，个人可能有他的秘密，但鲁迅的关于仇人与短刀的事我不会不知道的，正如他的加入光复会一节，无论别人怎么论说（除非有物证），我记得陶焕卿"票布"的笑话，相信决未加入。

三、《彷徨》中《弟兄》前面有一篇《伤逝》，作意不易明了，说是借了失恋谈人生固然也可以，我因了所说背景是会馆这一"孤证"，猜想是在伤悼弟兄的丧失，这猜想基础不固，在《小说里的人物》中未敢提出，但对先生私下不妨一说，不知尊见以为有一二分可取否？

四个月后，周作人再次在给曹信中谈到他对曹著《鲁迅评传》的看法：

《鲁迅评传》现在重读一遍，觉得很有兴味，与一般的单调者不同，其中特见尤为不少，以谈文艺观及政治观为尤佳，云其意思根本是虚无的，正是十分正确。因为尊著不当他是"神"看待，所以能够如此。死后随人摆布，说是纪念其实有些是戏弄，我从照片看见上海的坟头所设塑像，那实在可以算作最大的侮弄，高坐在椅上的人岂非即是头戴纸冠之形象乎？假使陈西滢辈画这样的一张相，作为讽刺，也很适当了。尊书引法朗士一段话，正是十分沉痛。尝见艺术家所画的许多像，皆只代表他多疑善怒一方面，没有写出他平时好的一面。良由作者皆未见过鲁迅，全是暗中摸索，但亦由其本有戏剧性的一面，故所见到只是这一边也。鲁迅平时言动亦有做作（人人都有，原也难怪），如伏园所记那匕首的一幕，在我却并未听见他说起这事过。据我所知，他不曾有什么仇人，他小时候虽曾有族人轻视却并无什么那样的仇人，所以那无疑是急就的即兴，用以娱宾者。那把刀有八九寸长，而且颇厚，也不能用以裁纸，那些都是绍兴人所谓"焰头"。伏园乃新闻记者，故此等材料是其拿手，但也不是他的假造的。又鲁迅著作中，有些虽是他生前编订者，其中夹杂有不少我的文章，当时新青年的随感录中多有鲁迅的名字（唐俟），其实都是我做的，如尊作212页所引，引用 Te Bon 的一节，乃是随感录38中的一段，全文是我写的。其实是在文笔上略有不同，不过旁人一时觉察不出来。我曾经说明《热风》里有我文混杂，后闻许广平大为不悦，其实毫无权利问题，但求实在而已。

周作人致曹聚仁的这两封信，十分重要。同样的意思，也见于致鲍耀明信中，无论正确与否，都是一种重要的有代表性的看法，在这方面，周曹二人是相当默契的。

正由于彼此的默契与尊重，曹聚仁不仅尽力为周作人发表文章，出版书籍（如《知堂乙酉文编》），尤为重要的是向他约稿，希望他撰写"五四"以来的文坛回忆录，曹则设法在香港发表和出版。这便是后来出版的《知堂回想录》。开始名为《药堂谈往》，始写于1960年12月10日，随写随寄给曹，于1962年11月29日完稿，写了整整两年，成书时易名为《知堂回想录》。在书的《后记》中，周向曹表示了诚挚的感谢。

> 我开始写这《知堂回想录》，还是在一年多以前，曹聚仁先生劝我写点东西，每回千把字，可以继续登载的，但是我并不是小说家，有什么材料可这样的写呢？我想，我所有的唯一的材料就是我自己的事情，虽然吃饭已经吃了七八十年，经过好些事情，但是这值得去写么？况且我又不是创作家，不会加添枝叶，去装成很好的故事，结果无非是白花气力。可是当我把这意思告诉了曹先生以后，他却大为赞成，竭力窜掇我写，并且很以我的只有事实而无诗的主张为然；我听了他的话，就开始动笔。我当初以为是事情很是简单，至多写上几十章就可完了，不料这一写就几乎两年，竟拉长到二百章以上，约有三十八万字的样子。

就这样，在接近耄耋之年，周作人完成了一部不可多得的巨著。

《知堂回想录》从著者出生写起，按时代顺序安排，直写到他写作此书当时的状况，共历时近八十一年。共分四卷：第一卷由出生至江南水师学堂毕业；第二卷由赴日留学至回到绍兴教书；第三卷由离绍来京至 1927 年的"清党"；第四卷由"清党"后至 1961 年顷。这部几近四十万言的巨著，其贡献集中于这样几个方面：

第一，这是一部前所未有的大型文学回忆录，跨度大，内容多，许多零碎事件都被"回想"串联了起来，它可以称之为一部清末至 20 世纪 60 年代的文学通史。

第二，它同时也是一部周作人的自传，包括下水事敌在内的曲折复杂的一生，都巨细无遗地呈现在人们面前。由于周作人本身的复杂性，这部自传也就特别重要和耐人寻味。

第三，《知堂回想录》中涉及文化教育的笔墨，较之文学几乎有过之而无不及，特别关于北京大学的内容，更是重中之重。《回想录》也未尝不可以称之为一部北京大学校史。

第四，《回想录》涉及的名人众多，从章太炎、陶成章到辜鸿铭、林琴南、胡适之、李大钊……不下数十人，对于每位文化名人的记述，都具有不可忽视的经典性。

第五，《回想录》也是一部周氏家史，写出了他和鲁迅的青少年时代、赴日留学、"五四"奋起以及"五四"后的重要文学活动。对于"二周"研究自然具有难得的重要性。

《知堂回想录》自然也有它的局限与不足，主要表现在以下几个方面：

首先，如周作人自己所说，它并非真实照录，它是有隐瞒有删节的："凡我的私人关系的事情都没有记，这又不是乡试硃卷上的履历，要把家族历记在上面。"又说："有些不关我个人的事情，我也有故意略掉的，这理由也就无须说明了，因为这既是不关我个人的事，那么要说它岂不是'邻猫生子'么？"① 这两方面的"略掉"，事实上都不无遗憾。"私人关系的事"应尽量多写，才显得丰富多彩。由于许多事情"都没有记"，就显得可惜了，至少影响回想录的生动性和生活气息。

---

① 见《知堂回想录》后记。

有些看似"不关我个人的事"实际上却并非无关，有些则属于重要的背景材料，删掉同样是可惜的。当然，如果都不略掉，可能篇幅太长，影响出版和销售。但即使增长了一倍，这方面的影响也不会是很大的。

其次，关于"二周失和"，《回想录》缺乏应有的自我批评。在第141章《不辩解说（下）》中，他正面讲到了1922年（袁按：实为1923年）与鲁迅失和的事件，他说：

> 关于那个事件，我一向没有公开的说过，过去如此，将来也是如此，在我的日记上七月十七日项下，用剪刀剪去了原来所写的字，大概有十个左右，八月二日记移住砖塔胡同，次年六月十一日的冲突，也只简单的记着冲突，并说徐张二君来，一总都不过十个字。

可谓避重就轻，躲躲闪闪，周作人不敢面对恩将仇报，将大哥赶出八道湾的恶行。实际上，赶走鲁迅，独占八道湾乃他们夫妇的一条毒计，所找的口实乃鲁迅偷看弟媳羽太信子洗澡。实际上，许寿裳（季茀）当时即为文指出这是根本不可能的。鲁迅既不是那样的人，周作人住房窗外种满了蔷薇花，鲁迅即使想看也无法接近。章川岛当时与鲁迅住在八道湾的前院，是"二周失和"事件的目击者和知情者，他也极力否定所谓鲁迅窥浴之说。事情本来十分明显，窥什么浴？不就是鲁迅批评羽太信子大手大脚，花钱如流水，整个周家入不敷出甚至负债累累了吗？从1923年事件发生到周作人写《回想录》，已经过去了将近四十年，他却仍然站在原来的起跑线上，纹丝未动。而广大读者（特别鲁迅、周作人研究者）都看得清清楚楚，所谓"窥浴"，不过是周作人夫妇的戏法而已。1950年之后，周作人也先后写了《鲁迅的故家》、《鲁迅小说中的人物》、《鲁迅的青年时代》三本回忆鲁迅的著作，这当然是值得肯定的；然而，不承认"二周失和"是自己愧对鲁迅，这无论如何是不可能得到广大读者的原谅的。读者并不要求周作人把那剪掉的十个字念出来，大家希望的不过是要他说一句笼统的"对不住大哥"。然而，他不仅不说，却还在骂许寿裳"造作谣言，和正人君子一辙"，这就太固执错误了。

尤为恶劣的是，周作人还这样自我炫耀：

> 我很自幸能够不俗，对于鲁迅研究供给了两种资料（按指《故家》与《人物》），也可以说对得起他的了。

这难道不是一种"丑表功"吗？仅仅这两本资料你就"不俗"了吗？"对得起"鲁迅了吗？事实上，你这种态度本身便永远对不住鲁迅了。

再则，对他的下水降日当汉奸，当然也是不可能有正确认识的。整个降日期间的内容，共有五章，即"176 北大的南迁"，"177 元旦的刺客"，"178 从不说话到说话"，"179 '反动老作家'（一）"，"180 '反动老作家'（二）"。可以说是一个十分巧妙的"擦边球"。担任伪"华北教育督办"期间，如何积极配合日本侵略者推行奴化教育；如何去东京晋谒天皇，慰问日军陆、海军伤病员并各捐大洋 500 元；如何追随大汉奸汪精卫访问"伪满"，叩见溥仪；如何多次视察"治安强化"（即"三光政策"）的"先进"地区；如何全身日本侵略军戎装向"新民青年团"发表"大东亚圣战必胜"的讲演；如何在文章、讲话中一再鼓吹"中日亲善"、"大东亚共存共荣"……所有这一切卖国投敌的丑行一概不见，却大讲他如何被片冈铁兵斥骂为"反动老作家"，以便强调自己并未与日本侵略者合作。所有内容无非翻南京审判的案，无非说那十年的汉奸罪判错了他。这哪有一点悔罪的意思？《回想录》口口声声说："我不想写敌伪时期个人的行事"；"这些事本是人所共知，若是由我来记述，难免有近似辩解的文句，但是我是主张不辩解主义的"。似乎他不正视那段丑恶的历史倒成了一种高风格。至于"北大的南迁"、"元旦的刺客"之类，也都是为自己的下水投敌辩护。周作人甚至说他在降日期间写的不少文章，"多是积极的有意义的"，这更是欺世盗名的弥天大谎了。这种欲盖弥彰的行为，周作人自以为很高明，实际上完全错了。历史俱在，掩饰、诡辩、避重就轻都是无济于事的。总之，有关降日的这几章，与他对"二周失和"的辩解一样，都成了《知堂回想录》中无法取信于人的败笔。

第十四章

周作人晚期散文(下)

第五十六节　忘年神交京港情

周作人（以下简称周）晚期散文的另外一个重要部分是他与香港朋友鲍耀明（以下简称鲍）先生的通信。鲍何许人也？周为什么给他写信？写了多少封？都写了些什么内容？……所有这一切，让我们首先听一听鲍先生的说法：

关于知堂老人，我是从念中学时代起，便已闻其名，一向佩服他的文字，清新洒脱，全无半点火气，我们《热风》同人的叙会，虽然席间经常言不及义，但话题也不时涉及知堂老人。一次，我向曹聚仁问起，"不知老人近况如何？"曹言下反问："你是否想认识他？""我正是有这个意思，"我答。曹说："既然如此，我替你写信给他，不过，最好你自己也给他去封信。"我依曹的话做了，后来老人果然来信，如此这般，我便与知堂老人开始通信。经过数次信来信往，渐渐也就熟络了，老人颇客气，总以朋友之礼相待。到了 1964 年 1 月 26 日，他还来信提议要改称我为"兄"，我不敢当，总是敬之为师长，自始至终，去信称他为先生。"敬"加上日深的情谊，在通信中大家渐渐无所不谈起来……

老人去世后，承蒙他长公子周丰一的好意，不但将我寄给老人的信复印寄还给我，同时亦将老人的日记（1960 年至 1966 年）也借了给我……

知堂老人给我的信，自 1960 年 3 月算起，到 1966 年 5 月 21 日止，共 402 封。①

402 封，这实在是一个不小的数量。查《周鲍通信集》，第一封信是 1960 年 6 月 3 日周致鲍。信曰：

耀明先生：

前奉手书，敬悉一一。兹有琐事奉烦，因前信曾说有煎饼可得，欲请费神买盐煎饼一盒寄下，虽曹君允为代办，唯此项物品恐未能胜任，故不揣冒昧，特此奉托，幸祈见谅是幸。先生如有事见委，亦祈弗客气。即请近安。

周作人　启　六月三日

此信是一封答信，"前奉手书"一语可证。这"前奉手书"才是周鲍通信的开始。很可惜，这封"始信"未能保留下来，大概是知堂老人无意中丢失了。

刚刚通信，知堂老人便迫不及待地向未曾谋面的港人来信者提出买一盒盐煎饼的请求，这有点儿超乎常情，这必须放到当时的大背景中去了解。

1958 年"左倾盲动主义"的"大跃进"和"人民公社化"运动，到处吹嘘亩产万斤，但实际上哀鸿遍野，粮油肉蛋只好凭票供应，即令公务人员也远远不敷应用，别说广大老百姓了。北京虽为"首善之区"，没有发生饿死人的现象，但普遍吃不饱，出现大量浮肿病人，生活必需品的供应严重匮乏，黑市价格极为昂贵。夫人羽太信子多年患病，周氏全家八九口人，仅靠儿子丰一、儿媳张菼芳的微薄的工资供养，根本吃不饱，加上人文社给他的翻译费也远远不够，而许多营养品在市面上根本买不到。到了周鲍通信的 1960 年，即所谓"三年困难时

---

① 《周作人与鲍耀明通信集·编者前言》，河南大学出版社 2004 年版。以下简称《周鲍通信集》。港版原名为《周作人晚年书信》，1997 年初版。

期"的顶点，年老体衰的周实在扛不住了。所以他一通信便迫不及待向鲍要煎饼，正是他饥肠辘辘的写照。出于对周的敬重和关爱，也基于对内地饥荒的了解，鲍接到信后马上满足了知堂老人的要求，"奉上盐煎饼一罐，请查收"。而且说："此类物品，极易入手，一举手之劳，所费亦无几……"等于鼓励周别客气，这算不了什么。于是周也就真的更加不客气了。在先后六年的通信时间内，周向鲍索要或托买的食品、衣物等恐有数吨之巨。这些珍贵的食品衣物，大大解了周氏一家的燃眉之急，大大改善了周氏一家的物质生活。这些食品、衣物、凝聚了鲍对知堂老人的爱心，成了京港作家、文人交流史上的佳话。

尤为可贵的是，虽然通信六年，但鲍氏始终不认识周，他和周是地地道道的"神交"。这个"神交"，虽然表面看似乎主要是物质上的，但更根本的却在精神上。关键是鲍喜欢周的文章，佩服他的学问和对中国文学的贡献，他觉得认识、帮助这位文坛老前辈是自己的荣幸，区区食品、衣物何足道哉。通信之始，周七十五岁，而鲍才刚过四十，二人堪称"忘年神交"了。

当然，投桃报李，周对鲍也尽量做了精神的回报。寄书、寄文、题字、赠送图章、介绍日本朋友之类也确实不少。周对鲍确实是衷心感激的。他知道，鲍寄来的不是一般食品、衣物，那简直是救命的甘露。而鲍对自己的一片赤诚，更是千金难买。

周鲍通信中，涉及了方方面面的问题，特别是大量作家作品等文学艺术问题。二人的会心交流，也成了珍贵的历史资料，从而大大丰富了中国现代文学史、文化史。

第五十七节　周、鲍通信中的鲁迅

1962 年 5 月 8 日，鲍给周寄上了林语堂 3 月 3 日在香港发表的《追悼胡适之先生》一文，并作了摘录，有云：

> 文章的风格和人品的风格是脱不了的。关于文章，适之先生是七分学者，三分文人，鲁迅是七分文人，三分学者。适之的诗文并不多，创作小品仅见于补写西游记第八十一难一篇。在人格上，适

之是淡泊名利的一个人，有孔子最可爱的"温温无所试"，可以仕可以不仕的风格。适之不在乎青年之崇拜，鲁迅却非做得给青年崇拜不可等语，似乎说得过火些，先生以为然否？（第 155 页）

周在 5 月 16 日的复信中，作了这样的回答：

> 承示林语堂文，想系见于港报，其所言亦有一部分道理，胡博士亦非可全面抹杀的人，所云学者成分多，亦是实话，至说鲁迅文人成分多，又说非给青年崇拜不可，虽似不敬却也是实在的。盖说话捧人未免过火，若冷眼看人家缺点，往往谈言微中。现在人人捧鲁迅，在上海墓上新立造像，我只在照相上看见，是在高高的台上，一人坐椅上，虽是尊崇他，其实也是在挖苦他的一个讽刺画，那是他生前所谓思想界的权威的纸糊高冠是也。恐九泉有知不免要苦笑的吧，要恭维人不过火，即不至于献丑，实在是大不容易事。（第 157 页）

这里所说，和致曹聚仁信上所说毫无二致，这也正是周作人的一贯思想。抛开胡适先生不谈，周的上述评鲁文字，称得上有鲁迅杂文的一贯风格：尖锐泼辣。当时敢于如此谈论鲁迅者，实在并不多见。虽系私信，亦属难得。即使在今天，也不能不引起人们的深思。这里提出了三个问题：一是关于鲁迅本人的问题，即"文人成分多……非给青年崇拜不可"；二是鲁迅崇拜问题，即"现在人人捧鲁迅"；三是上海鲁迅墓上新立造像，究竟是"尊崇"还是"讽刺"问题。这三个问题，环环相扣，密不可分，也几乎灌注了他和鲁迅兄弟失和后对鲁的全部怨恨。

说鲁迅"文人成分多"，一点不错，因为鲁迅虽然是一位学富五车的学者型作家，也写有《中国小说史略》那样大部头的学术著作，但他毕竟是一位作家和诗人，即所谓"文人"。然而，"文人"即"非给青年崇拜不可"吗？显然不是，没有这样的逻辑。周也是大文人，大散文家，似乎并未觉得他"非给青年崇拜不可"。周表面上是在引林语堂的话，实际上是他自己的心声。30 年代他一再攻击鲁迅热衷于"接受崇拜"，热衷于当左翼文坛首领，并讽刺他"挑着一副担子，前面是一筐子马克思，后面一口袋尼采"。① 这里的攻击，可以说正是重复了当年的那些老话。回头再看他对鲁迅塑像的批评，也就不难理解了。如果全国各大都市都搞鲁迅塑像，像"文革"当中遍地林立毛泽东塑像那样，那当然是要不得的"个人崇拜"，势必一个一个被拆掉（现在，毛泽东塑像全国已所剩无几）。然而，当周写信时，全国鲁迅塑像仅有上海一家，别无分店，是为纪念鲁迅逝世二十周年（1956 年）所树，怎么能说这是对鲁迅的"个人崇拜"，又怎能说是对鲁迅的"讽刺"呢？周由于有心理障碍，他至死都不承认"二周失和"是他的错误，是他最对不起鲁迅的地方。他对鲁迅塑像这么反感，对人民崇敬、热爱鲁迅这么反感，就是因为他并不认识鲁迅对中华民族（包括中国文学）的真价值。毛泽东主席多次给鲁迅以崇高评价，除了称他为"现代圣人"欠妥之外，其他方面可以说大致不差。而周作人根本不认识（甚至拒绝认识）鲁迅的真价值。他对鲁迅塑像的反感是十分病态的。然而，在"文革"中，对鲁迅的崇敬、热爱竟然被"四人帮"所利用，他们在制造了毛泽东个人崇拜之后，也制造了对鲁迅的个人崇拜，甚至将鲁迅绑到了他们篡党夺权、祸国殃民的反革命战车上。他们既歪曲、神化了鲁迅，也愚弄了全国善良人民的感情。而在此情况下，周作人对鲁迅塑像的过火批评，却具有了深刻的现实意义。周作人的那些情绪化的批评，似乎变成了先见之明，有了警示意义，这恐怕也是我们不能不看到的。周作人不承认鲁迅的真价值，对鲁迅积怨甚深，自然有不良影响。然而，惟其如此，他也才往往头脑清醒，冷眼旁观，看到人们陶醉其中甚至麻木不仁的另一面。周作人之论鲁迅，往往正是这样一种矛盾的统一体。

周氏在谈到"青年必读书"问题时，再次表现了这一点。他对鲍说：

> "必读书"的鲁迅答案，实乃他的"高调"——不必读书——这说得不好听一点，他好立异鸣高，故意的与别人拗一调，他另外有给朋友的儿子开的书目，却是十分简要的。（第 433 页，周致鲍

---

① 周作人：《志摩纪念》，《看云集》，开明书店 1932 年版。

1966 年 2 月 19 日信)

周在"必读书"问题上这样回答年轻朋友,简直可以说是误人子弟。我们甚至可以说他是在有意歪曲事实真相。众所周知,鲁迅对"青年必读书"的答卷是"从来没有留心过,所以现在说不出"。但在"附注"栏,他却写道:

> 但我要趁这机会,略说自己的经验,以供若干读者的参考——
>
> 我看中国书时,总觉得就沉静了下去,与实人生离开;读外国书——但除了印度——时,往往就与人生接触,想做点事。
>
> 中国书虽有劝人入世的话,也多是僵尸的乐观;外国书即使是颓唐和厌世的,但却是活人的颓唐和厌世。
>
> 我以为要少——或者竟不——看中国书,多看外国书。
>
> 少看中国书,其结果不过不能作文而已。但现在的青年最要紧的是"行",不是"言"。只要是活人,不能作文算什么大不了的事。①

言之凿凿,态度十分鲜明。鲁迅所以要"拗一调",不像其他人那样开列一串书目,正是要当时的青年们不要沉溺在那一串串的书目中,钻进研究室,做个书呆子,忘记了国家的积弱,民族的灾难,人民的痛苦。鲁迅的这种态度是一贯的,在北洋军阀统治下,他力主青年要走出书斋,革新,革命,冲决旧的网罗,创建新的中国,也就是"附注"所说"行"大于"言"。鲁迅的这一态度,光明磊落,无可指责。而且可以说,它比其他任何答卷都高明,也比其他任何答卷更具说服力和警醒力。这才是鲁迅风格,这才是鲁迅精神——他始终认为救国比念书更当紧,更重要。何况他要大家多读那些关心现实的外国书,少读、甚至不读那些消弭斗志、让人远离现实的中国书呢?至于他开给许寿裳先生的儿子许世瑛的那份书单,因为许世瑛已在大学念中文系,就和一般的社会青年或一般的大中学生不太一样,有必要因材施教了。

---

① 《华盖集·青年必读书》,《鲁迅全集》第 3 卷,人民文学出版社 1981 年版。

当时虽然"二周失和"已经一年有半，但在大的政治方向上二人仍基本保持了一致，"必读书"答卷之后，他们并肩战斗于"女师大事件"、"三·一八"惨案的腥风血雨之中，这和鲁迅"必读书"答卷的精神正是一脉相承的。四十余年后，周作人怎么忘了当年的往事，怎么反而指责鲁迅答卷是什么唱"高调"，故意地"立异鸣高"了呢？历史证明：不是鲁迅错了，而是周作人大大地倒退了。

当然，如果是在政治清明的社会环境下，鲁迅是不会开这样别具一格的书单的。如果在那样的社会环境下，周作人的上述指责便成为谠论了。可惜，当时正在祸国殃民的北洋军阀的反动统治下。

由"必读书"答卷谈到了《每周评论》上发生的关于"少谈主义，多谈问题"的论争，周说："那时反对的方面记得有李大钊，而他（按指鲁迅）并不参加。后来说他曾反对胡适等有功，与李大钊并重，这也是追加的神话罢了，陆放翁说：'死后是非谁管得，满村听唱蔡中郎'，就是那么的一回事。"

鲁迅确乎未像李大钊那样，写文章批评过胡适"少谈些主义，多谈些问题"的主张。后来有些新文学史不实事求是地说他在此论争中功绩"与李大钊并重"，这当然是不对的。周称之为"追加的神话"是对的。因为这种"追加的神话"不实事求是，甚至歪曲历史。其实，他们对鲁迅也是帮倒忙。即使鲁迅未写文章批评胡适的这一主张，他就不伟大了吗？然而，历史也清楚地表明：鲁迅一直是不赞成胡适的上述主张，也是一直支持李大钊的批评意见的。不承认这一点、有意忽略过一点，也是不应该的，错误的。鲁迅的"必读书"答卷，不就很明显地是对李大钊的支持和对胡适的批评吗？周反对"追加的神话"是好的，但有意隐瞒历史的真相，就不对了。很遗憾，周虽然提供了《鲁迅的故家》、《鲁迅小说里的人物》、《鲁迅的青年时代》等几本有价值的、难得的史料性著作，但一到许多具体的现代思想史、文学史问题上，周便往往不能保持一颗平常心，他对鲁迅的积怨便要油然纸上了——这也正是周作人之所以为周作人。

在与鲍的通信中，周错得不能再错的是他对鲁迅遗孀许广平女士的攻讦。周一直反对鲁迅与许广平的结婚，而且一再说鲁迅抛弃前妻朱安，喜新厌旧，讨许广平做"妾"。周的这一行径，很有他曾批评过的绍兴流氓"破脚骨"的味道。周作人比谁都清楚，朱安是他母亲硬塞给鲁迅的一件"礼物"，二人虽然勉强拜了天地，但并未"圆房"。四天之后，鲁迅便带周一起，返回日本了。由于怕伤母亲的心，也怕朱安寻短见，鲁迅始终未与朱安解除婚约。但鲁迅的痛苦和不幸（包括朱安的痛苦与不幸）周是再清楚不过的。鲁迅、许广平由相恋而同居，这是鲁迅后半生的幸福，对朱安亦丝毫无损，也完全符合当时的民国法律。周作人理应为老兄的幸福祝贺，但他却一再加以攻击，其心胸之狭窄实在出人意料。在与鲍的信中，他又重弹许广平乃鲁迅"姜"的老调，说什么"姜妇"如何如何。（第446页）谈到许广平的《鲁迅回忆录》，他写道：

> 她系女师大学生，一直以师弟名义通信，不曾有过意见，其所以对我有不满者殆因迁怒之故。内人因同情于前夫人（朱安），对于某女士（指许）常有不敬之词……传闻到了对方，则为大侮辱矣，其生气也可以说是难怪也。来书评为妇人之见，可以说是能洞见此中症结者也。（第96页）

这就借赞许不明真相的香港朋友鲍之机，重复了对鲁迅、许广平光明磊落的婚姻生活的无端攻击。

许广平的《鲁迅回忆录》，比较复杂。有很多真实的、难得的第一手资料，也大致写出了鲁迅晚年的思想、事业及音容笑貌，这是必须肯定的。然而，此书写于1957年"反右派"扩大化之后，"左"的痕迹比较明显，特别对胡风、冯雪峰等鲁迅忘年友人的针砭太过，违背了鲁迅的遗愿。敝人曾在《鲁迅研究史》（下卷）即《当代鲁迅研究史》、（陕西人民教育出版社1996年版）中对此作过详细的分析批评，可以参看。鲍先生不明乎此，而说该《回忆录》"语气近乎泼妇骂街，妇人之见，殊不值一晒也"（第93页），这就过分了。而这些骂语，无非迎合周，就更不可取了。《鲁迅回忆录》中有关"二周失和"的章节，比较忠实地追记了鲁迅对此事的一贯态度和观点，也比较忠实于事情的原貌。即使许广平女士的叙述语气比较尖锐，气愤，也是和"泼妇骂街"有区别的。

应该指出的是，鲍先生对《鲁迅回忆录》的一棍子打死，不只代表他一个人的意见，也参考了台、港某些学者的文章。在鲍氏 1962 年 4 月 26 日致周作人的信中，便转述了港报某副刊《许广平与〈鲁迅回忆录〉》的文章（第 151 页），对许广平及其《回忆录》正是彻底否定的。作为一个学术问题，肯定、否定都是正常的，是可以永远争论下去的，但是，态度却必须是客观冷静、实事求是，不偏不倚的，否则是很难得出科学结论的。

《通信集》收录了一些有关的周日记，甚有参考价值。下面是 1966 年 5 月 23 日日记的一段：

> 下午偶阅许氏所作回想录第四章，记鲁迅事，意外的述原信中语云，请以后不要进后边院子里来，关于此事，雅不欲谈，乃许氏自愿一再发表，由此一语，略可推测全事矣，妾妇浅见，亦可哀也。昔记回想，但以不辩解为辞，今知亦可不必耳。（第 446 页）

这是"二周失和"四十多年后周对此事的第一次正面表态，显然，他仍然坚持许寿裳、章川岛等人早已驳斥的"鲁迅窥羽太信子浴说"，实在顽固、悖谬得无以复加。其实，即使他当年这样听信妻子的谗言，四十多年之后怎么还会这样将错就错呢？实际上，从八道湾赶走鲁迅，由他们独霸八道湾，乃是周作人夫妇的既定方针，也是周作人愧对兄长之最。他怎么会承认事实真相呢？尤为让人吃惊的是，他再次骂许女士为"妾妇"，简直咬牙切齿。真不知他一贯倡导的"嘉孺子而哀妇人"的精神都到哪里去了？

1964 年 10 月 16 日，周作人收到了鲍寄给他的赵聪著《五四文坛点滴》，赶紧阅读，17 日便写去了这样的回信：

耀明兄：

> 昨日收到《五四文坛点滴》，谢谢。现在已读了十之八九，大体可以说是公平翔实，甚是难得。关于我与鲁迅的问题，亦去事实不远，因为我当初写字条给他，原是只请他不再进我们的院子里就是了。但文中也有误解，鲁迅日记原文"招重久"底下，作者添

注"案乃一日人"五字，这原没有错，但这并不是毫无关系的日人，实在乃是我的内弟，在鲁迅日记中常有说及，如甲寅日记四月九日及十一日均写道"得羽太重久信"就是一证。

如前所说，周一直拒绝承认他与妻子羽太信子合谋陷害驱逐鲁迅的史实，这里又是一例。周说得很轻松，"原是只请他不再进我们的院子就是了"。是这么简单吗？八道湾住宅是鲁迅集中物力、财力、精力买下、建造的，供大家庭居住。失和后由周一家及周建人之妻芳子及其子女居住，什么"苦雨斋"、"苦茶庵"、知堂、药堂……这些名号似乎都是在向鲁迅宣示八道湾的归属。

周表面上是一个很温和的书呆子，似乎很有容人之量。三五知己多次吹捧，一些年轻学者也往往人云亦云。然而，他的母亲周老太太说他"自私"，鲁迅说他"昏"。所谓"昏"，说白了就是"浑蛋"，就是"不是人"，只是鲁迅不能那么说罢了。

周作人的"昏"还表现在对待国家、民族上，周的汉奸罪行完全不容置疑，国民政府最高法院判他十年徒刑实在是十分宽大。新中国对他更是仁至义尽，把他养起来，让他翻译希腊和日本文学，每月给他200元（后增至400元）生活费，等于当时二级至一级教授的工资水平。共产党高层让他写一份检讨，承认一下投敌事敌的错误，在报上发表，以便了此一案。然而周拒不检讨，写的几份"检讨"皆自我美化，说他没有愧对国家民族，只是想用文化教育来"救国"，简直是一派胡言。因此，这些所谓"检讨"一直无法见报，周作人的案子也就无法"结案"。直到1967年辞世，他一直是中华人民共和国的一名"黑户"，没有户口，也没有选民证，没有选举权，也没有被选举权。但周作人安之若素，还照样骂鲁迅、骂许广平。要说周作人"昏"得近于"可爱"，大概也不能算太夸张。

第五十八节　周、鲍通信中的老舍、郭沫若

也就在上引1964年10月17日的信上，还有这样一段话：

书中对于郭公表示不敬，此已渐成为一般的舆论，听中学教员谈起，现在大中学生中间有一句话，说北京有四大不要脸，其余的不详，但第一个就是他，第二则是老舍，道听途说，聊博笑耳。个人对他并无恶感，只看见《创造十年》（？）上那么的攻击鲁迅，随后鲁迅死后，就高呼"大哉鲁迅"，这与歌颂斯大林说"你是铁，你是钢"，同样的令人不大能够佩服也。

人无完人，金无足赤，郭沫若、老舍都有自己的缺点和局限，也都可以批评。但是，骂他们是北京的"四大不要脸"，而且说他们是其中的"第一"和"第二"，这就明显的不是批评，而是辱骂了。

所谓"北京有四大不要脸"，这不知是周从何处搜集来的"民间文学"。信中云："听中学教员谈起"，而周的儿媳张菼芳女士恰恰是中学教员，也许是听她说的吧？信中说"现在大中学生中间有一句话，说北京有四大不要脸"，莫非当时真有此传？当时笔者正在北京大学中文系当助教，还真是没听到过这句话，也许是我太闭塞吧。我们姑且承认有这句话的存在，但这句话能否成立呢？既然以郭沫若、老舍为"第一"、"第二"，那么，便不妨以此二人为例，分析分析。

先说郭沫若，当时是全国人民代表大会副委员长、全国文联主席、中国科学院院长，已经晋身为国家领导人。就此而言，恐怕很难说是什么"不要脸"，因为这是党、国家、人民给的荣誉，并非个人钻营所得。他曾写了两篇《为曹操翻案》，把曹操抬得比较高，如说"曹操消灭了农民起义军正是发展了农民起义军"之类。这是一种学术观点，恐怕也谈不到什么"不要脸"。当时笔者曾写过一篇短文，题为《要客观地评价曹操》，可谓初生牛犊不怕虎，点名批评了郭老的上述观点，蒙邓广铭先生赏识发表在《光明日报·史学》专刊上（后收入《袁良骏学术论争集》，文史出版社 2005 年版）。尽管郭老在《再谈为曹操翻案》中不点名批评我为"不读书好求甚解"，但我倒感谢他老人家语重心长，谈何"不要脸"？他当时还写了个历史话剧《蔡文姬》，也是美化曹操的。如说他勤俭节约，盖一条破棉被之类。这个细节确乎难以成立，过于美化封建帝王了。所谓"不要脸"云云，是否指此而言呢。若然，也是太情绪化、太恶语伤人了。

　　至于老舍，被评为"人民艺术家"，写了《龙须沟》、《西望长安》、《方珍珠》好几个剧本，加上《骆驼祥子》的演出，是比较轰动。但这就叫"不要脸"吗？恐怕谈不上。

　　"其余二人"因为不知道，仅就郭、老而言，谈不上什么"四大不要脸"。这里，有一个不同的立场、观点问题。郭老做了高官，自不必说，老舍也是衷心拥护新中国、毛主席和人民政府的。这种拥护，在对新中国、共产党有抵触情绪的人的心目中，是否就成了"不要脸"呢？若然，则应该说是一种反对新中国的错误情绪的反映。对于周而言，他显然欣赏这一提法，不无幸灾乐祸情绪，这是可以理解的。但结合他那点汉奸历史，他就太缺乏自知之明了：如果说郭老、老舍是什么"不要脸"，那么，你老人家呢？还有比当汉奸更不要脸的人和事吗？至于他对郭老"大哉鲁迅"的指责，也是不成立的。《创造十年》骂鲁迅，那是当时不认识鲁迅的伟大，把他当成了"封建余孽"、"法西斯蒂"、"双重的反革命"，是创造社的"派性"。鲁迅死后，在中国共产党人的启发、教育下，他认识了自己的错误，改变了观点，写出了"大哉鲁迅"的诗句，这是正常的、无可指摘的。骂过鲁迅的人很多，除郭沫若外，最有名的是闻一多，1946 年他在昆明的讲演中公开承认过去骂鲁迅骂错了，要向鲁迅学习（见《最后一次讲演》），也是正常而可贵的。周拿郭沫若的"大哉鲁迅"和歌颂斯大林的"你是铁，你是钢"相提并论，显然又错了。对斯大林盲目的歌功颂德属于个人崇拜，是愚昧无知的。而说"大哉鲁迅"，这只是对一个死去作家的赞扬，是明智的，清醒的，而且是知错改错的，怎可同日而语。周缺乏的，不正是郭沫若那点知错改错的精神吗?!

　　周氏在 1964 年 7 月 28 日致鲍的信中，又一次提到了老舍和郭沫若，信曰：

　　　　廿一日手书诵悉。生油刚才收到，又承寄下白糖，不胜感荷。トクホソ前后十帖均已收到矣。对于溥仪的尊评甚当，他已经苦炼成八股专家，写得上好的应制文（即是《前半生》）了，但据说这是作家协会有人给他帮忙，有人说是他的同族老舍与有力焉，其实八股功夫顶好的自然要算郭老了。不过在这件事上，大约没有帮什么忙吗？北京正在伏中，而天气颇凉，大约早上亦是八十一度，因为目下多雨也。此请近安。

作人启　七月二十八日

先把溥仪贬之为"八股专家"，把《我的前半生》贬之为"上好应制文"，再说老舍为之帮忙，轻轻不费力地便把老舍封为"八股专家"了。这正是周氏的老辣之处。关于溥仪的《我的前半生》，似乎正在打官司，帮他起草的某君正在讨要自己的版权，而溥仪遗孀某女士则似乎另有说法。但诉讼双方好像都没有拉扯老舍。周氏所谓的"据说"、"有人说"之类，恐怕都只能说是望风扑影了。不过，无论老舍是否"与有力焉"，说《我的前半生》是"八股"，是"应制文"，这恐怕都失之苛刻。对溥仪这位末代皇帝的改造教育应该说十分成功，他终于成为中华人民共和国的公民。他写出自己的改造过程和复杂心态，这应该是一桩好事，怎能说是什么"八股"、"应制"呢？大概在周看来，只有像他那样拒不认错，才不是"八股"、不是"应制"吧？毫无根据地拉扯上老舍，也就有点儿罪及无辜了。

连类而及地拉扯上郭沫若，那就更无道理了。"八股功夫顶好的自然要算郭老"，这"八股功夫"已经远远超出了写文章，而是指郭对共产党、毛泽东的歌功颂德了。对周氏的这种借题发挥，这里不容多谈，但联系他的拒不认错，便不能不说是一种顽固的立场问题了。

第五十九节　周、鲍通信中的周作人

周氏多次说过：尺牍最见真情。周氏致鲍氏的400多封信，也最见他的真情，最见他思想、观点、情趣的方方面面，也最见他的文风特点与语言风格。

周鲍通信中的周氏，不同于周曹通信中的周氏。曹聚仁是著名作家，虽年幼几岁，但属于同辈作家。因此，周氏给曹氏的信，大都比较正规、郑重。当然，由于曹登门拜访，赠书约稿，变成了朋友，通信也有朋友信札的亲切与随便。鲍氏则不同，他是小辈，是自己的崇拜者，二人又只是"神交"，未曾谋面，周致鲍信便与致曹信大不相同，显得轻松诙谐，没有长者的架子，但却有老小孩儿的风趣和幽默。不妨随手举个例证，乃 1961 年 11 月 17 日信：

> 耀明先生：
>
> 得六、八、十一诸日手书，诵悉一切。六日所寄之件，均次第递送到，似特别的快，砂糖免税，故于近地邮局领得，虾米与咖喱粉课税共七元五角，此二品在此均无处买，故不能算贵也。得此嘉惠，实属多谢之至。十一日信中，知又蒙寄下松茸，殊为难得之佳品，唯此地得不到好的豆腐（所谓南豆腐）不能煮汤，殆只可煮松茸饭吃，幸尚存有海淀出之佳白米数斤，当可一尝香味耳。闻港地近日物价大增，当是事实，却仍"无远虑"的注文深为惶恐，尚祈鉴谅。下次望得奶粉一磅，唯美国制或有窒碍，以别国制品为佳。此请
>
> 近安
>
> 作人 顿首 十一月十七日

感激之情，溢于言表，得陇望蜀，直言不讳，充分表现了周作人的老天真。信写得很直白，很通俗，得到之食品，领取之方式，课税与否，课税多少，以及贵乎贱乎的价格账皆一清二楚。特别对"松茸"之得，简直手舞足蹈，馋涎欲滴。周作人本来是一名美食家，此信正可印证此点。信末又提出奶粉一磅的请求，又表示最好不是美国货（因当时中美关系紧张，未建交），如此细致入微，几让人捧腹大笑。这时周与鲍已通信一年以上，已是"老熟人"，所以更不客气了。鲍毕竟是晚辈，对自己又尊敬有加，所以周信也就"直抒胸臆"了。假如对方是曹聚仁，信是绝不可能这样写的。

从 1947 年南京国民政府法院判他十年徒刑，到写此信之日，直到他不幸去世，他一直是"戴罪之身"。人民政府虽然不再追究他的历史罪责，但也始终没有给他"结案"，他一直是一名"黑户"，既无选民证，也无选举权。但周老先生对此安之若素，虽然到派出所去过一趟，但说是不给也就算了。看来，周老先生的字典里没有"沉痛"、"悔恨"等字眼儿。你说我是当汉奸卖国，我自己偏说我是"文化救国"。你不

承认？拉倒。你不给我户口？请便。你让我翻译希腊和日本文学，很好。从此，不碍吃，不挡喝，一直这样过了十八年，活到了八十三岁。如果不是"红卫兵"残酷虐待，你还不知他老人家能活到何年何月。周作人有为人所不及的彻头彻尾的旷达。你可以这样那样指责他，但这份旷达你便学不了。整个《周鲍通信集》中，到处是这种旷达的天下。

当然，"旷达"是誉词，贬过来说便变成了"麻木不仁"、"脸皮厚"。没完没了地跟鲍要吃的，活像一个叫花子，除了周作人，别的"五四"前辈恐怕没有一个学得来。如果是鲁迅，恐怕宁肯饿死，也不会这样伸手的。还有一件事，也是可把鲁迅气死。1966 年 9 月 10 日下午，作人给"女师大事件"时的劲敌章士钊写了一封信，周在日记中写道："此亦溺人之藁而已，希望虽亦甚微，姑且一试耳。"（第 448页）信上写了些什么？恐很难查考。但周氏自己说乃"溺人之藁"，肯定是有所求了。当时，"文化大革命"已经开始，"运动"一来，会不会不妙呢？信上所求会不会是寻求政治保护？因章与毛主席关系甚好。周氏知道"希望甚微"，但也要"姑且一试耳"。鉴于当时的政治形势，周作人的这一"溺人之藁"的发出，也不能说毫无道理。然而，求救于当年自己当面斥责的"宿敌"，这未免显得有些孟浪。章士钊倒是派秘书王益知来了一趟，且表示再来。周氏"因随时期望其到来，作种种妄想，窃日思维，亦不禁悯笑也"（第 448 页）。后来，周氏又给王盖知寄去了一卷《往昔》诗稿，嘱转交章氏。大概运动风起浪涌，章氏很快被"特殊保护"起来，周氏的"种种妄想"皆破灭了。周氏要不要投章以"溺人之藁"？要不要对章作"种种妄想"，也颇值得人们玩味。假如是鲁迅，恐怕不会有此举吧？

关于周鲍的个人通信、个人交往，不容外人置喙。然而，由于周氏不是一个普通人，而是一位大名鼎鼎的"五四"元勋，又是一位臭名远扬的大汉奸，通信中的某些内容便有了一定的复杂性，不好用普通的个人交往加以概括。其中最敏感的无过于周氏那一段不光彩的历史。

对于这段历史，鲍氏是大致了解的。他虽然未必见过周氏满身日本皇军戎装训话的照片，没有读过他张口闭口"中日亲善"、"大东亚共存共荣"、"大东亚圣战必胜"的训词和文章，但他不会不知道他当了"华北教育督办"，是赫赫有名的大汉奸，而且被国民政府高等法院在

1947 年判了十年有期徒刑。但从周鲍通信来看，鲍氏对此看得较轻，并不当成什么大事，他看重的只是文章、才情和贡献。这样一来，他眼中的周氏头上便被罩上一个神圣的光圈，只见其灿烂耀目，光圈外的污点便浑然不觉了。鲍氏对周氏有明显的"个人崇拜"，这种"个人崇拜"流溢在鲍氏近四百封信的字里行间，以 1965 年 5 月 23 日的信最为明显。信曰：

> 作人先生：
>
> 　　最近忽发奇想，希望有人：
>
> 　　一、像 Boswel 撰 The Cives of Dr. Samuel Johnson 那样，替先生写本"评传"；
>
> 　　二、替先生出一套比鲁迅全集更完整的全集就好了。
>
> 　　先生仿佛代表了这个时代一部分的"苦恼"、"悲哀"与"睿智"，未知是否仅小生一人有此感觉也……即请
>
> 　　近安
>
> 　　　　　　　　　　　　　　　　鲍耀明　顿首　五月廿三日

　　希望有人替周作人写"评传"，出全集，这当然是无可厚非。然而，"像 Boswel 撰 The Cives of Dr. Samuel Johnson 那样"为周作人写"评传"就大成问题了。在英国文学史上，Boswel（鲍斯韦尔）是 18 世纪英格兰著名的传记作家，而 Samuel Johnson（撒母尔·约翰逊）则是著名的诗人、散文家和文学评论家。他在英国文学史上的地位，简直可以媲美莎士比亚。周作人在中国现代文学史上的地位，可以与他相比吗？显然是弗如远甚的。但在鲍氏眼中，周氏早已毫无愧色了。鲍氏把周氏的文学史地位抬得太高了。

　　至于替周作人出一套"比鲁迅全集更完整的全集"的希望更难免要落空了。首先，这样的全集周作人自己敢编吗？他那些颂扬日本皇军、颂扬"中日亲善"、"大东亚共荣圈"、"大东亚圣战"，颂扬汉奸汪精卫的文章，少说也有数十篇之多。要说"更完整"，恐怕不能遗漏它们吧？但战后的周作人对此讳莫如深，唯恐别人道及，似乎从未写过一样。你若要他的全集"更完整"，这些文章收还是不收呢！如果收似

乎有意和周老先生过不去，去揭周老先生的疮疤。如果不收，当然也就谈不上什么"更完整"了。

应该告诉鲍先生的是，他四十多年前的愿望得到了部分实现，2009年，广西师范大学出版社出版了十六卷本的《周作人散文全集》，应该说，相当"完整"。然而，遗憾的是，那些颂扬日本皇军、颂扬"中日亲善"、"大东亚共荣圈"、"大东亚圣战"，颂扬汉奸的文章却一篇也没有收入。特别那篇为汪精卫树碑立传的名文《〈汪精卫先生庚戌蒙难记实录〉序》①也竟然未敢露面。其实，《全集》的编者何尝不想让它"更完整"？然而，偏偏有这些无法"更完整"的因素。如果这些文章都收进去，《全集》当然"更完整"了，不过，周作人的高大形象便难免不完整了。

鲍先生的美好愿望在《周作人散文全集》中究竟是实现了还是未实现？大概他自己也不好说。显然，四十多年前他那个"更完整"的要求，带有太多的乌托邦色彩，也可说是"蒙昧色彩"吧。鲍氏说他十分喜欢读周氏那些和平冲淡，毫无"火气"的散文；对不起，周氏那些歌颂日本法西斯和汉奸卖国贼的文章却是剑拔弩张，很有"火气"的。想要出毫无"火气"的周氏全集，何异缘木而求鱼？广西师范大学版的《周作人散文全集》可以说是对鲍先生美好愿望的迟到的回答，恐怕也是最好的回答。善良而严肃的中国人谁都愿意看到"更完整"的周作人全集，为此，我们愿意再等四十年。然而，谈何容易？如果让鲍先生自己编，在"更完整"的前提下，不知会如何处理？

至于比《鲁迅全集》"更完整"，也就更加做不到了。从1938年版的《鲁迅全集》到1981年版的《鲁迅全集》，再到2005年版的《鲁迅全集》，可以说佚文愈来愈少，《全集》也愈来愈"完整"了。比较好办的是，鲁迅和周作人不一样，他没有当过汉奸，他没有写过颂扬日寇和汉奸的文章，不需要掩饰、抽掉任何文章。因此，《鲁迅全集》比较容易做到相对完整，而《周作人全集》做到相对完整则较难，"更完整"则更难了。

显而易见，"完整"不"完整"，主要不是一个枝节性的或技术

---

① 《古今月刊》第4期，1942年6月出版。主编朱朴（省斋）。

性的问题，而是一个实质性的问题。"完整"与否，牵涉一个人的总体评价。对周作人这样有重大历史问题的人，看不到这一点，就失之盲目了。鲍先生的两点要求之所以难以做到，就因为盲目性太大了。

鲍先生对周作人的盲目性，并非空穴来风，而是其来有自。香港有一部分文人、学者，日寇侵华期间与周作人有类似的附逆下水经历，尽管伪官做的不如周作人大，但"同是天涯沦落人"，当然十分同情周作人被判十年、不被重视的遭遇。他们的某些文章，自然会产生一定的社会影响。一个比较值得重视的观点是汪伪政权不能否定，它是沦陷区人民的代表（而不是日本侵略者的傀儡），不能用国共两党的观点看待它。这种明显的错误观点至今仍在流传。1963年4月21日的信中，鲍先生抄寄给周氏一篇署名孔德的文章，正是用这种观点为周氏辩护的。他说："他（周）虽担任要职，却是真地苦心经营，主旨在抵挡日本文化的侵略……知堂的贡献是不能埋没的。尤其因为有日本人（如片冈铁兵之流）公然辱骂他，自然中国人不能不仰望他的苦心孤诣了……"

较之著名记者、教授梁容若老先生的观点来，孔德先生等人的文章就真是小巫见大巫了。梁曰："知堂乃圣贤类型人，如托尔斯泰、甘地一流人，所谓入地狱救人，去现在的时代太远，非轻易可理解。"这是梁先生写给鲍先生信中语（1986年7月23日），鲍先生将它引在了《周鲍通信集》的《编者前言》中，推重之意十分明显。而实际上，周作人如何担当得起？古往今来，"圣贤类型人"本来就少之又少，怎么会轮到汉奸周作人的头上？周氏当汉奸为日本侵略军效劳蹂躏中国人民，怎么变成了"入地狱救人"？无论事实上还是逻辑上怎么讲得通？降日当汉奸的周作人和甘地、托尔斯泰等伟大的人道主义者怎可相提并论？可以说，梁先生这样的捧周言论大大离谱了。必须指出的是，降日后的周作人对大汉奸汪精卫的吹捧，也正是这一腔调。周在《汪精卫先生庚戌蒙难实录序》中写道：

　　已饥已溺为常，而投身饲虎乃为变，其伟大之精神则一，即仁与勇是也。中国历史上此种志士仁人不少概见，或挺身犯难，或忍辱负重，不惜一身以利众生，为种种难行苦行，千百年后读其记录，犹能振顽起懦，况在当世，如汪先生此录，自更令人低回不置矣。抑汪先生蒙难不止庚戌，民国以后，乙亥之在南京，己卯之在河内，两遭狙击，幸而得免，此皆投身饲饿虎，所舍不止生命，且及声名，持此以观庚戌之役，益可知其伟大，称之为菩萨行正无不可也。①

把青年汪精卫刺杀清朝摄政王的义举和他后来的降日当汉奸混为一谈，笼而统之皆称之曰："伟大菩萨行"，实际上正是为大汉奸汪精卫吹嘘，也正是为自己的降日吹嘘也。

不知道梁先生当年读没读过周作人的这篇《序》，两人的思想脉络不知如何相似乃尔！鲍先生推重梁先生的意见，也实在不能不令人遗憾了。

在《重版序言》中，鲍先生说："朋友们誉多于贬，令我感到惭愧，有些批评则属于政治性的，我就不再录了。"然而，哪些属于政治性，哪些属于学术性，鲍先生分得并非很清楚。比如上引梁容若先生的观点，鲍先生认为是很高明的学术观点，而实际上却是一种不遗余力歌颂汉奸卖国贼的赤裸裸的政治观点。按照这种观点，一切汉奸卖国贼（何止周作人一人！）便都飞身为"舍身饲虎"的"圣贤"了。岂不滑稽也哉！

鲍先生 1964 年 4 月 6 日致周氏信云：

> 海外对先生"再认识"之风，似较国内吹得更为彻底，先生文字大雅，素有定评，希望此种风气能自海外而国内也。（第 314 页）

而所谓海外对周氏的"再认识"之风，正是梁容若先生等人那样的肉麻吹捧汉奸周作人之风，也是一股为汪伪汉奸政权翻案之风，是一股大大的歪风。这股歪风遭到海内外有识之士的同声斥责和反对，怎么

---

① 《古今》月刊第 4 期，1942 年 6 月出版。主编朱朴（省斋）。

可能"自海外而国内"，成什么大的气候呢？不错，"文革"十年浩劫毁灭文化，整死了很多好人，也整死了很多虽有污点而不该死的人（如周作人）。这笔账必须好好清算。但这和为周作人翻案、为汪伪卖国政权翻案，却是两个范畴的问题了。

（2011 年 12 月 24 日于京郊茅舍）

附 录 一

引用图书、报刊目录

武汉《抗战文艺》（三日刊）第 1 卷第 4 号，1938 年 5 月 14 日。

上海《逸经·宇宙风·西风非常时期联合旬刊》第 1 期，1937 年 8 月 30 日。

香港《明报月刊》1996 年 5 月号。

《知堂回想录》，香港三育图书文具公司 1974 年版。

艾青：《忏悔吧，周作人》收入《艾青文集》。

何其芳：《记周作人事件》，收入《何其芳文集》。

孙郁、黄乔生编：《回望周作人》丛书，河南大学出版社 2004 年版。

张菊香主编：《周作人年谱》，南开大学出版社 1985 年版。后出修订版，由张菊香，张铁荣主编，惜未借到。

钱理群：《周作人传》，十月文艺出版社 1990 年版。

陈思和：《关于周作人的传记》，《中国现代文学研究丛刊》1991 年第 3 期。

董炳月：《周作人的附逆与文化观》，香港《二十一世纪》1992 年 10 月号。

许宝骙：《周作人出任伪华北教育督办的经过》，《团结报》1986 年 11 月 29 日。

袁良骏：《周作人余谈》，《北京日报》1996 年 5 月 8 日，收入《独行斋独语》，中国国际广播出版社 1998 年版。

解志熙：《文化批评的历史性原则——从近期的周作人研究谈起》，《中州学刊》1996 年第 4 期。

董炳月：《周作人的"国家"与"文化"》，《中国现代文学研究丛刊》2000 年第 3 期。

黄裳：《关于周作人》，《读书》1989 年第 9 期。

周作人：《我的杂学》，1944 年 7 月 5 日作，收入《苦口甘口》，上海太平书局 1944 年版。

止庵编：《周作人自编文集》，河北教育出版社 2002 年版。

钟叔河编：《周作人散文全集》，广西师范大学出版社 2009 年版。

《京报副刊》1925 年 1 月 6 日。

周作人：《山东之破坏孔孟庙》，《语丝》第 33 期，1928 年 8 月 13 日，收入《永日集》，上海北新书局 1929 年版。

周作人：《日本与中国》，《京报副刊》1925 年 10 月 10 日，收入《谈虎集》，上海北新书局 1928 年版。

周作人：《日本浪人与〈顺天时报〉》，收入《谈虎集》。

周作人：《关于读〈顺天时报〉》，《语丝》第 122 期，1927 年 3 月 12 日，收入《周作人散文全集》第 4 卷。

周作人：《〈神户通信〉附记》，《语丝》第 59 期，1925 年 12 月 28 日，收入《周作人散文全集》第 4 卷。

周作人：《在中国的日本汉文报》，《世界日报》1926 年 1 月 1 日。收入《周作人散文全集》第 4 卷。

周作人：《排日》，《京报副刊》1926 年 3 月 16 日，收入《周作人散文全集》第 4 卷。

周作人：《排日平议》，《语丝》第 139 期，收入《谈虎集》。

周作人：《逆输入》，《语丝》第 132 期，1927 年 5 月 21 日，收入《周作人散文全集》第 5 卷。

周作人：《擦背与贞操》，《语丝》第 133 期，1927 年 5 月 28 日。收入《周作人散文全集》第 5 卷。

周作人：《关于征兵》，1931 年 10 月 27 日北大讲演稿，收入《看云集》，上海开明书店 1932 年版。

周作人：《日本管窥》（之一），《国闻周报》第 12 卷第 18 期，

1935 年 5 月 13 日，收入《苦茶随笔》，上海北新书局 1935 年版。《日本管窥》（之二），《国闻周报》第 12 卷第 24 期，1935 年 6 月 24 日。又署《日本的衣食住》，收入《苦竹杂记》，上海良友图书印刷公司 1936 年版。《日本管窥》（之三），《国闻周报》第 13 卷第 1 期，1936 年 1 月 1 日。《日本管窥》（之四）当时未发表。

周作人：《谈日本文化书》，《自由评论》第 32 期（梁实秋主编），收入《瓜豆集》，上海宇宙风社 1937 年版。

周作人：《谈日本文化书》（其二），《宇宙风》第 26 期，1936 年 10 月 1 日，收入《瓜豆集》。

周作人：《怀东京》，《宇宙风》第 26 期，收入《瓜豆集》。

周作人：《弃文就武》，《独立评论》第 134 期，1935 年 1 月 6 日，收入《苦茶随笔》。

郑振铎：《惜周作人》，《周报》第 19 期，1946 年 1 月 12 日，收入《回望周作人》。

周作人：《书房一角》，北京新民印书馆 1944 年版。

李传玺：《做了过河卒子——驻美大使期间的胡适》，安徽教育出版社 2010 年版。

周作人：《再谈油炸鬼》，《论语》第 95 期，收入《瓜豆集》。

周作人：《两个鬼》，《语丝》第 91 期，收入《谈虎集》。

周作人：《致陶亢德信》，《宇宙风》第 50 期，1937 年 11 月 1 日。

蒋梦麟：《谈中国新文艺运动》，收入《中国文艺复兴运动》，台湾"中国文艺协会"出版，1961 年 5 月。

周作人：《复某君函促南行》，《戏言》第 1 期，1938 年 3 月 20 日。

袁良骏：《川岛先生谈"二周失和"》，《北京晚报》1996 年 10 月 15 日，收入《坐井观天录》，紫禁城出版社 2010 年版。

唐弢：《关于周作人》，《鲁迅研究动态》1987 年第 5 期，收入程光炜编《周作人评说 80 年》，华侨出版社 2000 年版。

周作人：《人的文学》，《新青年》第 5 卷第 6 期，1918 年 12 月 15 日；《平民的文学》，《每周评论》第 5 期，1919 年 1 月 19 日。均收入《艺术与生活》，群益书社 1931 年版。

周建人：《鲁迅故家的败落》，湖南人民出版社 1984 年版。

周作人：《闭户读书论》，写于1928年11月1日，收入《永日集》。

周作人：《苦雨斋序跋文》，上海天马书店1934年版。

鲁迅：《致杨霁云信》，1934年5月22日，收入《鲁迅全集》第12卷，人民文学出版社1981年版。

周作人：《点滴序》，1920年4月17日，收入《点滴》，北京大学出版部1920年版。

周作人：《志摩纪念》，《新月》第4卷第1期，1932年3月，收入《看云集》。

《周作人判决书》，见《最高法院特种刑事判决》（三十六年度特复字第四三八一号），转引自《鲁迅研究动态》1987年第1期。

周建人：《鲁迅和周作人》，《新文学史料》1987年第2期。

陈漱渝：《看谣言如何浮出水面——关于周作人出任伪职的史实之争》，上海《鲁迅研究》2006年春之卷。

周作人：《药堂杂文》，北京新民印书馆1944年版。

周作人：《新中国文学复兴之途径》，《中国文学》创刊号，1944年1月20日，收入《周作人散文全集》第7卷。

周作人：《关于英雄崇拜》，《华北日报》1935年4月21日，收入《苦茶随笔》。

鲁迅：《坟》，《鲁迅全集》第1卷。

鲁迅：《半夏小集》，收入《且介亭杂文末编》，《鲁迅全集》第6卷。

周作人：《中国的思想问题》，《中和月刊》1942年11月18日，收入《药堂杂文》，北京新民印书馆1944年版。

舒芜：《周作人的是非功过》，辽宁教育出版社2000年版。

周作人：《秉烛后谈》，新民印书馆1944年版。

于力（董鲁安）：《人鬼杂居的北平市》，群众出版社1999年版。

王锡荣：《周作人生平疑案》，广西师范大学出版社2005年版。

林语堂：《忆周氏兄弟》，收入《林语堂文集》，台湾金兰文化出版社1986年版。

周作人：《〈汪精卫先生庚戌蒙难实录〉序》，《古今》第4期，

1942 年 6 月。

幼松：《汤尔和先生》，北京亚东书局 1942 年版。

张铁铮：《周作人晚年轶事一束》，收入《闲话周作人》，浙江文艺出版社 1996 年版。

周作人：《苏州的回忆》，北京《艺文杂志》第 2 卷第 5 期，1944 年 5 月 1 日。

于浩成：《关于周作人的二三事》，《鲁迅研究动态》1987 年第 3 期。

常风：《关于周作人》，收入《闲话周作人》。

周作人：《知堂杂诗抄》，岳麓书社 1987 年版。

周作人：《偶作寄呈王龙律师》，1946 年 10 月 15 日作，收入《周作人散文全集》第 9 卷。

周作人：《药味集》，北京新民印书馆 1942 年版。

周作人：《药堂杂文》，北京新民印书馆 1944 年版。

周作人：《树立中心思想》，《教育时报》第 8 期，1942 年 9 月 1 日。

周作人：《立春以前》，上海太平书局 1945 年版。

周作人：《十堂笔记（十）·梦》，北京《新民声报》1945 年 1 月 22 日，收入《立春以前》。

周作人：《儿女英雄传》，《实报》1939 年 5 月 26 日，收入《药味集》。

周作人：《药堂语录》，天津《庸报》社 1941 年 5 月版。

周作人：《汉文学的前途》，北京《艺文杂志》第 1 卷第 3 号，1943 年 7 月，收入《药堂杂文》。

周作人：《道义之事功化》，1945 年 11 月 7 日作，收入《知堂乙酉文编》，香港三育图书文具公司 1961 年版。

周作人：《秉烛后谈》，北京新民印书馆 1944 年版。

上海：《天地》（苏青主编）第 17 期，1945 年 2 月 1 日。

上海：《杂志》第 15 卷第 4 期，1945 年 7 月 1 日。

周作人：《书房一角》，北京新民印书馆 1944 年版。

俞芳：《谈谈周作人》，《鲁迅研究动态》1988 年第 6 期。

赵维江：《赵孟頫与管道升》，中华书局 2004 年版。

《水星》第 1 卷第 4 期，1935 年 1 月 10 日。

《世界日报》1936 年 12 月 4 日。

《中国文艺》第 2 卷第 3 期，1940 年 3 月 27 日。

《中和月刊》第 1 卷第 4 期，1942 年 11 月 18 日。

《求是月刊》第 1 卷第 1 号，1942 年 3 月 1 日。

周作人：《苦口甘口》，太平书局 1944 年版。

周作人：《俞理初论莠书》，《风雨谈》第 3 期。

周作人：《杂文的路》，《读书》第 1 卷第 1 期，1945 年 12 月，收入《立春以前》，太平书局 1945 年版。

周作人：《谈文字狱》，《宇宙风》第 41 期，1937 年 5 月 16 日，收入《秉烛后谈》。

周作人：《妇人之笑》，作于 1939 年 12 月，收入《秉烛谈》。

周作人：《中国新文学的源流》，原为 1932 年春在辅仁大学的讲演，经学生邓恭三（广铭）记录整理，周作人审定后由北京人文书局 1932 年 9 月出版。

鲁迅：《白莽作〈孩儿塔〉序》，收入《且介亭杂文末编》，《鲁迅全集》第 6 卷。

俞平伯：《杂拌儿之二》，开明书店 1933 年版。

周作人：《谈韩退之与桐城派》（又题为《厂甸之二》），《人间世》第 2 期，1935 年 2 月 5 日，收入《苦茶随笔》。

周作人：《文章的放荡》，写于 1935 年 9 月 5 日，收入《苦竹杂记》。

周作人：《谈韩文》，《世界日报》1936 年 12 月 2 日，收入《秉烛谈》，北新书局 1940 年版。

刘大杰：《中国文学发展史》，中华书局上海编辑所 1936 年版。

韦凤娟、陶文鹏、石昌渝：《新编中国文学史》，人民教育出版社 1989 年版。

周作人：《致鲍耀明》，1966 年 2 月 19 日，收入《周作人、鲍耀明通信集》，河南大学出版社 2004 年版。

《胡适文存》第 2 卷，上海泰东书局 1924 年版。

赵景深：《中国文学小史》，上海大光书局 1926 年版。

陈子展：《最近三十年中国文学史》，上海太平洋书局 1930 年版，署名陈炳堃。

周作人：《论中国旧戏之应废》，《新青年》第 5 卷第 4 号，1919 年 8 月。

《人间世》第 21 期，1935 年 2 月 5 日。

钱钟书：《评周作人的新文学源流》，《新月》月刊第 4 卷第 4 期，1932 年 11 月，署名中书君。

周作人：《新年通信——致衣萍》，《语丝》第 4 卷第 8 期，1928 年 2 月 4 日。

周作人：《功臣》，《语丝》第 142 期，1927 年 7 月 30 日。

杨义：《京派文学与海派文学》，上海三联书店 2007 年版。

黎锦熙：《钱玄同先生传》，收入吴奔星遗著《钱玄同研究》，江苏古籍出版社 1990 年版。

袁良骏：《鲁迅研究史》上卷，陕西人民出版社 1986 年版。

周作人：《致江绍原》，1929 年 2 月 26 日，收入《江绍原、周作人书信集》，北新书局 1936 年版。

《胡适来往书信选》下卷，中华书局 1980 年版。

《骆驼草》1930 年 5 月 2 日创刊，周作人实际主持，由废名出面，主要撰稿人有徐祖正、俞平伯、梁遇春、徐玉诺等。共出 26 期。

《周作人散文钞》，开明书店 1932 年版。

废名：《莫须有先生坐飞机以后·一天的事情》，《文学杂志》第 2 卷第 11 期，1948 年 4 月。

《民国日报·文艺》1948 年 6 月 28 日。

《中华日报》1944 年 3 月 23 日。

《一般》第 1 卷第 3 期，1926 年 11 月 5 日。

《文化批判》创刊号，1928 年 1 月。

周作人：《北沟沿通信》，作于 1926 年 11 月 6 日，收入《谈虎集》。

周作人：《〈谈虎集〉后记》，《北新》第 2 卷第 6 期，1928 年 1 月 16 日，收入《谈虎集》。

周作人：《爆竹——随感录97》，《语丝》第4卷第9期，1928年2月9日，收入《永日集》。

李浩：《许广平画传》，上海社会科学出版社2010年版。

《益世报》1930年3月18日。

陶晶孙：《鲁迅和周作人》，《大陆新报》1943年10月27日，收入《给日本的遗书》，上海文艺出版社2008年版。

唐弢：《关于周作人》，《鲁迅研究动态》1987年第5期。

周作人：《杂拌儿跋》，作于1928年5月16日，收入《永日集》。

《论语》第96期，1936年9月16日。

周作人：《燕知草跋》，写于1928年11月22日，收入《永日集》。

周作人：《关于写文章》，《大公报》1935年3月24日，收入《苦茶随笔》。

沈从文：《关于上海的刊物》，《大公报·小公园》1935年8月8日，收入《沫沫集》。

张小鼎：《一次长达"几小时"的重要会晤考》，《鲁迅研究动态》1987年第6期。

周作人：《长之文学论文集跋》，收入《苦茶随笔》。

周作人：《〈春在堂所藏苦雨斋尺牍〉跋》、《〈废名所藏苦雨斋尺牍〉跋》，均见《夜读抄》。

章伯雨：《谈知堂先生的读书杂记》，《宇宙风》第38期，1937年8月5日。

袁良骏：《现代散文的劲旅——鲁迅杂文研究》，陕西人民教育出版社1996年版。

俞芳：《我所认识的鲁迅》，《鲁迅研究动态》1987年第3期。

郁达夫：《中国新文学大系散文二集·序》，上海良友图书公司1935年版。

俞正燮：《癸巳类稿》卷十二。

朱光潜：《说"曲终人不见，江上数峰青"》，《中学生》杂志第60号，1935年12月。

鲁迅：《"题未定"草（六至九）》，收入《且介亭杂文二集》，《鲁迅全集》第6卷。

张岱：《琅嬛文集》卷三《又与毅儒八弟》信。

谢国桢：《明清之际党社运动考》，商务印书馆1934年版。

周作人：《鲁迅的故家》，上海出版公司1953年版；《鲁迅小说里的人物》，上海出版公司1954年版；《鲁迅的青年时代》，中国青年出版社1957年版。

《周作人致周恩来》，《新文学史料》1987年第2期（5月）。

楼适夷：《我所知道的周作人》，收入《回望周作人》。

《周曹通信集》，香港南天书业公司1973年版。

附录二

周作人研究的三口陷阱

周氏兄弟（鲁迅、周作人）是"五四"文坛双星，在当年享有崇高威望。但由于周作人抗日战争中投降日寇，当了汉奸，成了民族败类，被钉到了历史的耻辱柱上，为人们所不齿。因此，从 20 世纪 40 年代到 70 年代，周作人一直是一个"反面典型"，往往作为乃兄鲁迅的对立面而存在。应该说，这是历史对汉奸周作人的惩罚，是他自己"咎由自取"，怪不得任何人。但是，对于"五四"时期的周作人来说，这自然就有欠公允了。

改革开放之后，经过近半个世纪的历史酝酿，人们对汉奸周作人的义愤逐渐趋于平淡和冷静，而对"五四"文坛的周作人，觉得有必要给予历史的客观评价。加上政治环境的相对宽松，中断了数十年的周作人研究便迅速起步了。二十年来，这一研究取得了丰硕的成果，除了资料建设，大小、厚薄、体例不一的《周作人传》、《周作人论》、《周作人研究》等已经出了数十部，周作人的社会思想、文艺思想、创作成就、翻译成就等都已经有了相当深入的论述，一些周作人研究专家也以自己坚实的学术成就拔地而起。——这本是十分可喜的现象。

然而，老子说得好："福兮祸所倚，祸兮福所伏"。可喜中也就隐藏着可虑和可哀。慢慢地，周作人研究便形成了三口可怕的陷阱。

第一口陷阱是"抬周贬鲁"，评价失衡，甚至不惜拿鲁迅充当"祭旗的牺牲"。

有人说，周作人的散文闲适、冲淡，没有人间烟火气，读之令人心旷神怡,是散文中的上品。而鲁迅杂文,太直面人生,火药味太浓,只能算散文中的中品或下品。有人说,周作人的文艺思想比鲁迅高明,鲁迅只知道"为人生"、"揭出病苦",太"普罗"气,周作人"人的文学"、"平民文学"等才表现了更广泛的人生终极关怀。有人说,周作人的翻译成就比鲁迅大。有人说周作人在"五四"运动中的地位比鲁迅高,如此等等,不一而足。似乎不把乃弟抬起来、不把乃兄贬下去便不算完,学术研究变成了体育裁判。而那裁判规则,又纯属随心所欲;有的,简直就是主观臆断,信口开河。最让人目瞪口呆的是有家出版社封了一大串"中国近现代思想家",周作人榜上有名,而鲁迅却名落孙山了。难道这是一种正常的、公允的学术研究和历史评价吗?民间有句俗话:"卖瓜的不说自家瓜苦"。"不说自己的瓜苦"可以,但为什么一定要说"别人的瓜苦"呢?"二周兄弟"是"五四"文坛双星,各有自己的贡献和成就,有什么必要厚此薄彼呢?而且,平心而论,如果稍稍有点历史感,无论创作成就和时代影响,乃弟又怎能和乃兄相比呢?

第二口是肆意美化,大肆炒作,而又不许别人说不同意见。

比如"二周失和",有的论著貌似公允,大讲"清官难断家务事"。但实际上他们在字里行间早已"断"了:说来说去是卖弄自己仅有的那点弗洛伊德性心理学知识,言下之意是鲁迅对弟媳羽太信子不无垂涎,结果,周作人的"醋坛子"便被打破了。这不明明是"拉偏把儿"吗?"二周失和"明明是周作人忘恩负义,陷害兄长,而且有明显的家庭经济矛盾的背景,为什么一定要往性心理学上去拉,且以此诬陷鲁迅呢?在《关于兄弟》等文中,二周的朋友和同乡、"二周失和"的目击者,和二周当时同住一院的章廷谦(川岛)先生的回忆明明有很公允的意见,但因为不合这些研究者的口味,硬是给视而不见,打入冷宫了。比起美化周作人的"附逆"当汉奸来,上述"拉偏把儿"就是小巫见大巫了。正像我两年前在《周作人为什么会当汉奸?》一文中曾经指出过的那样,"有说迫不得已,情有可原的;有说一念之差,偶尔失足的;还有说并非投降日寇,而是中国共产党人让他留在北平,深入敌人心脏搞地下工作的。以上种种,充满对汉奸周作人的祖护和同情,是完全违背历史事实的"(见《光明日报》1996年3月25日,收入《独行斋独语》)。更可笑的是,竟有人说周作人即使当汉奸后,仍然是一个人格高尚的人道主义者。而且，即使他不当汉奸，也会有别人去当。与其让别人当，还不如让周作人当了。这难道不是一种赤裸裸的"汉奸有理"论吗?! 研究周作人研究到这个份儿上，究竟还有多少学术的成分? 这是不是一种学术的异化、学术的堕落、学术的扭曲和变形呢? 在这种学术的异化、堕落、扭曲、变形面前，自然免不了要有一拥而上的"一窝蜂"式的炒作了。像周作人这样为人不齿的汉奸卖国贼，拥有那样多的研究家，这本身就是不正常的，完全超出了给大节有亏的周作人以科学评价的界限。

也许是底气儿不足，某些周作人"研究家"，一听到说周作人不值得那样吹捧和炒作时，他们便怒不可遏、火冒三丈。比如，最近有位研究者（姑隐其名）写了一篇洋洋万言的《九十年代的周作人研究》的大文（载《鲁迅研究月刊》1998 年第 7 期），对于所有指责"周作人热"者，便进行了一番火力强大的"地毯式轰炸"，不是说他们运用"骂街式语言"，就是说他们"口气是审判式的"；不是说他们不承认周作人"文学大家"的身份，就是说他们"把个人的道德节操看作衡量一个人价值的绝对标准"。总之，一无是处，全要不得，大有把"周作人热"燃烧到底的决心。鄙人不胜荣幸的是，我的两篇批评"周作人热"的小文章，也备受这位研究家的"青睐"，他这样写道：

> 袁良骏也对"周作人热"甚为不满，发表《周作人为什么会当汉奸?》、《周作人余谈》。两文除了一些似是而非的观点外，既没有新观点也没有新材料。然而在一个广泛传播的新闻媒体上赫然写着前一篇文章那样的题目，只会煽动人们的感情，给本来就深受非学术因素干扰的周作人研究再添新的障碍。作者列举一些不正常现象，由于缺乏具体的分析，很容易导致不熟悉情况的人把账算在周作人研究者的头上。作者的口气是新闻发言人似的……

妙极了，连《周作人为什么会当汉奸?》这样的题目也罪莫大焉了。我们不禁要问这位"义愤填膺"的研究者：为什么对当了汉奸的周作人你没有丝毫的义愤，而对分析他为什么会当汉奸的文章却这样"义愤"呢? 莫非"周作人当汉奸"是个禁区，不许人们提及吗? 为什么那么害怕"煽动人们的感情"？"煽动"的是什么"感情"？难道只许讲周作人的"伟大"、"崇高"、当了汉奸也不失为"人道主义者"、他当汉奸比别人当汉奸更好……而不许说他一个"不"字吗？为什么对当了汉奸的周作人（而不仅是前期的周作人）还这样保护备至、情有独钟呢？难道只许煽动这样的感情吗？这种对汉奸周作人的一往情深，算不算"干扰"正常周作人研究的"非学术因素"呢？为什么说周作人当了汉奸也是崇高的人道主义者就是正常的学术口气，而一说他当汉奸是民族败类、有其思想发展的必然，就变成了"新闻发言人似的"，就"不正常"了呢？我们这位研究者的"旗帜"为什么这样"鲜明"？他的"有色眼镜"度数为什么如此之高呢？

第三口陷阱则是日本军国主义者的"侵略有理"论和它的呼应"汉奸有理"论的渗透和影响。

第二次世界大战之后，日本虽然不能不承担发动侵略的责任，但朝野上下，复活军国主义的右翼势力一直相当猖獗，从将东条英机等大战犯请入"靖国神社"开始，直到今年以《自尊》电影为大战犯们招魂，可以说愈来愈肆无忌惮，愈来愈明目张胆。他们的理论根据就是"侵略有理"论，也就是"大东亚共荣圈"的翻版。这种理论不仅不承认日本法西斯对亚洲人民犯下了滔天罪行，反而把他们美化成亚洲人民的大救星。这种"侵略有理"论，正是"汉奸有理"论的根据和蓝本。日本的"侵略有理"论者，千方百计在海外、台港澳以及大陆的中国人中寻找和物色"传销者"和吹鼓手。不久前，在北美某国曾接连召开了两次所谓"中国近代史研讨会"，某些"学者"公然为汪精卫卖国政权翻案，为汪记"曲线救国"论招魂。他们甚至提出要重新估价汪伪南京政府的历史功过，要彻底摆脱中国国、共两党原来对汪伪政权的观点，说什么"汪记南京政府"是重庆国民政府的补充，它代表了广大"灰色地带"人民的利益（而不是代表日本法西斯的利益）。这一派胡言，显然钤有"日本制造"的印记。与此同时，一些歪曲历史，美化汪精卫、陈璧君、周作人、胡兰成等汉奸丑类的文章也纷纷出笼了。能够说我们的"周作人热"和这种"侵略有理"、"汉奸有理"的谬论毫无关系吗？也许某些研究者并没有意识到这一点，他们并没有广阔的社会和历史视野，从而在狭小的牛角尖中越陷越深。然而，令人遗憾的是，当人们向他们大声疾呼，希望他们不要对汉奸周作人倾注太多感情的时候，他们不仅充耳不闻，反而对善意的提醒者横加指责，甚至咬牙切齿，这难道不十分好笑吗？

不愿让人触及周作人"汉奸"疮疤的人，往往拿德国哲学家海德格尔作护法，说什么不能把"个人的道德节操看作衡量一个人价值的绝对标准"。事实上，这是他们虚拟的一道挡箭牌，根本不存在这个"绝对标准"。如果真运用这个"绝对标准"，何必再给"五四"时期的周作人以崇高评价？何必再对周作人当汉奸之后的文章和著作进行具体分析、科学评价？一棍子打死不就完事了吗？可是，话又说回来，没有这个"绝对标准"，不等于不要道德节操标准。中国历来讲究道德、文章，历来把道德放在文章之前，主张德才兼备，难道这有什么不对吗？莫非非要把道德标准取消、强调有才无德、强调"无特操"才好吗？具体到周作人来说，不当汉奸岂非更好？当了汉奸岂非道德有亏？指出这一点怎么就犯了滔天大罪？莫非批评周作人当汉奸比周作人当汉奸更有罪吗？再说海德格尔，如果他不拥戴纳粹的野蛮统治和疯狂侵略，岂不更好？他的哲学再高明，恐怕也掩盖不了吹捧法西斯的污点吧？为什么只许说他的哲学高明而不允许批评他的这一污点？莫非非要把他吹捧为哲学"圣人"不可吗？他真的有那么伟大和崇高吗？有没有像对周作人一样美化和炒作的成分？

古人云：一叶障目，不见泰山。又云：偏见比无知离真理更远。这些不朽名言难道不值得大捧特捧周作人而又听不进一点不同意见的"研究家们"深思、玩味吗？

（1998 年 8 月 25 日于独行斋，载《中华读书报》1998 年 10 月 21 日）

附录三

周作人评《阿Q正传》不能否定

最近，有位青年学者撰文，把周作人评《阿Q正传》一文否定了个一干二净①。该文完全不符合周作人评《阿Q正传》一文的原意，也涉及了如何不能因人废言的大问题，值得关注。

第一，周作人评《阿Q正传》② 一文对鲁迅小说《阿Q正传》作了十分精到的分析。它指出：

> 阿Q这人是中国一切的"谱"——新名词称作"传统"的结晶，没有自己的意志而以社会的因袭的惯例为其意志的人……果戈理的小说《死魂灵》里的主人公契契珂夫是一个"不朽的国际的类型"，阿Q却是一个民族中的类型。他像希腊神话里"众赐"（pandora）一样，承受了恶梦似的四千年来的经验所造成的一切"谱"上的规则……实在是一幅中国人坏品性的"混合照相"。

周作人的上述论点，抓住了小说《阿Q正传》的精华和阿Q"精神胜利法"的本质，相当精辟，尤其他将阿Q与契契珂夫加以比较，指出阿Q是中华民族的一个"类型"（即今所谓"典型"）。这是十分

---

① 李青果：《周作人未自选入集的两篇文章》，《博览群书》2009年第12期。

② 北京《晨报副刊》1922年3月19日，收入《鲁迅的青年时代》（附录），中国青年出版社1957年版。

深刻而具开创意义的。周作人也探讨了《阿 Q 正传》笔法的来源，他说：

> 《阿 Q 正传》笔法的来源，据我们所知是从外国短篇小说而来的，其中以俄国的果戈理与波兰的显克微支最为显著，日本的夏目漱石、森鸥外两人的著作也留下不少的影响。（在讽刺一点上）与英国狂生斯威夫德有点相近。

周作人的上述"探源"，既有世界文学的宏观视野，又有对作家作品的细微剖析，整个看来，也是切中肯綮，相当精辟的。说它"离题万里"是什么"苛评"，只能说是闭眼瞎说，或者根本没有看懂。

第二，周作人评《阿 Q 正传》时和鲁迅"兄弟怡怡"，并未"失和"，他不可能对兄长鲁迅发出"苛评"。

周作人的《阿 Q 正传》发表于 1922 年 3 月 19 日的《晨报副刊》，即在小说《阿 Q 正传》刚刚连载完一个多月，周作人为什么如此快地写这篇评论？可以说有两方面的原因：一是为"家兄"鲁迅的小说创作祝贺，《阿 Q 正传》较之《狂人日记》等，显然跃上了一个新的台阶。二是支持沈雁冰先生的意见，反驳个别读者对《阿 Q 正传》的误读。当《阿 Q 正传》刚刚发表了四章（不到一半）的时候，一位署名谭国棠的读者给《小说月报》的编者沈雁冰先生写信，说《阿 Q 正传》"太锋芒了，稍伤真实"，"讽刺过分"，"令人起不真实之感"，"算不上完善"[1]，等等。沈雁冰先生在回信中态度鲜明地批评了谭氏的上述意见，他说：

> 至于《晨报副刊》所登巴人先生的《阿 Q 正传》，虽只登到第四章，但以我看来，实在是一部杰作……阿 Q 这人要在现社会中去实指出来，是办不到的；但是我读这篇小说的时候，总觉得阿 Q 这个很是面熟，是呵，他是中国人品性的结晶呀！

---

① 《小说月报》第 13 卷第 2 号，1922 年 2 月 10 日。

周作人和沈雁冰都是"文学研究会"的发起人，他们对小说《阿Q正传》看法出奇地一致，周文正是对沈氏复信的支持，也是沈信的丰富和延伸。当然，周文没说《阿Q正传》是"一部杰作"，因为他是小说作者的弟弟，是不能不有所避嫌的。

第三，周作人对《阿Q正传》的评述与鲁迅的自评完全吻合。

在《俄文译本〈阿Q正传〉序及著者自叙传略》①中，鲁迅说："我虽然已经试做，但终于自己还不能很有把握，我是否真能够写出一个现代的我们国人的魂灵来。"这个"现代的我们国人的魂灵"，就是沈雁冰所说的"中国人品性的结晶"，也就是周作人所说的"阿Q这人是中国一切的'谱'"。鲁迅的《俄文译本〈阿Q正传〉序》虽然写于"兄弟失和"后，但他还是肯定周作人在"失和"前的上述看法。同样地，周作人对《阿Q正传》笔法的探源，也得到了鲁迅的一再的首肯：

> 因为所求的作品是叫喊和反抗，势必至于倾向了东欧，因此所看的俄国、波兰以及巴尔干诸小国作家的东西就特别多。也曾热心的搜求印度、埃及的作品，但是得不到。记得当时最爱的作者，是俄国的果戈理和波兰的显克微支。日本的，是夏目漱石和森鸥外。②

显然，鲁迅的自述和周作人的分析是一致的。怎能把周文说成是"跑题"或"出位"呢？

第四，周作人笔下的"冷嘲"是讽刺风格，而鲁迅否定的"冷嘲"则是对《阿Q正传》讽刺风格的攻击。

周作人认为《阿Q正传》的讽刺风格是"冷嘲"而非"热骂"式的，他说："《阿Q正传》是一篇讽刺小说……因为它多是'反语'（inony），便是所谓的讽刺——'冷嘲'，中国近代小说只有《镜花缘》与《儒林外史》的一小部分略略有点相近，《官场现形记》和《怪现

---

① 收入《集外集》，见《鲁迅全集》第7卷，人民文学出版社1981年版。
② 同上。

状》等多是热骂，性质很不相同。"① 这种分辨也完全符合鲁迅的有关分析。在《中国小说史略》一书中，他高度评价《儒林外史》的讽刺艺术，却将《官场现形记》等归入"谴责小说"，评价不高。他说：

> 虽命意在于匡世，似与讽刺小说同伦，而辞气浮露，笔无藏锋，甚且过甚其辞，以合时人嗜好，则其度量技术之相去亦远矣……

然而，在《俄文译本〈阿 Q 正传〉序》中，鲁迅的确有对"冷嘲"的辩解。他说：

> 我的小说出版之后，首先收到的是一位青年批评家的谴责，后来，也有以为是病的，也有以为滑稽的，也有以为讽刺的，或者还以为冷嘲，至于使我自己也要疑心自己的心里真藏着可怕的冰块……②

查鲁迅的这段话写于 1925 年 5 月 26 日，发表于同年 6 月 15 日出版的《语丝》周刊第 31 期。文中的"我的小说出版之后"，指的是他的第一本小说集《呐喊》（出版于 1923 年 8 月，新潮社）。"一个青年批评家"指的是成仿吾，他在《〈呐喊〉的评论》（发表于 1924 年 2 月 28 日出版的《创造季刊》第 2 卷第 2 期）中只肯定《不周山》，几乎将《呐喊》否定光了。可见，鲁迅这段话和周作人毫无关系——周作人的《阿 Q 正传》一文发表一年半以后，《呐喊》才获出版。鲁迅所谈《呐喊》出版后的种种批评意见，皆非指周作人，而是另有所指。那么，为什么会把鲁迅对"冷嘲"的辩证与周作人文中的"冷嘲"混为一谈呢？皆因《鲁迅全集》1981 年版第 7 卷关于《俄文译本〈阿 Q 正传〉序》的这样一条注释：

---

① 北京《晨报副刊》1922 年 3 月 19 日，收入《鲁迅的青年时代》（附录），中国青年出版社 1957 年版。

② 《中国小说史略》第 28 篇，《鲁迅全集》第 8 卷。

　　《阿Q正传》发表后，曾出现这样一些评论：如张定璜的《鲁迅先生》……冯文炳的《呐喊》……周作人的《阿Q正传》说："《阿Q正传》是一篇讽刺小说……因为他多是反语（irony），便是所谓冷的讽刺——'冷嘲'"。

　　鲁迅正文是"我的小说出版之后"，而这条注文却变成了"《阿Q正传》发表后"，偷换了概念，硬是把毫无关系的周作人拉扯进去。从学风上说，这是很不应当的。十分遗憾的是，在2005年新版的《鲁迅全集》中，这条注释只字未改，又原封不动地重新出现了。这条注释的错误，难免对青年学者产生误导。

　　第五，《周作人未自选入集的两篇文章》一文还把鲁迅对"谴责小说"的批评，张冠李戴安到了《儒林外史》和《镜花缘》的头上。这种"硬伤"的出现，说明作者要么人云亦云，根本未看鲁迅的《中国小说史略》，要么"好读书而不求甚解"，根本没有看懂。无论如何，都是极不应该的，限于篇幅，这里便不再详谈了。

　　第六，由于周作人抗日战争中当了汉奸，成了民族败类，今天的周作人研究便出现了复杂性：既不能因为他"五四"时期的业绩而回避他的汉奸罪行，也不能因为他的汉奸罪行而抹杀他的"五四"业绩。他的论《阿Q正传》一文，正是他"五四"业绩的一部分，是不能随意否定的。

附 录 四

周作人为何大骂傅斯年?

　　"五四"文学革命中，周作人与傅斯年不仅有北大师生之谊，而且是"新潮社"的战友。作为《新潮》月刊的主编和"新潮社"的负责人，傅斯年对老师周作人十分倚重，请他"屈尊"入社，发表他的《访日本新村记》等文章，出版他的译文集《点滴》（"新潮丛书"之一）。傅斯年、罗家伦相继出国留学后，周作人受傅斯年的委托，还成了《新潮》的主任编辑，同时也是"新潮丛书"的主编人。然而，让人始料不及的是，几十年后，他们竟彻底反目了。

　　语云："道不同不相为谋。"二人的反目也正是因为他们的"道"不同了。1937年初，日本侵略军已逼近北京（时称北平），形势十分严峻。七七事变之后，北平沦陷。为防落入敌人之手，北大、清华决定南迁，师生员工集体踏上了迢迢长途，最终定居昆明，与南开大学一起，组建了西南联大。傅斯年就任联大教授与"历史语言研究所"（简称"史语所"）所长。而周作人却以种种借口，拒绝南下，并于1938年2月9日出席日本侵略军军部召集的"更生中国文化建设座谈会"，觍颜下水附敌，先后担任多个伪职，1940年更代替去世的大汉奸汤尔和当上了伪华北教育总署督办。周作人积极为日本侵略者效命，卖力鼓吹"中日亲善"、"大东亚共荣圈"等侵略谬论，并曾全身披挂日本戎装，与大汉奸王揖唐一起在天安门检阅所谓"新民青年团"。至于屡次赴苏北、豫东、保定等地视察"治安强化运动"（即残酷屠杀抗日军民的"三光政策"）、聘请日本"教授"在各大学贯彻日本奴化教育，更不待言了。周作人投敌卖国、为虎作伥的丑恶行径引起了全国抗日军民的强烈义愤，他们真想不到这位"五四"文学革命的先驱之一竟会堕落到如此程度！作为坚定不移的"抗战派"，傅斯年对周作人的愤恨也许超过了其他人。

1945年8月15日，日本天皇宣布无条件投降，中国人民的八年抗日战争胜利结束了。傅斯年被任命为北大代理校长，负责接收北大、重建北大。这时，惶惶不可终日的周作人赶紧给傅斯年写了一封信，表示自己出于无奈，被逼下水，但并未为敌人干什么事，希望傅斯年看到昔日的情分援之以手，解自己于"倒悬"。周作人的这封信大大激怒了傅斯年。他把这封信大加批注，予以痛斥，并公开发表。他要让全国抗日军民看看大汉奸周作人的丑恶嘴脸。（原信待查）同时，傅斯年发表公开谈话，表示"伪北大之教职员均系伪组织之公职人员，都在附逆之列，将来不可担任教职"。

傅斯年的铁面无私、不念旧情，当然也激怒了周作人。正是在傅斯年上述谈话之后，周作人写了一篇小文章《石板路》（后收入《过去的工作》），其"附记"云"时正闻驴鸣"。"驴鸣"者，正是对傅斯年的恶骂也。因为他当天的日记可证："见报载傅斯年的谈话，又闻巷内驴鸣，正是恰好，因记入文末。"

周作人的这口恶气，一语"驴鸣"何能出尽？到得他被逮捕法办、关进南京老虎桥监狱之后，仍一再咒骂傅斯年。其中，最狠毒的是《修禊》一诗。诗中把傅斯年比之为食人肉（"人腊"）"作忠义"的伪君子，说他"食人大有福，终究成大器"。连他的"讲学"、当"参议员"都成了攻击的对象。既然如此"食人肉"、"喝人血"以求自己的飞黄腾达，他当年的主编《新潮》杂志，也只能说是纯属"欺世"了。在写给他的辩护律师王龙的一首诗《偶作寄呈王龙律师》中，他有这样的说明："三十年来不少旧学生，有三数人尚见存问，而下井投石，或跳踉叫号，如欲搏噬者，亦不无其人。"这里骂的虽有他的另一弟子沈启无（沈杨），但主要是骂傅斯年。这段说明恰恰是他《修禊》一诗的注脚。

身在囹圄中，不思悔改己过，还这样大骂抗战派，很说明周作人汉奸立场的顽固。傅斯年八年抗战中表现甚佳，其"史语所"在艰苦岁月中很为国家培养了一些人才。他自己也公开大骂贪污腐败的大官僚孔祥熙、宋子文辈，由之博得了"傅大炮"的美名。

　　傅斯年当然有他的历史局限，"拥蒋反共"就是他最大的历史局限。他关于伪北大教职员的"定性"谈话，也不无可议之处。但这和周作人对他的泄私愤式的恶骂毕竟是两码事了。

附录五

陶晶孙先生的一次误读

 .

抗战期间，流落日本的创造元老之一陶晶孙先生曾写有《鲁迅和周作人》一文（见《大陆新报》1943 年 10 月 27 日，收入陶著《给日本的遗书》，上海文艺出版社 2008 年版）其中有这样一段：

> 鲁迅先生离开北京之后，不顾母亲对他去向的担忧，没经母亲大人应允便与许女士结婚了。这一点很令周作人不悦。加上孝顺的周作人当时守在母亲身边，在情理上不得不站在母亲一边……鲁迅门下云集了很多的文学青年，致使周作人连鲁迅的葬礼都未得参加……（有人）将生前无甚紧要之事公私不分地混淆一处，说他们兄弟关系不好，这无疑是十分欠妥。

因为陶晶孙先生多年滞留日本，对国内的很多事情比较隔膜，上引文字明显是一次误读。

第一，鲁迅于 1926 年 8 月 24 日离京南下，对母亲和妻子朱安的生活作了妥善的安排，给他们每月生活费 200 元。到南方后，亦每月寄回 200 元，一直到鲁迅去世。鲁迅去世后，许广平照寄不误。只是抗日期间许广平被日本宪兵队逮捕入狱后，才被迫中断了接济。但鲁迅生前的友人很快又设法继续接济了（可参见唐弢《关于周作人》，《鲁迅研究动态》1987 年第 5 期）。所以说鲁迅与许广平结婚"没经母亲大人应允"这是不对的。鲁迅母亲给鲁迅、朱安操持的包办婚姻害了鲁迅半辈子，害了朱安一辈子，这是鲁老太太终生的遗憾，她的确对不起最孝顺自己的大儿子。然而，鲁迅事母至孝，他只说朱安是母亲给自己的一份礼物，必须好好对待她，而绝无对母亲的丝毫怨言。鲁迅、许广平定居上海后，立即给母亲写信禀报。海婴降生后，所有鲁迅寄母亲的请安信，落款皆为"男树叩上，广平及海婴同叩"，哪有什么"没经母亲大人应允"呢？相反，鲁老太太十分欣慰鲁迅、许广平的结婚，放下了一大心事。海婴降生后，鲁老太太尤为高兴。陶先生说什么鲁老太太反对鲁、许婚姻，这就望风扑影了。

　　第二，既然如此，陶先生所谓周作人反对、攻击鲁迅、许广平的婚姻是"站在母亲一边"，自然也就是无稽之谈了。

　　第三，周作人虽然为母亲操办了隆重的葬礼，又写了《先母事略》发表，但在母亲生前，他绝对不是孝子。"兄弟失和"后他不仅将兄长鲁迅赶出了八道湾，也将母亲赶出了八道湾。如果他孝顺母亲，怎会、怎能让她走呢？老大、老二谁孝顺，老太太最知道。因此，她不留在二儿子独霸的八道湾，而宁愿跟着大儿子搬到西三条胡同，正是因为她知道老二"自私"，不孝顺；孝顺的是老大。果然，鲁迅生前，老太太一直是鲁迅供养，周作人每月仅提供15元零花钱，这哪是孝子所为？鲁迅去世后，周作人去看母亲，母亲说："老二，以后我就靠你了。"周作人答曰："我苦哉，我苦哉。"这也绝非孝子口吻。虽然从1938年1月开始周作人承担了母亲的生活费，但每月只有50元。日伪时期物价飞涨，也从未增加，使老太太生活日渐拮据。而他"督办"等各处伪职的薪俸合计不下千元，生活奢侈豪华，光男佣女仆即达30人，也早已把羽太信子的父母都接到了八道湾。相比之下，鲁老太太的供给远不如鲁迅在时了。难怪鲁老太太曾对人说："只当我少生了这个儿子"（见俞芳《鲁迅的母亲——鲁太夫人》）。周作人尤其不孝的是，在他母亲重病之时，他却应汪精卫之邀赴南京、苏州讲学、赴宴。他返京不几天，老太太便去世了。这种行径又如何能与孝子沾边儿呢？陶晶孙先生写此文时，周作人虽已卸任"督办"，但仍为汪伪国民政府委员，炙手可热。不知陶先生口口声声誉周作人为孝子，有无巴结讨好之意？

　　第四，鲁迅逝世后，周建人曾代表治丧委员会给周作人发去了讣告并函邀周作人莅临参加葬礼。他如有参加之意，是毫无困难的。奈他毫无参加之意何。而在陶先生笔下，他的不参加葬礼却变成了不得其门而入，变成了"众多的文学青年"的阻挠，这就太远离事实了。

第五，"二周失和"是一桩历史事实，不是说不说的问题。但陶先生却不让人"说他们关系不太好"，事实上，不是人们"将生前无甚紧要之事公私不分地混淆一处"，制造了"二周失和"，而是 1923 年 7 月 19 日周作人下了"逐客令"，将鲁迅赶出了八道湾，一手制造了长达 13 年之久的"二周失和"，陶先生又何必曲为之辩呢？

（原载《民族魂》2011 年冬之卷）

附录六

周作人的一篇重要佚文：
《〈汪精卫先生庚戌蒙难实录〉序》

1942 年 4 月 26 日，周作人为张次溪先生编著的《汪精卫先生庚戌蒙难实录》写了一篇《序》，刊登在《古今》杂志第 4 期（同年 6 月）上。文章写道：

> 数年前张次溪君以所编《汪精卫先生庚戌蒙难实录》见示，属为作序，当时披读一过，颇有感触，但未及写出，只以拙笔为之题字，姑以塞责。今年春间张君自南京来信，云将并别录合印为一册，重申前请，予不能再辞，而频年作吏，久绝文笔，乃略述所感，亦未能尽言也。

这个"未能尽言"，颇堪玩味。在一般读者看来，周氏这篇《序》，对大汉奸汪精卫的歌功颂德已经够登峰造极的了，怎么还"未能尽言"呢？《序》曰：

> 予昔时曾多读佛经，最初所见者有菩萨投身饲虎经一卷，盖是什师所译，文情俱胜，可歌可泣……

而"禹稷精神"代表的"儒家正宗"，也正是"菩萨行，唯已饥已溺为常，而投身饲虎乃为变，其伟大之精神则一，即仁与勇是也。"而汪精卫正是这种"伟大精神"的代表者之一：

> 中国历史上此种志士仁人不少概见，或挺身犯难，或忍辱负重，不惜一身以利众生，为种种难行苦行，千百年后读其记录，犹能振顽起懦，况在当世，如汪先生此录，自更令人低回不置矣。抑汪先生蒙难不止庚戌，民国以后，乙亥之在南京，己卯之在河内，两遭狙击，幸而得免，此皆投身饲饿虎，所舍不止生命，且及声名，持此以观庚戌之役，益可知其伟大，称之为菩萨行正无不可也。

写《序》之时，周作人正在大汉奸华北"教育督办"任内，歌颂汪精卫，也正是歌颂自己，此种心态，不说自明也。

也许是歌颂得太肉麻，太露骨，周作人在编《药堂杂文》、《书房一角》、《秉烛后谈》、《苦口甘口》、《立春以前》等散文集时，一概未将其收入。新中国成立后编集的《过去的工作》、《知堂乙酉文编》、《本片集》等，更没有也不可能有它的身影了。

奇妙的是，张菊香先生在《周作人年谱》（南开大学出版社 1985 年版）中重点介绍了此文，然而，在多本《周作人传》中，著者们却对《年谱》的介绍视而不见，置若罔闻，好像周作人根本未写过这样一篇文章。而有的周作人集外文，也对它敬谢不敏，不予收录。

这样一来二去，阴差阳错，就到了 2009 年钟叔河先生编辑、广西师范大学出版社隆重推出的煌煌十六卷本的《周作人散文全集》问世了。既为"全集"，这篇重要的《序》总该露脸了吧？然而，不然，没有，仍然是没有！这部印制精美、气魄宏大的《周作人散文全集》也把这篇至关重要的《序》遗弃了！

《〈汪精卫先生庚戌蒙难实录〉序》竟然成了佚文！不难看出，和一般佚文不同的是，它之成为佚文不是由于功夫不到的遗漏，而是由于"功夫太深"的遮盖。一些朋友处心积虑地要把这篇《序》活活埋入地下，永远打入冷宫，不让人们看到、读到。

也许是出于好意，因为周氏这篇《序》是一篇讴歌民族败类、大汉奸汪精卫的大毒草，怎能让它再"放毒"呢？然而，这样的"好意"，读者怎能领情？1942 年至今，70 年后的现代中国人连这点分辨能力都没有吗？难道 70 年后的中国人真的会像周作人那样把汪精卫当成什么"舍身饲虎"的大菩萨、大英雄吗？"制造佚文"的朋友太低估现代中国人的觉悟了。

　　也许是出于"恶意"，或者说是不太健康的心态，"制造佚文"的某些朋友非常忌讳周作人头上的那块"汉奸"疮疤，遮掩唯恐不及。有些朋友甚至把周作人的当汉奸说成是什么"文化救国"（周作人自己也是这么说的，见他 1949 年 7 月 4 日致周恩来先生信），这篇肉麻吹捧汪精卫的《序》怎可让它露出水面？还是将它打入冷宫了吧！

　　无论好心还是歹意，效果却是一样：《〈汪精卫先生庚戌蒙难实录〉序》成了佚文——不应该成为佚文的佚文！

　　现在，是将这篇"佚文"编入真正的《周作人全集》的时候了！

（2012 年 2 月 19 日于京郊茅舍）

汪精卫先生庚戌蒙难实录序　周作人

　　数年前张次溪君以所编《汪精卫先生庚戌蒙难实录》见示，属为作序，当时披读一过，颇有感触，但未及写出，只以拙笔为之题字，姑以塞责。今年春间张君自南京来信，云将并别录合印为一册，重申前请，予不能再辞，而频年作吏，久绝文笔，乃略述所感，亦未能尽言也。予昔时曾多读佛经，最初所见者有菩萨投身饲饿虎经一卷，盖是什师所译，文情俱胜，可歌可泣，至今相隔四十年，偶一念及，未尝不为之恻然动心。重理儒书，深信禹稷精神为儒家正宗，观孔孟称道之言可知，此亦正是菩萨行，唯己饥己溺为常，而投身饲虎乃为变，其伟大之精神则一，即仁与勇是也。中国历史上此种志士仁人不少概见，或挺身犯难，或忍辱负重，不惜身以利众生，为种种难行苦行，千百年后读其记录，犹能振顽起懦，况在当世，如汪先生此录，自更令人低回不置矣。抑汪先生蒙难不止庚戌，民国以后，乙亥之在南京，己卯之在河内，两遭狙击，幸而得免，此皆投身饲饿虎，所舍不只生命，且及声名，持此以观庚戌之役，益可知其伟大，称之为菩萨行正无不可也。丁未后予从太炎先生问学，常以星期日出入于东京民报社，顾未得一见汪先生，以至于今，唯三十余年来读其文章，观其行迹，自信稍有认识，辄书数行，檃括所感，作为题词，未知张君见之，以为何如也。

中华民国三十一年四月二十六日，周作人识。

跋

俗话说得好："活到老，学到老，学到八十不算巧。"对于像我这样的老学究、书呆子，似乎也可以改为"活到老，写到老，写到八十不算巧"。读和写，写和读，已经成了我们生命中不可或缺的一部分。除了吃饭穿衣之外，可以说没有比它们更重要的了。被誉为"国学大师"而自己拒绝接受的北大教授季羡林先生九十高龄住进医院后，仍坚持每天写作，正因为和吃饭穿衣一样，不写作他一天也活不了。季先生诚然称得上是我们的楷模，但他老人家并非存心当楷模——如果他存心当楷模而做给人看，那便不是楷模，而是伪君子了。俞平伯先生以及我的老师辈的那些老寿星，像九十几岁的林庚先生、吴小如先生，八十几岁的王力先生、吴组缃先生、钱钟书先生、吴世昌先生、余冠英先生、蔡仪先生、唐弢先生等，几乎无一不是这样的。这是他们那一代人的良好习惯，良好风气，像贾宝玉脖子上的那块通灵宝玉一样，是不可一日无此君的。老朽虽然不像老师们那样才高八斗，但这个"不可一日无此君"还是学到了。正像在《张爱玲论·后记》中曾经说过的那样，自 2003 年退休以来，除了买菜、做饭、照顾病人、遛小狗之外，我每天坚持写一千字。日积月累，积少成多，我的《香港小说流派史》（即《香港小说史》下卷）、《张爱玲论》、《坐井观天录》、《袁良骏学术论争集》等，便这样写成、编成了。自然，不敢说这是什么流芳百世的精品；但是，它们毕竟是我古稀之年心血的结晶。我爱它们，不亚于爱我的孩子，它们正是我心灵的孩子。

从这个意义上说，就要交卷的《周作人论》，正是我的《香港小说史》、《张爱玲论》等的姊妹篇，是我的心灵的幼子，一个呱呱坠地的新生儿。对它的爱，虽不能说一定在它的那些"哥哥"、"姐姐"之上，但至少是不会少于、低于那些"哥哥"、"姐姐"的。我们山东老家认为人人偏疼"老生儿"。《周作人论》不一定是我的"老生儿"，但我对它的"偏疼"，恐怕是毋庸否认了。之所以"偏疼"，正因为"老生儿"（或"准老生儿"）最难产、最费劲，它是你生命的"绝唱"。《周作人论》也可以说是我心灵的"绝唱"。

周作人是中国现代史上一个十分复杂的历史人物，他的复杂程度比张爱玲不知大多少倍。关于周作人的争论所以比较大，根本原因正在于这种复杂性。而对于这种复杂性的把握程度，正决定著作的深刻程度。《周作人论》比较后出，它想尽力吸收以前的研究成果，特别是 20 世纪 80 年代以来的研究成果。然而，能否做到，需要经受读者的批评和时间的检验。可以自信的是，《周作人论》不是一本赶时髦之作，而是热闹之后的冷静之作，也许多少可以避免赶时髦之作常见的那种浮躁情绪。

周作人实在不愧大家，第一遍通读他的散文就用了我三个月的时间，而其中的某些代表作还是读过不止一遍的。而大量的研究论著，诸如钱理群、止庵等先生的《周作人传》，舒芜先生的《周作人的是非功过》等，更必须反复翻阅。既不要忽略别人的高论，也不要重复别人的高论，这个劲儿不好拿。《周作人论》究竟做到了几分，也只能任凭读者的批评了。

由于出版社的不负责任，《张爱玲论》出现了很多手写之误，以致被某些别有用心的批评者打入了"疑似盗版"的行列，并在多种场合对我进行诋毁，教训极端深刻。因此，这本《周作人论》绝不能再蹈此覆辙，必须将错别字控制在最小的限度之内。我宁肯不要稿酬，也绝不许错别字超标。我希望出版社谅解、配合与支持！

感谢中国社科院老年学术基金会的鼎力相助，感谢中国社会科学出版社的大力支持，感谢国家图书馆和社科院图书馆（暨文学所、哲学所图书馆）的热情帮助，感谢卢永璘先生慨然题签，感谢九十高龄的吴小如老师的始终关注，感谢先后发表本书部分章节的《鲁迅研究月刊》、《上海鲁迅研究》、《民族魂》（即广东《鲁迅世界》）、《南通大学学报》、《汕头大学学报》、香港《文学评论》、《文汇读书周报》、《中华读书报》、《中国社会科学报》等报刊，以及它们的负责人杨阳、黄乔生、李浩、郑心伶、邓乐群、李金龙、林曼叔，王小琪（女）、高翔等先生。感谢一再提供帮助的杨义、王富仁、陈铁民、阎纯德、王世家、孙郁、张中良、解志熙、马振方、陈熙中、张小鼎、赵存茂、赵稀方、钟代胜、祝晓风、房向东、孙汉生诸先生以及钱碧湘、严平、杨紫燕、毛小平、蔡萍、杨扬、张凤娜、王春燕诸女士，感谢郑欣淼、陈建功二位仁兄。

袁良骏
2012 年元宵节于京郊茅舍